高等职业教育新能源汽车类专业教材

新能源汽车动力蓄电池及管理技术

湖南省职业教育与成人教育学会
高职交通运输类专业委员会◎组织编写
熊少华◎主　编
黄　威　郭　雷◎副主编
陈　支◎主　审

人民交通出版社股份有限公司
北　京

内 容 提 要

本书是高等职业教育新能源汽车类专业教材之一。主要内容包括：动力蓄电池的认知、动力蓄电池管理系统的认知与维护、动力蓄电池充电技术、动力蓄电池的安全防护、动力蓄电池检修。

本书可作为高职院校新能源汽车技术专业教材，也可供新能源汽车维修人员及相关技术人员参考使用。

图书在版编目(CIP)数据

新能源汽车动力蓄电池及管理技术/熊少华主编. —北京：人民交通出版社股份有限公司，2024. 2

ISBN 978-7-114-19195-4

Ⅰ. ①新… Ⅱ. ①熊… Ⅲ. ①新能源—汽车—蓄电池—高等职业教育—教材 Ⅳ. ①U469. 703

中国国家版本馆 CIP 数据核字(2024)第 013689 号

书　　名：新能源汽车动力蓄电池及管理技术

著 作 者：熊少华

责任编辑：郭　跃

责任校对：赵媛媛　龙　雪

责任印制：刘高彤

出版发行：人民交通出版社股份有限公司

地　　址：(100011)北京市朝阳区安定门外外馆斜街 3 号

网　　址：http://www.ccpcl.com.cn

销售电话：(010)59757973

总 经 销：人民交通出版社股份有限公司发行部

经　　销：各地新华书店

印　　刷：北京市密东印刷有限公司

开　　本：787 × 1092　1/16

印　　张：11.25

字　　数：247 千

版　　次：2024 年 2 月　第 1 版

印　　次：2024 年 2 月　第 1 次印刷

书　　号：ISBN 978-7-114-19195-4

定　　价：38.00 元

(有印刷、装订质量问题的图书，由本公司负责调换)

前言

随着新一轮科技革命和产业变革深入推进,汽车与能源、交通、信息通信等领域加速融合,汽车的电动化、网联化、智能化、共享化成为汽车产业发展的主流和趋势。为了对接汽车产业发展新趋势,满足新能源汽车领域高质量发展对高素质技术技能人才的需求,推动职业教育专业升级和数字化改造,提高人才培养质量,湖南省职业教育与成人教育学会高职交通运输类专业委员会组织湖南交通职业技术学院、湖南国防工业职业技术学院、湖南机电职业技术学院、湖南生物机电职业技术学院、湖南石油化工职业技术学院、益阳职业技术学院共同编写了高等职业教育新能源汽车类专业教材。

本套教材编写深入贯彻落实党的二十大对教材建设与管理作出的新部署、新要求,遵循知识和技能并重的改革方向,根据高等职业教育的特点以及高职高专院校学生的学习情况进行编写,具有以下特点:

(1)教材编写依据最新的课程标准及特定的工作任务,构建难度适当的理论知识体系,以学生的实操内容及职业素养培养为核心,围绕典型工作任务设计教材项目、任务,突出知识的实用性、综合性和先进性。教材设置"三维目标""任务描述"等内容,每本教材均配有"任务工单",充分体现理论实践一体化的教学模式。

(2)教材编写过程中充分吸纳行业、企业专家,深入了解目前行业、企业对本专业人才的实际需求,由相关企业提供部分配套的教学资源和技术支持,行业企业人员真正深度参与教材编写与开发。

(3)部分教材配备了丰富的教学资源(纸数融合),教材的知识点以二维码链接动画、视频资源,所有教材配有课件、习题及答案等,满足学生个性化学习的需求,提升教材使用体验感。

(4)在教材中融入了丰富的课程思政元素及党的二十大精神内容,选取国产汽车品牌进行详解,培养学生的国产品牌意识,增强民族自信,体现"培根铸魂、启智润心"的教育目标,实现思想政治教育与技术技能培养的有机结合。

本书是高等职业教育新能源汽车类专业教材之一，以新能源汽车为主题编写。主要选取目前市场上的主流新能源汽车——比亚迪各类车型为参考，并结合其他新能源品牌汽车，全面讲解各类新能源汽车的定义、类型、特点及基本结构。部分车型作为实训任务车型，使课程更贴近实际操作，学生易于理解和记忆。本书分为动力蓄电池认知、动力蓄电池管理系统的认知与维护、动力蓄电池充电技术、动力蓄电池的安全防护、动力蓄电池检修5个项目。项目下又分若干任务，任务含学习目标、任务描述、理论知识准备、任务实施、技能考核标准、学习拓展、思考与练习七个部分，根据学习需求，七个部分会有删减。本书采用学习任务模式导入教学内容，除教材之外，还配备了教案、电子课件、学习工作页、题库等教学资源，方便授课教师参考。

本书由湖南生物机电职业技术学院熊少华担任主编，由湖南交通职业技术学院黄威、湖南生物机电职业技术学院郭雷担任副主编，由熊少华、郭雷负责统稿，陈支担任主审。书中共有5个项目，项目一 、项目二由湖南交通职业技术学院黄威、熊智共同完成，项目三、项目四由湖南生物机电职业技术学院熊少华完成，项目五由湖南生物机电职业技术学院郭雷完成，实训指导书和实训工单由湖南交通职业技术学院彭波完成。限于编者水平，书中难免有疏漏和错误之处，恳请广大读者提出宝贵建议，以便进一步修改和完善。

编　者

2023年10月

目录

项目一

动力蓄电池的认知

知识目标

(1) 能够正确了解蓄电池的结构与工作原理。

(2) 能够掌握蓄电池的分类。

(3) 能够正确了解新能源汽车对动力蓄电池的要求。

(4) 能够正确理解动力蓄电池的各项性能指标。

技能目标

(1) 能够正确整理、识别新能源汽车维修常用防护套装。

(2) 能够正确检查防护套装。

(3) 能够正确使用钳形电流表进行电路测试。

(4) 能够正确使用绝缘测试仪测量高压设备绝缘电阻。

(5) 能够正确进行动力蓄电池的拆装和检测。

(6) 作业结束后能够正确收集、清洁和整理工具，对工位进行 7S 操作。

素养目标

(1) 树立正确的学习观、价值观，自觉践行行业道德规范；养成良好的操作习惯，能够按规范要求做好安全防护。

(2) 遵规守矩，养成团结协助、各司其职做好检修工作的习惯。

(3) 发扬一丝不苟、精益求精的工匠精神。

任务1　蓄电池及蓄电池系统概述

任务描述

某维修厂接到一辆比亚迪 e5 故障车，车主反映，该车实际续航里程数明显降低，推测是动力蓄电池出现了问题，首先需要找到动力蓄电池总成位置，拆下动力蓄电池，请你根据所学知识，完成相关操作。

一、知识准备

(一) 电池的分类

电池（Battery）是指能把其他形式的能量转换为电能的装置，其中有一部分还能把电能转换为其他形式的能量加以储存。随着科技的进步，电池泛指能产生电能的小型装置，如太阳能电池。常见电池如图 1-1 所示。

图 1-1　常见的电池

1. 根据工作原理分类

根据工作原理，电池可以分为化学电池、物理电池和生物电池。

（1）化学电池是指利用电化学反应将物质的化学能转换为电能的电池，如锂离子电池、镍氢电池等。目前绝大部分蓄电池属于化学电池，本书内容也以这一类为主。

（2）物理电池是指利用物理原理将其他形式的能量转化为电能的电池，如太阳能电池、超级电容器、飞轮电池。

（3）生物电池是指利用生物化学反应发电的电池，如微生物电池、酶解电池等。

2. 根据能否再充电分类

根据能否再充电，电池可以分为一次电池、二次电池和燃料电池。

（1）一次电池，也称为原电池，也就是生活中常用的干电池，如三鹿电池，南孚碱锰电池等。原电池一般在出厂时已经充满电，用完以后不能进行二次充电，属于一次性电池。

（2）二次电池，也称为蓄电池，绝大部分都是化学电池。这一类电池在储存的电能使用完以后还可以进行多次再充电，将电能转化为化学能存储起来，便于下次使用，如铅酸电池、锂离子电池等都属于这一类。

（3）燃料电池是一种把燃料所具有的化学能直接转换成电能的化学装置，又被称为电化学发电器。它是继水力发电、热能发电和原子能发电之后的第四种发电技术。从工作原理和过程来讲,燃料电池介于一次电池和二次电池之间,实际上不属于电池的范畴,现在只是为了称呼方便给它冠以电池的称谓。

3. 根据电解质状态分类

电解质是电池内部正负极间实现离子导电的介质,按照电解质的状态,电池可以分为固态和液态,比如部分燃料电池以及目前风头正劲的固态电池都是属于固态电解质的电池,固态电解质包括薄膜、陶瓷、聚合物、氧化物和硫化物等。

液态的电解质就是常说的电解液,应用最为广泛。按电解液的种类不同,可分为以下几种电池。

(1)碱性电池。碱性电池的电解液主要是以氢氧化钾水溶液为主,如碱锰蓄电池或碱性蓄电池、镉镍蓄电池、氢镍蓄电池等。

(2)酸性电池。酸性电池的电解液以硫酸水溶液为主,如铅酸电池等。

(3)中性电池。中性电池的电解液以盐溶液为主,如锌锰干电池、海水电池等。

(4)有机电解液电池。有机电解液电池的电解液以有机溶液为主,如锂离子电池等。

4. 根据电极材料分类

按蓄电池所用正、负极材料(活性物质)不同,电池可分为以下几种类别。

(1)锌系列电池。锌锰电池、锌银电池等。

(2)镍系列电池。镍镉电池、镍氢电池等。

(3)铅系列电池。铅酸电池。

(4)锂系列电池。锂离子电池、锂聚合物电池和锂硫电池。

(5)二氧化锰系列电池。锌锰电池、碱锰电池等。

(6)空气(氧气)系列电池。锌空气电池、铝空气电池等。

5. 其他分类方法

除上述分类方法外,还有很多其他分类方法。

(1)按外形。可分为方形锂电池(如普通手机蓄电池)和圆柱形锂电池(如电动工具中使用的锂电池的18650)。

(2)按外包材料。可分为铝壳锂电池、钢壳锂电池和软包电池。

(3)按用途。可分为普通电池和动力蓄电池。

(4)按性能特性。可分为高容量电池、高倍率电池、防爆电池、低温电池等。

(5)按工作要求。可分为牵引电池、固定电池、起动电池等。

如果不考虑太细的话,电池分类可以简单参考图1-2。

(二)化学电池的基本原理

绝大多数蓄电池属于化学电池。化学电池是一种把化学反应所释放的能量直接转变成直流电能的装置。

为了理解化学电池是怎样把化学能转化为电能的,以经典的丹尼尔电池(图1-3)单体化学反应为例进行介绍。

在金属冶金应用中,从铜矿石中提取出金属铜的一种方法就是利用置换反应(氧化还原反应)，把金属锌加入含有 Cu^{2+} 的溶液中，锌就会把铜置换出来了，该反应是因为锌比铜活泼，如图 1-4 所示。化学反应包含的化学能以热能的形式被消耗掉，这是因为化学反应总体是沿着内能减少的方向进行的，这样整个系统才会稳定。

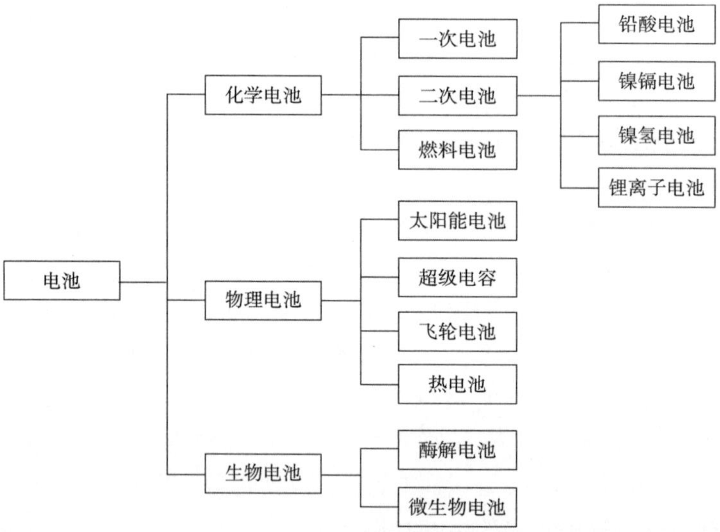

图 1-2　电池的分类

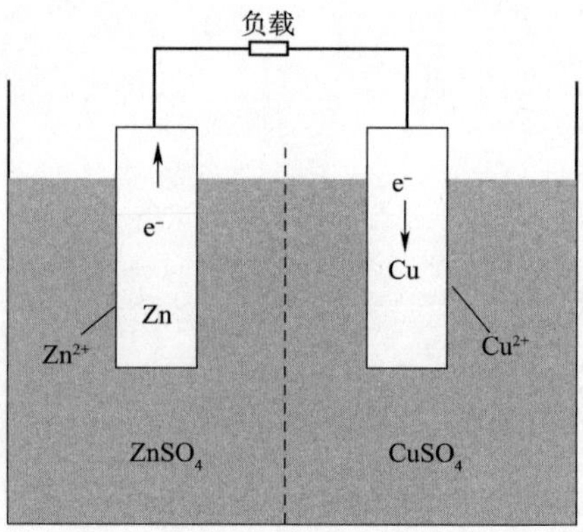

图 1-3　丹尼尔电池

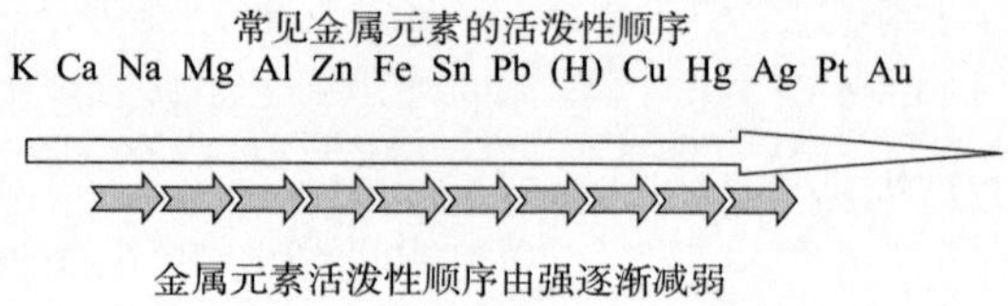

图 1-4　金属元素活泼性顺序表

其化学反应方程式为：

$$Zn \rightarrow Zn^{2+} + 2e^-$$

$$Cu^{2+} + 2e^- \rightarrow Cu$$

上述从电解液中置换铜的反应过程中，氧化还原反应是在锌表面同时发生的。如果我们把锌和铜分开放置于两个不同的地方，如图 1-3 所示，那么会出现什么情况呢？

从图 1-4 可知，锌元素(Zn)比氢元素(H)要活泼，两者又比铜元素(Cu)要活泼。如果把锌和铜同时放入稀硫酸，且外电路用导线连接，那么外电路就会产生电流，这是因为，锌溶解后，会释放出两个电子，电子通过外电路移动到铜片上，而氢比铜要活泼，所以氢离子会接收铜片上的电子变为氢气，同时，稀硫酸中带负电荷的 SO_4^{2-} 离子会向锌片移动，这样就构成了一个完整的回路，这时氧化还原反应就在两个不同的位置(电极)发生，反应只有在连接两个电极的情况下才能进行,这就是蓄电池的原理。

上述可知正负极分别的反应式为:

负极失去电子:$Zn \rightarrow Zn^{2+} + 2e^-$;

正极得到电子:$2H^+ + 2e^- \rightarrow H_2 \uparrow$。

该反应可以通过控制正、负极的连接状态实现有效控制,使化学能按需转化为有用的电能。

电路的负极在电化学中叫阳极,进行的是失去电子的氧化反应。

电路的正极在电化学中叫阴极,进行的是得到电子的还原反应。

从上面的例子中可以得出,要实现化学能转变成电能,必须满足以下条件:

(1)必须把化学反应中失去电子的氧化过程(负极)和得到电子的还原过程(正极),分别放在两个不同区域进行,这不同于一般的氧化还原反应;

(2)两个电极之间必须具有电解质,利于传递电荷;

(3)化学变化要持续下去,必须具有外电路。

(三)蓄电池的基本构成

为了满足构成蓄电池的条件,蓄电池需包含以下基本组成部分。

(1)极板。极板是蓄电池的基本部件,是电极的骨架,对它的要求是具有足够的强度,还要求能导电。活性物质是蓄电池的主要部分,它涂覆在极板上,由它参加电化学反应从而存储电能或者向外释放电能。要求正极要具有较高的电极电位;负极具有相对较低的电极电位。

(2)电解质。电解质用来提供蓄电池内部的离子导电的介质。大多数电解质为无机电解质水溶液,也有固体电解质、熔融盐电解质、非水溶液电解质和有机电解质,有的电解质也会因参加电极反应而被消耗。

(3)其他组成。除了极板和电解质外,蓄电池的组成中还有电池壳、电池盖、隔膜、极柱、安全阀等零件。各组成部分如图 1-5 所示。

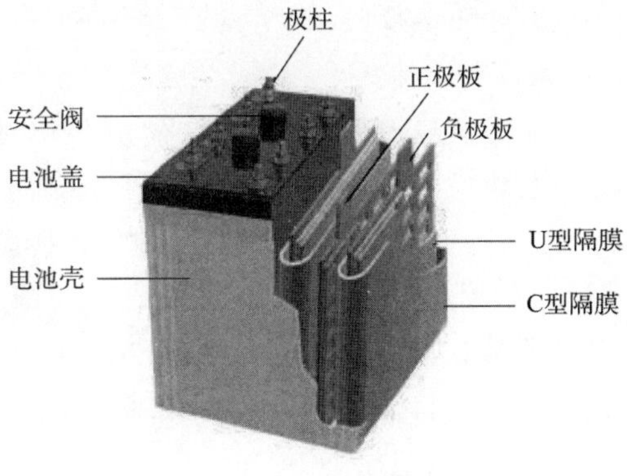

图 1-5 蓄电池的基本组成部分

(四)蓄电池的常见术语

(1)蓄电池单体(Cell)。蓄电池单体是指直接将化学能转化为电能的基本单元,是构成蓄电池的基本元件,由电极、隔膜、电解质和外壳等部件组成。区别不同种类的蓄电池主要看其电池单体的电压值(电动势),见表 1-1。

常用蓄电池单体的额定电压值 表 1-1

蓄电池类型	单体额定电压(V)	蓄电池类型	单体额定电压(V)
铅酸蓄电池单体	2	碱锰干电池	1.5
镍镉蓄电池	1.2	三元锂离子电池	3.6

续上表

蓄电池类型	单体额定电压(V)	蓄电池类型	单体额定电压(V)
镍氢蓄电池	1.2	磷酸铁锂蓄电池	3.2
钠氯化镍蓄电池	2.5	钠硫蓄电池	2.0
锰酸锂蓄电池	3.7	燃料电池	0.6~1.2

(2)蓄电池(Battery)。蓄电池由一个或以上的蓄电池单体并联或串联而成,封装在一个独立的壳体内,具有正极和负极输出。内燃机汽车上常用的12V或24V起动蓄电池,就是由6个或12个电压为2V的铅酸蓄电池单体串联而成的。

(3)蓄电池组(Battery Pack)。蓄电池组也常常被称为蓄电池包,是由多块蓄电池通过串联或并联构成的能存储电能或对外输出电能的部件。通常意义上的蓄电池包还包括动力蓄电池管理系统、蓄电池箱等元器件。对于不包含完整蓄电池管理功能的蓄电池组通常将其称为蓄电池模块(Battery Module)。

(4)蓄电池系统(Battery System)。蓄电池系统是指由一个以上的蓄电池包通过串联或并联构成的具备完善蓄电池管理系统的电能供给系统。

(五)蓄电池的基本性质

1. 电压参数

(1)电动势。

在蓄电池内部,单位正电荷从蓄电池的负极运动到正极时,由其他形式的能量所做的功。电动势是衡量蓄电池做功能力大小的参数,在其他条件相同时,如果蓄电池的电动势越高,意味着该蓄电池能输出电能的能力就越强。

(2)额定电压。

额定电压也称标称电压,是指蓄电池在规定条件下工作的标准电压。采用额定电压可以区分不同的蓄电池。

(3)开路电压。

开路电压是指蓄电池在开路状态下(即蓄电池正负极间完全断开的情况下),其正负两极之间的电位差,一般用 V_0 开表示。

蓄电池的开路电压与蓄电池正负极活性材料、电解质和温度等因素有关,与蓄电池的结构和几何尺寸无关,无论蓄电池的大小形状如何,其开路电压都是一致的。

一般情况下,蓄电池的开路电压均小于它的电动势。实际上,蓄电池的开路电压在数值上接近蓄电池的电动势。在工程应用上,通常认为蓄电池在开路条件下正负极间的平衡电势之差即为蓄电池的电动势的大小。

(4)工作电压。

工作电压是指蓄电池外接负载后,在放电过程中正负极间的电压,又被称为负荷(载)电压或放电电压。蓄电池在接通负载后,由于蓄电池内阻(欧姆内阻和极化内阻)的存在,蓄电池的工作电压是低于开路电压的,当然也必然低于电动势。

$$V = E - IR_{内} = E - I(R_{\Omega} + R_{f}) \tag{1-1}$$

式中：I——蓄电池的工作电流，A；

E——蓄电池的电动势，V；

R_f——极化内阻，Ω；

R_{Ω}——欧姆内阻，Ω。

(5)放电终止电压。

放电终止电压也被称为放电截止电压，是指蓄电池在某一温度下放电时，电压下降到不宜再继续放电的最低工作电压值。

放电终止电压不仅与电池材料直接相关，还与电池种类、放电电流、环境温度等多种因素有关。根据蓄电池的不同类型及不同的放电条件，对蓄电池的容量和寿命要求不同，由此所规定的放电终止电压也不同。一般来说，由于低温或大电流放电时，电极的极化现象加剧，电解液的电离度减小，活性物质难以充分利用，电池的电压下降加快，因此在低温($T \leqslant 0℃$)或大电流($I \geqslant 3C$)放电时，终止电压可以规定得低些，以利于充分利用蓄电池容量；在常温($10℃ \leqslant T \leqslant 45℃$)下或者小电流放电($I \leqslant 1C$)时，电极的极化现象小，活性物质能够得到充分利用，为了防止过度放电(过放)，终止电压应该规定得高些。

2.极化现象

极化现象指，当电池有电流通过时，使电极电位偏离了平衡电极电位的现象(平衡电极电位是电池内部处于平衡状态时的电极电位，比如电池充电或者放电以后，再搁置几小时，等内部电解液中的带电离子分布均匀以后的正负电极电位)。根据电极极化产生的原因，极化现象可以分成三种：电化学极化、浓差极化和欧姆极化。

(1)电化学极化。

也称活化极化，是由于活性物质发生电化学反应的速率小于电子运动速率所引起的极化(通俗地讲，就是电化学反应的速度慢了，不能及时地供应或者转化足够的电荷，导致拖了后腿)，响应时间为微秒级。

(2)浓差极化。

浓差极化是由于极板活性物质和电解液被消耗，引起电极表面得不到及时补充(或是某种产物在电极表面积累，不能及时疏散)，导致电极电势偏离通电前按总体浓度计算的平均值(也就是在极板附近的电荷堆积或者稀疏导致电位产生了偏离)，响应时间为秒级。

(3)欧姆极化。

欧姆极化是由于电解液、电极材料、隔膜电阻以及各种组成零件之间存在的接触电阻所引起的极化，响应时间为瞬时发生。

3.容量参数

蓄电池在一定的放电条件(包括温度、放电率、终止电压等)下，所能放出的电量称为蓄电池容量，以符号 C 表示，其单位常用的有安时(Ah)和毫安时(mAh)。

(1)额定容量。

按照国家有关规定的标准，电池在完全充满电以后，在25℃ ±5℃的环境温度下，以$0.2C_{20}$(20h放电率下的容量)倍率放电电流进行放电，直至达到放电截止电压，应该放出最低限度的容量，符号为 C，常用单位是安时（Ah）和毫安时（mAh）。

（2）实际容量。

实际容量指蓄电池在实际使用时，蓄电池能放出的容量。实际放电容量受放电条件尤其是放电电流和温度的影响较大——放电电流越大，电池的极化越强，极化内阻也越大，放电电压下降就越快，因此实际放出的容量就越小，反之亦然。

实际容量的计算方法如下：

恒电流放电时：

$$C_{实际} = IT \tag{1-2}$$

变电流放电时：

$$C_{实际} = \int_0^T I(t)\,\mathrm{d}t \tag{1-3}$$

（3）剩余容量。是指在某一放电条件下进行放电后，蓄电池内部剩余的可用容量。动力蓄电池的充放电过程是个复杂的电化学变化过程，蓄电池剩余电量与蓄电池的基本特征参数（端电压、充放电电流、环境温度、容量大小、内阻和充放电循环次数等）都有关系，而且成非线性关系，因此准确估算其值存在一定的困难。

4. 荷电状态（State of Charge，*SOC*）

蓄电池荷电状态 *SOC*，描述了蓄电池的剩余容量大小，是蓄电池使用过程中的重要参数，此参数与蓄电池的充放电电流和放电条件有关。

一般，*SOC* 定义为：蓄电池在一定放电条件下，其剩余容量与相同条件下额定容量的比值。一般用百分比的方式来表示，*SOC* 的取值为：20% ~30% ≤*SOC*≤80% ~100%。要注意的是，蓄电池的 *SOC* 因为结构和内阻等原因，几乎不可能低于 20%，或者换句话说，蓄电池电压不可能降到 0V，这个与电容不一样。*SOC* 的计算公式如下：

$$SOC = \frac{C_{剩余}}{C_{额}} \times 100\% = \frac{C_{额} - C_{放}}{C_{额}} \times 100\% \tag{1-4}$$

如上所述，蓄电池的剩余电量很难准确估算，使得对蓄电池组的荷电状态 *SOC* 的测定也很困难，精度也不高，按照国标 QC/T 897—2011《电动汽车用蓄电池管理系统技术条件》的要求，*SOC* 的估算精度误差不大于 10% 就算合格。

目前，常用的 *SOC* 估算法有开路电压法、安时累积法、实验室法、电化学测试法、蓄电池模型法、模糊神经网络法、阻抗频谱法以及卡尔曼滤波法等（见后面动力蓄电池管理系统）。

5. 放电深度（Depth of Discharge，*DOD*）

放电深度 *DOD*，是放电容量与额定容量之比的百分数，与 *SOC* 之间存在如下数学计算关系：

$$DOD = \frac{C_{放}}{C_{额}} \times 100\% = 1 - SOC \tag{1-5}$$

通常规定，蓄电池的 *SOC* 在 20% ~100% 之间变化称为全充全放（放电至 20%，再充电至 100%），在 50% ~80% 之间为浅充浅放。放电深度的高低对蓄电池的使用寿命有很大的影响，一般情况下，蓄电池常用的放电深度越深，其使用寿命就越短，比如锂离子电池，在全充全放情况下，其寿命为 1000 次循环，但是浅充浅放情况下，其寿命可达 5000 次以上，因此在蓄电池使用过程中应尽量避免二次蓄电池深度放电（过放）。

6. 健康状态(State of Health,*SOH*)

1)电池健康状态

根据国家标准,*SOH* 的标准定义是在标准条件下动力蓄电池从充满状态以一定倍率放电至截止电压所放出的容量与其所对应的标称容量(实际初始容量)的比值,简单来说就是蓄电池使用一段时间后,其实际容量与额定容量的比值,该比值用来反映电池的健康状况。国际电工委员会和国家标准都对动力蓄电池作出了如下要求:当电池 *SOH* 降到 80% 时,就必须进行更换以保证车辆的安全和操控性能。

根据电池特征量定义,电池健康状态 *SOH* 的几种具体方法如下:

(1)从电池剩余电量的角度定义 *SOH*。

$$SOH = \frac{Q_{当前}}{Q_{全新}} \tag{1-6}$$

式中:$Q_{当前}$——电池当前可用的最大电量;

$Q_{全新}$——新电池的最大电量。

(2)从电池容量的角度定义 *SOH*。

$$SOH = \frac{C_{当前} - C_{终了}}{C_{额定} - C_{终了}} \tag{1-7}$$

式中:$C_{当前}$——电池当前测量容量;

$C_{额定}$——电池标称容量。

上面从电池剩余电量或电池容量来定义 *SOH* 的公式并不是 *SOH* 的实际计算公式,而只是一种定义的方法,即这种定义的方法有唯一的对应函数来与实际的 *SOH* 对应。

2)几种常见的 *SOH* 估算方法

(1)全充全放法。

全充全放法需要按照国家标准工况对电池进行完全充电,静置几小时后,去除极化,然后进行标准工况的完全放电,测试出当前容量,再与新电池的标称容量进行比较,公式如下。

$$SOH = \frac{C_{当前}}{C_{额定}} \tag{1-8}$$

这个方法是目前公认最可靠的方法,但其缺点也很明显,需要电池离线测试并且测试时间较长,测试完之后还需对电池重新充电。

(2)内阻法。

大量研究表明,电池内阻和 *SOH* 存在一定的对应关系,随着电池使用时间的增长,电池的内阻会随之增加,电池的可用电量同时会不断减少,因此,通过建立内阻与 *SOH* 之间的关系可以对 *SOH* 进行估算:

$$SOH = \frac{R_{终了} - R_{当前}}{R_{终了} - R_{全新}} \tag{1-9}$$

这种方法的缺点是,当电池容量下降到原来的 70% ~80% 时,电池的欧姆内阻才会发生显著变化,这与一般规定的 80% 可能有相当的差距。同时,电池的内阻本来就是毫欧级别的数值,它的在线准确测量也是一个难点。

(3)电化学阻抗法。

这是一种较复杂的方法,通过对电池施加多个不同频率的正弦信号,然后根据模糊理论对已经采集的数据进行分析,从而获得电池的特性,预测当前电池的性能。但使用这种方法需要大量阻抗及阻抗谱的相关理论,且需要较为昂贵的器材,故暂不推荐。

7. 内阻参数

电流通过蓄电池内部时会受到阻力,该阻力就是蓄电池的内阻。蓄电池内阻是蓄电池的一个极为重要的参数,它直接影响蓄电池的工作电压、工作电流、输出能量与功率等性质,对于一个实用的蓄电池,要求其内阻越小越好。

由于蓄电池内阻的作用,其充放电电压会偏离正常值(平衡电压)——放电时端电压低于电动势,充电时端电压高于电动势。

蓄电池内阻包括欧姆内阻和因化学反应而产生的极化内阻,两者之和称为蓄电池的总内阻。欧姆内阻主要包括电池的电极材料、电解液、隔膜的内阻及各部分零件的接触电阻等,它与蓄电池的尺寸、结构以及电极的成形方式等有关。极化内阻是指蓄电池在充放电时,由于极板上因电化学反应产生极化现象所引起的内阻,它是电化学极化和浓差极化所引起的内阻之和。极化内阻与活性物质的本性、电极的结构、蓄电池的制造工艺有关,尤其是与蓄电池的充放电电流和温度密切相关。蓄电池内阻不是一个定值,在充放电过程中会随着活性物质的组成、电解液浓度和蓄电池温度以及充放电时间而变化,而且随着蓄电池的老化,其阻值也会增大。

8. 能量与能量密度

1)蓄电池的能量

蓄电池的能量是指蓄电池在一定放电条件下,蓄电池所能释放出的能量,通常用 Wh 或 kWh 表示。蓄电池的能量分为理论能量和实际能量。

(1)理论能量。

一个蓄电池在理论上(活性物质的利用率为 100%)能放出的电能,一般采用蓄电池的理论容量 C_0 与其电动势 E 的乘积,则蓄电池的理论能量 W_0 表示为:

$$W_0 = C_0 E \tag{1-10}$$

(2)实际能量。

实际能量是指蓄电池在实际放电时所输出的能量,它在数值上等于蓄电池实际放电电压、放电电流与放电时间的积分,即:

$$W = \int V_t I_t \mathrm{d}t \tag{1-11}$$

在实际工程应用中,也常采用蓄电池的额定容量与额定电压的乘积进行估算。

由于活性物质不可能完全被利用,蓄电池的工作电压总是小于电动势,所以蓄电池的实际能量总是小于理论能量。

2)蓄电池的能量密度

蓄电池的能量密度(比能量)是指单位质量或单位体积的蓄电池(或者活性物质)所能

输出的能量,相应地被称为质量能量密度(Wh/kg)和体积能量密度(Wh/L),也称质量比能量或体积比能量。

比能量也分为理论比能量和实际比能量,由于各种因素的影响,蓄电池的实际比能量远小于理论比能量。

(1)理论比能量。

理论比能量是指在理论上单位质量或单位体积蓄电池反应物质完全放电时所能输出的能量。

(2)实际比能量。

实际比能量是指单位质量或单位体积蓄电池反应物质实际所能输出的能量,由蓄电池实际输出能量与蓄电池质量(或体积)之比来表示。

在实际应用中,比能量影响新能源汽车的续航里程和整车质量,比能量越高意味着相同质量或者体积的蓄电池能储存更多的电能;而体积比能量会影响蓄电池的布置空间。因而比能量是评价动力蓄电池能否满足新能源汽车需要的重要指标。同时,比能量也是衡量不同种类蓄电池性能的一个重要参数,比如锂离子电池的比能量就远远高于铅酸蓄电池,也高于镍氢电池。

新能源汽车上的蓄电池包除了成组的蓄电池模块,还需要相应的铝合金外壳、内部连接电缆、各种传感器、BMS 等元器件,因此蓄电池包的总的体积和重量会比单纯的蓄电池组的要多,使得蓄电池包的比能量小于单个蓄电池的比能量,一般来说,会低 20% 以上,他们之间的差距越小,意味着蓄电池包很紧凑,空间利用率高。

9. 功率与功率密度

(1)功率。

蓄电池的功率是指蓄电池在一定的放电制度下,单位时间内蓄电池输出的能量,单位为瓦(W)或千瓦(kW),因为放电过程中电压会逐渐降低,所以我们一般按式(1-12)计算蓄电池的功率:

$$P = IU_{平均} \tag{1-12}$$

(2)功率密度。

单位质量或单位体积蓄电池输出的功率被称为功率密度,又称比功率,是评价蓄电池及蓄电池组是否满足新能源汽车加速性和爬坡能力的重要指标,单位为 kW/kg 或 W/L。

比功率表征蓄电池所能承受的工作电流的大小,蓄电池比功率大,表示它可以承受大电流放电。

对于电化学蓄电池来说,功率和比功率与蓄电池的放电深度(DOD)密切相关。因此,在表示蓄电池功率和比功率时还应该指出蓄电池的放电深度。

10. 充放电制度

充放电制度就是电池充放电时所规定的各种条件,主要包括充放电电流、充放电终止电压和环境温度等。

充放电速率是指电池充放电时的电流大小,它直接影响到电池的各项性能指标,因此,介绍电池的容量或能量时,必须注明充放电电流的大小。充放电速率通常用放电率表示,有小时率或倍率两种表示形式。

(1)放电小时率。

放电小时率(简称时率)是以放电总时间(h)来表示放电电流的大小,即以某一恒定大小的电流进行放电,在理论上放完额定容量所需的时间(h),常用 C/n 来表示,其中,C 为额定容量,n 为放电电流的大小。

例如,电池的额定容量为50A・h,以5A电流放电,则时率为50A・h/5A=10h,即,该电池的放电小时率为10h。从计算公式可知,放电率所表示的时间越短,所用的放电电流越大;放电率所表示的时间越长,所用的放电电流越小。

所谓在理论上放完额定容量所需的时间,是指电池在实际放电时,放电时间跟电流之间的关系与理论存在偏差,实际关系并不是成正比,而是呈正向的非线性关系——放电电流越大,按照规律,放出的容量应该越多,但是因为极化现象使得电压下降速度变快,而且降得更快,放电时间变短,导致实际放电容量减小,比如50A・h的蓄电池,以50A去放电要放1h才能放完,以150A去放电,理论上要放1/3h也就是20min,但是实际上可能10min不到就截止了。

(2)倍率。

倍率是指电池在规定的时间内放出其额定容量所输出的电流值,它在数值上等于额定容量的倍数,用 nC 表示,n 表示倍数,C 表示额定容量。例如,3倍率($3C$)放电,表示放电电流的数值是额定容量数值的3倍,若电池的容量为15Ah,那么放电电流应为 $3\times15=45$(A)。习惯上称放电率在 $1/3C$ 以下为低倍率,$1/3C\sim3C$ 为中倍率,$3C$ 以上则为高倍率。放电倍率与时率呈反比关系,即倍率=1/时率。

11. 电池的不一致性(电池的均衡)

电池的不一致性是指同一规格、同一型号的单体电池在电压、容量、内阻及其变化率等参数方面存在着差别,而且随着使用时间的增加,这种差异会越发明显。

在现有的电池技术水平下,新能源汽车必须使用单体电池构成电池组来达到足够的电压与功率。由于不一致性的影响,使得动力蓄电池组的性能指标达不到单体电池原有的水平,使用寿命可能缩短数倍甚至十几倍,严重影响新能源汽车的性能和使用。

1)动力蓄电池不一致性的表现形式

考虑引起电池不一致性扩大的原因以及对电池组性能造成影响的方式,通常可以把电池的不一致性分为:容量不一致、电阻不一致及电压不一致。

(1)容量的不一致。

根据理论,同一规格的电池必然有相同的最佳放电率,但是由于容量不一致,导致同一型号的电池单体的最佳放电电流就不同,放电深度也不同,容量不一致直接导致电池组的可用容量降低,并且会对电池组的健康状况造成不良影响。对于串联电池组来讲,根据"木桶效应",最大可用容量是由电池组中容量最小的电池决定的,因此电池组的可用容量远远低于预期容量。另外,在相同的充放电条件下,由于各自的容量不同,充放电情况也会不同,容量较低的电池会有过充或过放的现象发生,对电池造成不可逆的损坏,因此,容量不一致性会在循环使用过程中严重影响电池组的健康状况。

(2)内阻的不一致。

内阻不一致分为串联和并联两种情况,其中,对于串联电池组,放电过程中由于串联电流相同，根据欧姆定理，使得各电池单体端电压有所不同，内阻较大的端电压较高，相应的内部产生的热量也较大，电池内部的温度升高较快，一旦出现散热问题，会导致电池变形甚至爆炸；在充电过程中，由于内阻不一致，内阻大的电池电压将会提前到达充电的最高电压极限，为保证安全不得不停止充电，这时其余电池往往还未充满，如果强行保持充电状态，那么将会导致过充。

对于并联电池组，在放电过程中，由于并联电压相同，然而由于内阻不一致，致使电池放电电流不同，由于放电倍率的不同，会造成各个单体电池的放电深度也不同，这样会对电池的健康状况造成不良影响；在充电过程中，由于内阻不一致，使得相同各个并联支路的电流不同，因此，在相同的充电时间内各电池却得不到相同的充电效果，为防止出现过充现象，需要对充电过程采取折中的控制办法。

(3)电压的不一致。

电压不一致主要体现在并联电池组中，由于电池电压有高有低，所以在并联回路中将产生电流，也就是高电压电池放电，低电压电池被充电，电压不一致性会使能量无谓的损耗到电池互充电过程中而达不到预期的对外输出的效果。

2)电池不一致产生的原因

(1)在制造过程中，受配料时浆料的均匀度、杂质含量的差异、材质的不均匀、涂布面密度及表面张力的控制等方面的影响，使得活性物质的活化程度和厚度、微孔率、隔板等存在很微小的差别。这种电池内部结构和材质上的不完全一致性，会使同一批次出厂的同一型号电池的容量、内阻等参数不可能完全一致。

(2)在装车使用时，由于电池组中各个电池的温度、通风条件、自放电程度、电解液密度等存在差别，在一定程度上增加了电池电压、内阻及容量等参数的不一致性。

3)提高电池一致性的措施

电池的一致性是相对的，不一致性是绝对的。电池的不一致性在生产阶段就已经产生了，在应用过程中，需要采取一定的措施，减缓电池不一致性扩大的趋势或速度。根据动力蓄电池的应用经验和试验研究，常采用以下八项措施，保证电池组使用寿命逐步趋于单体电池的使用寿命。

(1)提高电池制造工艺水平，保证电池出厂质量，尤其是保证初始电压的一致性。在同一批次电池出厂前，要筛选相关性良好的电池，以此来保证同批电池的性能尽可能一致。

(2)在动力蓄电池成组时，要进行筛选，务必保证同一电池组内蓄电池的容量、内阻、端电压尽可能的一致。

(3)在电池组使用过程中，及时检测单电池参数，掌握电池组中电池不一致性的发展规律，对性能下降较多的电池要及时进行调整或更换。

(4)间隔一定时间对电池组进行小电流维护性充电，促进电池组自身的均衡和性能恢复。

(5)及时充电，养成良好的驾驶习惯，尽量避免电池过充电或过放电。

(6)保证电池组良好的使用环境，尽量保证电池组温度场均匀，减轻振动，避免水、尘土等污染电池极柱。

(7)采用电池组均衡系统，对电池组充放电进行智能管理。

二、任务实施

(一)实施要求

本任务主要学习新能源汽车动力蓄电池的认知和基本检查。具体内容是找到动力蓄电池总成的安装位置,并记录相关信息。

(二)实施准备

(1)防护装备:安全防护装备。

(2)车辆、台架、总成:比亚迪 e5 整车或动力蓄电池管理系统台架;或其他车型整车或台架。

(3)专用工具、设备:万用表、比亚迪故障诊断仪器。

(4)手工工具:无。

(5)辅助材料:警示标识和设备。

(三)实施步骤

(1)检查个人安全防护设备,确保绝缘手套等防护用品安全有效。

(2)检查车辆,确保实训车辆没有高压隐患。

(3)关闭点火开关,并移开钥匙至车外。再次起动车辆以确认车辆没有钥匙且无法起动。

(4)安装车外前格栅防护套、左右翼子板防护。

(5)断开 12V 蓄电池负极。

(6)按照任务工单实施。

(7)总结新能源汽车动力蓄电池的安装位置特点,填写任务工单。

三、任务工单

任务实训工作记录单

任务名称	新能源汽车动力蓄电池的认知				
姓名		班级		分组	
教师		地点		日期	
具体内容	动力蓄电池总成安装位置及相关信息记录				
设备工具	比亚迪 e5 纯电动汽车 4 台、组合工具 4 套				
组员分工					

续上表

实训过程内容与流程记录	
实施内容	(1)记录动力蓄电池总成的安装位置。 (2)找到动力蓄电池上的铭牌,记录铭牌上的信息。 (3)动力蓄电池的上壳体和下壳体分别是什么材质的? (4)观察动力蓄电池在防水、防撞击等方面采取了哪些措施?
实训任务回顾与总结	
任务收获与结果	
建议和改进措施	

任务2 动力蓄电池发展现状与趋势

任务描述

修理厂接到一辆故障车,车主反映耗电异常,需要对电池进行进一步检查,请你根据所学知识,展开相关操作。

一、知识准备

1. 铅酸电池

铅酸电池具有100多年的历史,具有生产过程简单、技术成熟、成本较低等优点,但也存在着比能量低、性能较差、充电速度慢、使用寿命短、活性物质铅具有污染性等问题。该类型电池在新能源汽车中主要作为12V的辅助电源而不是动力蓄电池使用,可为汽车中的电子、电气设备的运行提供电源,此外还应用于低速电动汽车(俗称老头乐)和电动自行车中。

虽然铅酸电池存在较多问题,但其领域应用仍十分广泛,如光伏产业、传统内燃机汽车、重要单位的备用电源、通信基站等。据《中国铅酸蓄电池行业发展白皮书(2022年)》的统计数据,2021年中国铅酸蓄电池总体出货量首次达到3.04亿kWh,同比增长14.9%,总体市场规模达到1275.7亿元。相关企业也十分重视铅酸电池工作性能的研发,以优化该类型电池的负荷状态,提高放电能量,改善其对于超负荷使用的承受力,延长其循环使用的寿命。

2.镍氢电池

镍氢电池属于碱性电池,其比功率、比能量较高,能大电流放电,低温性能优于锂电池,使用寿命较长,耐过充过放,性能较好,因此被广泛应用于新能源汽车中,如丰田系的新能源汽车就较多使用镍氢电池。但镍系电池的缺陷在于自放电率很高而且额定电压低(1.2V),进而影响到汽车的续航能力与相关性能。尤其是近年来,随着价格相对低廉的锂离子电池的不断完善,产量不断增加,镍氢、镍铬电池的市场份额被抢占,价格也随之下降,在新能源汽车中的应用逐渐减少。

3.锂离子电池

锂离子电池的缺点和优点都很明现,它的优点包括:工作电压高(可达3.2~3.7V,在所有蓄电池中是最高的,是镍镉电池氢—镍电池的3倍)、比能量高(可达200~300Wh/kg)、循环寿命长、自放电率低、无记忆效应、无污染等。目前,越来越多的汽车厂家选择采用锂电池作为新能源汽车的动力蓄电池。新能源常规汽车锂电池外观如图1-6所示。

锂离子电池有很多种,能够用作动力蓄电池的主要有两种:三元锂电池和磷酸铁锂电池。

1)三元锂电池

三元锂电池凭借能量密度高、循环性能好、工作温度范围宽、循环寿命长等优点,曾受到不少新能源汽车生产厂商的青睐,受益于政府补贴,2018年至2020年期间,三元锂电池占据市场较大份额,明显领先于磷酸铁锂电池。但是随着装机量的增加,三元锂电池的缺陷也逐渐暴露出来,其安全性能差,电池容易在非常短的时间内爆燃,如图1-7所示。

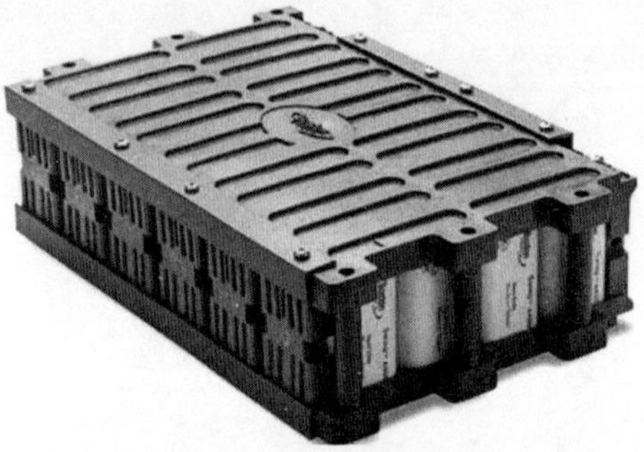

图1-6 锂离子电池包

图1-7 三元锂电池爆燃

再加上政府补贴力度减小,导致其增长态势与磷酸铁锂电池相比显出疲态。

2)磷酸铁锂电池

磷酸铁锂电池也是锂离子电池的一种,其优点是安全性高、寿命长、循环次数能达到2000次、无记忆效应、耐高温、放电稳定,缺点是其比能量比三元锂电池低很多、低温性能差。

2021年之后,磷酸铁锂电池装置获得了较大发展,装机量已经反超三元锂电池。其凭借较低成本实现较快增长，市场金额逐步扩大。

4.钠离子电池

钠离子电池，与锂离子电池工作原理相似，主要依靠钠离子在正极和负极之间往复运动来工作。其发展技术的关键同样在于找到合适的正、负极材料以及电解液。

针对钠离子电池的研究可以追溯到20世纪70年代，近10年来钠离子电池的相关研究更是迎来了井喷式增长，与锂离子电池相比，钠离子电池具有以下优势。

(1)钠盐原材料储量丰富，价格低廉，采用铁锰镍基正极材料相比较三元锂电池正极材料，原料成本降低一半。

钠与锂同属于碱金属元素，在物理及化学性能方面具有相似的部分，两者都可以作为电池金属离子的载体。近年来，随着锂离子电池的大规模应用，锂资源进入供不应求的局面，特别是我国，锂的存储量很少，大部分要依赖进口，不仅价格居高不下而且受制于人，因此急需寻找替代品，而钠资源在地壳中元素丰富度较高，成本更低。

(2)由于钠盐特性，允许使用低浓度电解液（同样浓度电解液，钠盐电导率高于锂电解液20%左右），易于降低成本。

钠离子具有更好的界面离子扩散能力，相同浓度的钠盐电解液具有比锂盐电解液更高的离子电导率，更高的离子扩散能力和更高的离子电导率意味着钠离子电池可以释放更大的电流及功率输出且接受能力更强。

(3)钠离子不与铝形成合金，负极可采用铝箔作为集流体，可以进一步降低成本8%左右，降低重量10%左右。

(4)由于钠离子电池无过放电特性，允许钠离子电池放电到零伏，其能量密度大于100Wh/kg，可与磷酸铁锂电池相媲美，而且成本优势明显，有望在大规模储能中取代传统铅酸电池。

(5)钠离子电池高低温性能更优异，钠离子电池在－40℃的低温下可以放出70%以上的容量，高温80℃的情况下可以循环充放使用，这将在储能系统层面降低空调系统的功率配额，也可以降低温度控制系统的在线时间，进而降低储能系统的投入成本和运行成本。

(6)安全、环保方面，钠离子电池具备较强竞争优势。安全性方面，由于钠离子电池内阻相对较高，发生短路时的瞬间发热量相对锂电池更小，温升相对较低，具备更高安全性；同时，钠离子电池中正负极都采用铝箔，电池的结构和组分更简单，也更易于回收再利用，使钠电池具备绿色环保的性质。

5.固态电池

固态电池是一种新型的可充电电池，工作原理上，固态锂电池和传统的锂电池并无区别，两者最主要的区别在于传统锂电池采用液态电解质，而固态电池则使用固态电解质。

固态电池相比传统电池具有更高的安全性能，并且也具有更高的能量密度，它们可以比传统电池提供更高的功率输出，因此，可以产生更好的输出效率，降低电池对环境的影响。在使用上，固态电池可以适应低温和更高的温度，并且还具有更少的偏离，因此可以更有效地利用电能。

此外，相比于传统电池液体结构，固态电池可以节省空间和重量，它不会渗漏，并且可以在更潮湿或更低温的环境中工作，具有超高性能和超长使用寿命的特点。

固态电池的优点包括以下几点。

(1)能量密度高。使用了全固态电解质后，锂离子电池的适用材料体系也会发生改变，其中，核心的一点就是可以不必使用嵌锂的石墨负极，而是直接使用金属锂来做负极，这样可以明显减轻负极材料的用量，使得整个电池的能量密度明显提高，据估计，其单体能量密度最高能达到900Wh/kg，有望彻底解决里程焦虑的问题。

(2)体积小。传统锂离子电池需要使用隔膜和电解液，它们加起来占据了电池中近40%的体积和25%的质量，而如果用固态电解质取代(主要用有机和无机陶瓷材料)，正负极之间的距离可以缩短到只有几到十几微米，这样能使电池的厚度大大降低，因此全固态电池技术是电池小型化、薄膜化的必经之路。

(3)柔性化的前景。即使是脆性的陶瓷材料，在厚度薄到毫米级以下后也是可以弯曲的，材料会变得有柔性。相应的，全固态电池在轻薄化后柔性程度也会有明显的提高，通过使用适当的封装材料(不能是刚性的外壳)，制成的电池可以经受几百到几千次的弯曲而保证性能基本不降低。

(4)更安全。传统锂离子电池存在以下缺陷：一是在大电流下工作有可能出现锂枝晶，从而刺破隔膜导致短路破坏；另一方面电解液为有机液体，在高温下发生副反应、氧化分解、产生气体、发生燃烧的倾向都会加剧。而如果采用全固态电池技术，以上两点问题就可以得到解决。

二、任务实施

(一)实施要求

本任务主要学习新能源汽车动力蓄电池的认知和基本检查。具体内容是执行车辆安全防护及维修前基本检查，并记录工作过程及结果。

(二)实施准备

(1)防护装备：安全防护装备。

(2)车辆、台架、总成：比亚迪 e5 整车或动力蓄电池管理系统台架，或其他车型整车或台架。

(3)专用工具、设备：万用表、比亚迪故障诊断仪器。

(4)手工工具：无。

(5)辅助材料：警示标识和设备。

(三)实施步骤

(1)检查个人安全防护设备，确保绝缘手套等防护用品安全有效。

(2)检查车辆，确保实训车辆没有高压隐患。

(3)关闭点火开关,并移开钥匙至车外。再次起动车辆以确认车辆没有钥匙且无法起动。

(4)安装车外前格栅防护套、左右翼子板防护。

(5)断开 12V 蓄电池负极。

(6)按照任务工单实施操作。

(7)总结新能源汽车动力蓄电池的基本检查流程,填写任务工单。

三、任务工单

任务实训工作记录单

<table>
<tr><td>任务名称</td><td colspan="6">新能源汽车动力蓄电池的基本检查</td></tr>
<tr><td>姓名</td><td></td><td>班级</td><td></td><td>分组</td><td colspan="2"></td></tr>
<tr><td>教师</td><td></td><td>地点</td><td></td><td>日期</td><td colspan="2"></td></tr>
<tr><td>具体内容</td><td colspan="6">外观检查;动力蓄电池定期充放电、单体电池一致性测试;动力蓄电池插接件与紧固件情况检查</td></tr>
<tr><td>设备工具</td><td colspan="6">比亚迪 e5 纯电动汽车 4 台、组合工具 4 套</td></tr>
<tr><td>组员分工</td><td colspan="6"></td></tr>
<tr><td colspan="7">实训过程内容与流程记录</td></tr>
<tr><td>实施内容</td><td colspan="6">1. 外观检查:检查动力蓄电池外观有无磕碰、损坏。
将车辆举升起来,目测动力蓄电池底部有无磕碰、划伤、损坏的现象。
检查结果:

如发现以上情况应及时予以修理或更换。
2. 动力蓄电池定期充放电、单体蓄电池一致性测试。
定期对动力蓄电池满充、满放一次;使用专用检测仪对动力单体蓄电池进行测试。
蓄电池的一致性检测情况为:

如发现以上情况应及时予以修理或更换。
3. 检查动力蓄电池插接件与紧固件情况。
(1)目测动力蓄电池高低压插接件是否有变形、松脱、过热、损坏的情况。
目测结果:

如发现以上情况应及时予以修理或更换。
(2)固定螺栓力矩检测:螺栓标准力矩为 95 ~ 105N · m。
经检查,力矩为________ N · m。
通过上述过程,请总结充电过程中需要注意的事项:</td></tr>
</table>

续上表

实训过程内容与流程记录	
实施内容	4. 低压蓄电池的检查。 (1)使用万用表测量低压蓄电池内阻阻值、静态电压值,并记录。 检查结果: (2)检查低压蓄电池接线端子是否松动、被锈蚀。 检查结果:
实训任务回顾与总结	
任务收获与结果	
建议和改进措施	

任务3 常见车用动力蓄电池的组成及功能

任务描述

维修厂接到一辆比亚迪 e5 故障车,推测是动力蓄电池故障,需要对动力蓄电池的整体电压、模组电压等参数进行进一步检测,请你根据所学知识,完成相关检测。

一、知识准备

在国家标准 GB/T 19596—2017《电动汽车术语》中对动力蓄电池(power battery)的定义为:为电动汽车动力系统提供能量的蓄电池。目前常见的车用动力蓄电池包括镍氢电池、锂离子电池和超级电容器。

对动力蓄电池的要求包括以下几个方面。

(1)高比能量。由于动力蓄电池容量有限,目前纯电动汽车一次性充电后的续航里程一般为 150 ~ 300km,且还需要保持适当的速度及合适的温度才能做到,所以提高动力蓄电池的比能量是急需解决的问题。

(2)比功率高。它涉及新能源汽车的加速特性和爬坡能力。

(3)较长的循环寿命。目前,实际应用的动力蓄电池组的循环寿命短,普通动力蓄电池组充放电次数仅为 300 ~ 400 次,即使性能良好的动力蓄电池充放电次数也不过 700 ~ 900 次,按每年充放电 200 次计算,一个动力蓄电池的寿命最多为 4 年,与燃油汽车的寿命相比太短。

(4)充电时间短。充电时间长是目前动力蓄电池的三大痛点之一,车主需要花费大量的时间用于排队和充电,使车辆的便捷性大打折扣,使用体验感变差,如果将来新能源汽车大规模普及,这个问题会更加突出。

(5)使用维护方便。

(6)价格较低。价格高也是目前新能源汽车市场反应的最大的一个痛点,电池包的价格要占到整车价格的1/3甚至是1/2,这对购买者来说是难于忍受的。

(一)镍氢电池(Ni—MH)

镍氢电池属于碱性电池,也可以划分为镍系电池,目前市场应用非常广泛,如民用通信电源,各种便携式设备电源、电动工具、动力电源,小型充电电池等。该种电池技术成熟、比功率大、无记忆效应,是新能源汽车中主要应用的动力蓄电池之一。

镍氢电池的研发始于1967年,戴姆勒—奔驰和大众汽车参与了技术研发,在近20年的时间里只研发出了能量密度50Wh/kg左右的镍氢电池。在1985年镍氢电池才进入实用化,随后各种便携式卡带机、CD机、MD机、MP3等,中后期版本均改用了镍氢电池,额定电压1.2V,容量在1500mAh左右。

其实镍系电池中还有一个镍镉电池,但是因为镉属于重金属,具有污染性,而且镍镉电池有记忆效应,使得电池容量衰退很快,所以在镍氢电池出现以后,就迅速被镍氢电池取代,因此下面我们只介绍镍氢电池。

1.镍氢电池结构

镍氢电池由羟基氧化镍正极、储氢合金负极、具有保液能力和良好透气性的隔膜(采用多孔维尼纶无纺布或尼龙无纺布等)、碱性电解液(镍氢电池的碱性电解液多采用KOH水溶液,为了增加导电性,加入少量的LiOH)、钢质外壳等组成,如图1-8所示。在圆柱形电池中,正负极板被隔膜相互隔离开,呈螺旋状卷绕在壳体内,壳体用盖帽进行密封,在壳体和盖帽之间用绝缘材质的密封圈隔开;在方形电池中,正负极由隔膜分开后叠成层状密封在钢壳中。

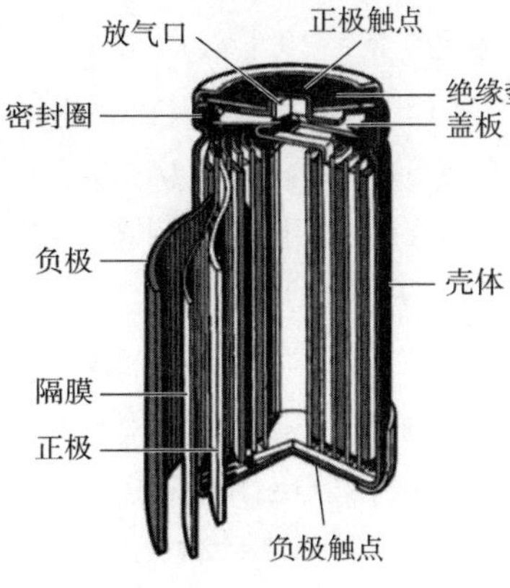

图1-8 镍氢电池结构

储氢合金负极的特点是在低温低压下就能够吸收或释放氢原子,主要有以下几种。

稀土系 AB_5:$LiNi_5$,$MnNi_5$,$CaNi_5$。

锆系与钛系 AB_2:$ZrMn_2$,$TiCr_2$,ZrV_2,$ZrMn_2$。

铁钛系 AB:TiFe,TiCo,TiNi。

镁系 A_2B:Mg_2Ni,Mg_2Cu。

2.镍氢电池的工作原理

在充满电的情况下,镍氢电池正极的活性物质为NiOOH(羟基氧化镍),负极板的活性物质为MH(金属氢化物,M代表储氢合金,H代表氢原子,吸附在合金上);放完电后,正极活性物质变为$Ni(OH)_2$(氢氧化镍),负极因为释放了氢原子,只留下储氢合金M,电解液采用30%的KOH(氢氧化钾)溶液。

镍氢蓄电池
工作原理

Ni—MH电池的反应式可表示为:

正极反应方程式:$Ni(OH)_2 + OH^- \underset{\text{放电}}{\overset{\text{充电}}{\rightleftharpoons}} NiOOH + H_2O + e^-$;

负极反应方程式:$xH_2O + M + xe^- \underset{\text{放电}}{\overset{\text{充电}}{\rightleftharpoons}} xOH^- + MH_x$;

总反应方程式:$xNi(OH)_2 + M \underset{\text{放电}}{\overset{\text{充电}}{\rightleftharpoons}} xNiOOH + MH_x$。

镍氢电池在充放电过程中,正负极上均不产生任何中间态的可溶性金属离子,电解液中KOH只作为反应的桥梁,在整个反应中总量不变,因而镍氢电池可以做成密封型结构。当镍氢电池过充电时,金属壳内的气体压力将逐渐上升,当该压力达到一定数值后,顶盖上的安全孔会打开进行排气限压,以此避免电池因气体压力过大而爆炸。

镍氢电池放电时,正极上NiOOH得到电子还原成为$Ni(OH)_2$;负极金属氢化物(MH_x)内部的氢原子扩散到表面形成吸附态氢原子,接着再发生电化学反应生成水,留下储氢合金。

3. 镍氢电池的特点

(1)能量密度较高,镍氢电池能量密度最高有140Wh/kg,但是比不上锂离子电池的300Wh/kg。

(2)环保性好,无金属镉的污染。

(3)可大电流快速充放电,比功率高,最先进的动力镍氢电池的放电比功率达到1350W/kg以上。

(4)充放电倍率高,应用于混合动力汽车领域,容量在6Ah左右的动力镍氢电池,可以达到25倍率以上放电或15倍率以上充电的特性;容量在40Ah左右的动力镍氢电池,可以达到15倍率以上放电或10倍率以上充电的大电流特性。

(5)无明显的记忆效应。

(6)工作温度范围宽(−20~50℃),低温性能好,在−20℃的环境温度下,在1C放电率条件下放电,所释放的容量可达到额定容量的85%以上。

(7)耐过充过放性能好。

(8)工作电压低,仅为1.2V。

(9)自放电率高,储存性能差。

4. 镍氢电池的过充过放特点

当正极活性物质中的NiOOH被消耗完后,如果继续放电,就会出现过放电,这时正极上水分子就被还原为氢原子和OH^-离子;负极上由于储氢合金的催化作用,使OH^-离子与氢原子反应又生成水,反应方程式如下:

正极:$2H_2O + 2e^- \longrightarrow 2OH^- + H_2$;

负极:$H_2 + 2OH^- \longrightarrow 2H_2O + 2e^-$。

当出现过充电时,电池正极上会析出氧,然后扩散到负极上生成OH^-。在电池过充电过程中,正、负极上发生的反应方程式如下:

正极：$4OH^- \longrightarrow O_2 + 2H_2O + 4e^-$；

负极：$2H_2O + O_2 + 4e^- \longrightarrow 4OH^-$。

在电池出现过充和过放电时，负极上的储氢合金既承担着储氢的作用，又起到催化剂的作用，可以促使正极产生的 O_2 和 H_2 被消耗掉，从而使电池内部压力不会增加，而且也能保持电解液成分不变，使镍氢电池具有耐过充、过放电的能力。但随着充、放电循环的进行，储氢合金的催化能力逐渐退化，电池的内压就会上升，最终导致电池漏液失效。

5. 镍氢电池的工作特性

1）充放电特性

电池的充放电特性是指蓄电池的端电压在充放电过程中随时间变化的规律，一般主要指随温度或者电流的变化而变化的规律。

镍氢电池充电特性曲线如图 1-9 所示，其展示了镍氢电池充电过程中温度电压与充电电流的关系，从图中我们可以看到：

（1）随着充电的进行，电池端电压逐步升高，从开始的 1.25V 上升到充电终了时的 1.5V 左右；

（2）随着充电的进行，电池的内部温度也会上升，且在输入容量超过 100% 以后，温度会急剧上升；

（3）充电电流越大，充电截止电压越高，充电终了温度也越高。

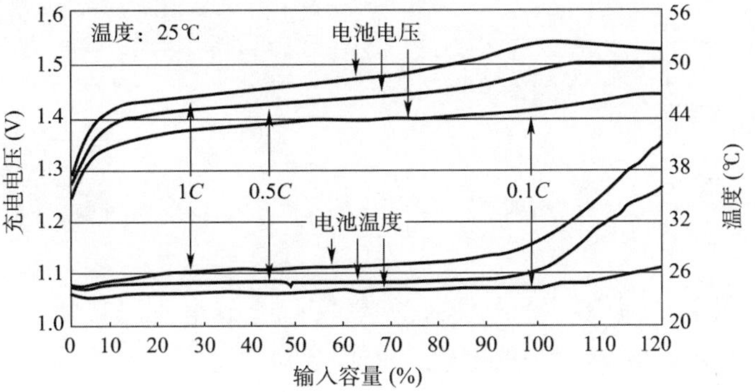

图 1-9 充电特性曲线

先把镍氢电池以 0.1C 进行充电，然后分别以不同的倍率进行放电，放电特性曲线如图 1-10 所示，从图中我们可以看到：

（1）随着放电的进行，电池端电压逐步降低，放电电流越大，电压下降速度越快；

（2）随着放电电流的增大，电池能够放出的容量越小，0.2C 小电流放电，比 1C 大电流放电，最终放电容量能多出 10% 左右；

（3）为了尽可能充分利用蓄电池容量，在大电流放电时，可以将放电终止电压适当调低；而为了不出现过放，在小电流放电时，可以将放电终止电压适当调高。

2）温度特性

不同室温环境下镍氢电池的充电特性曲线如图 1-11 所示。从图中可以看到，室温越低，充满以后的保持电压越高。在 0 ~ 10℃ 时蓄电池电压比 20 ~ 70℃ 时要高，在 27℃ 左右充电效率最高。这是因为镍氢电池在充电过程中本身也会发热，如果环境温度太高，温度累加，反而会降低充电效率。

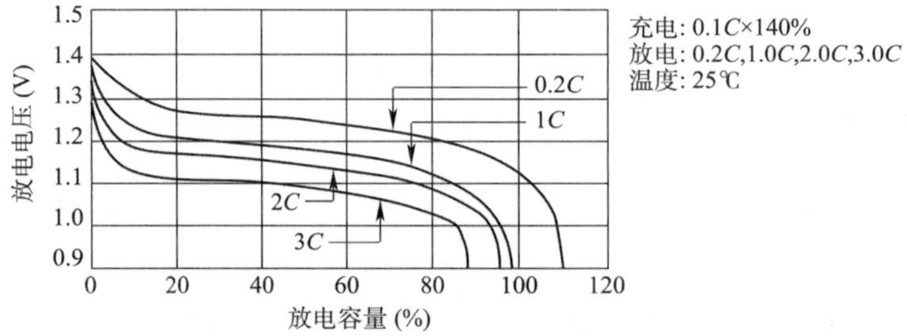

图 1-10　放电特性曲线

不同环境温度下的放电特性曲线如图 1-12 所示，从图中可以看到放电容量与环境温度的关系，环境温度升高，实际放电容量也会增加。用 1*C* 电流放电，环境温度为 50℃时的放电容量，比环境温度为 0℃时的放电容量要高出 20% 左右。但是要注意的是，环境温度不能太高，一般认定在 50℃以下，且两者的增加不呈线性关系。

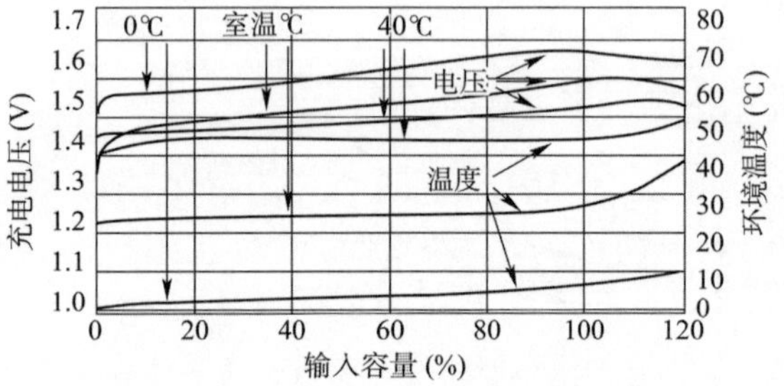

图 1-11　不同温度下的充电特性曲线

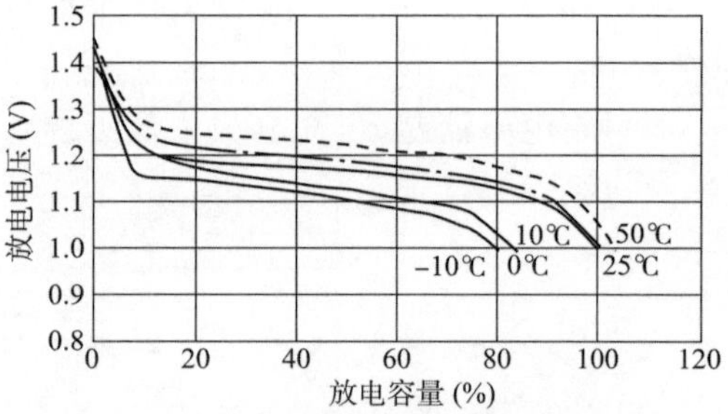

图 1-12　不同温度下的放电特性曲线

3) 容量特性

电池的实际容量受到理论容量的限制，但受实际充放电工况影响更大。镍氢电池的充电电流、搁置时间、放电终止电压和放电电流等均会对放电容量产生影响。

(1) 充电电流对放电容量的影响。

充电负极反应方程式中消耗电荷生成 OH^-，电荷不能再释放利用，因而电池的充电效率总是小于 100%。随着充电电流的增大，极化现象增加，将加剧镍氢电池中氧气析出的复合反应，导致充电效率和放电容量降低。

基于该反应原理，放电容量随充电容量的变化也体现为：随着充电过程的进行，电池 *SOC* 升高，电池可放电容量增加，初期可放电容量增加较快，而充电过程中复合反应的出现，使可放电容量增加速度减缓，最终可放电容量将达到稳定值。

(2) 环境温度对充放电性能及容量的影响。

温度对电池的充放电性能和容量的影响是非常大的。如果温度下降，电极的反应率也会下降，假设电池电压保持恒定，放电电流降低，电池的实际容量也会降低；如果温度上升则相反，即电池输出的实际容量会上升。温度也影响电解液的传送速度，温度上升则加快，传送温度下降，则传送减慢，镍氢电池充放电性能也会受到影响。

总体来说,环境温度应选择适宜,过高或过低都会影响电池的性能。温度太高会破坏电池内的化学平衡,导致副反应,当温度升到45℃以上,充电时,电池材料的性能会退化,电池的循环寿命也将大大缩短。镍镉、镍氢、锂电池的放电效率在低温会有显著的降低(如低于-15℃),而在-20℃时,碱液达到凝固点,电池充电速度也将大大降低。

(3)放电电流对放电容量的影响。

电池内阻主要包括欧姆内阻和电化学极化内阻两部分。欧姆内阻对一特定的电池来说是一个定值,电化学极化内阻则与发生电化学反应时的极化状态有关,而放电电流是影响电极极化状态的一个重要因素。在大电流放电条件下,电极的极化现象加剧,造成极化内阻增大,端电压下降速率加快,电池的能量效率降低,电池的实际容量会低于额定容量;在低倍率放电条件下,放电电压下降缓慢,电池实际放出的容量常常高于额定容量。

(4)放电终止电压对放电容量的影响。

放电容量实际是放电电流与放电时间的乘积,而放电终止电压直接影响放电时间,因此放电容量随放电终止电压的降低而增加。但镍氢电池的放电电压不能无限地降低,一般选定在0.9V左右,过低将出现过放电现象,影响镍氢电池的使用寿命。

一般我们约定,在大电流或者低温条件下放电,可以适当降低放电终止电压,以充分利用蓄电池的容量,提高能量利用率。

4)电池寿命

蓄电池的寿命有两种:循环寿命和日历寿命。

(1)循环寿命。电池的循环寿命是指在一定的充放电条件下,电池容量衰减到规定值($SOC=80\%$)之前,电池所能承受的充放电循环次数。

不同用途的电池,这个放电深度会不同。定义中规定蓄电池的每一次循环都是完全的充放电循环,如果蓄电池每次只是部分放电,那么其循环寿命会延长。即使如此,经常放电至额定的深度也会大大地缩短蓄电池的循环寿命。影响蓄电池循环寿命的因素很多,比如蓄电池的出厂质量、使用环境、使用频率等。只有在研发和生产过程中很好地把握了所有影响循环寿命的因素,企业才能在激烈的市场竞争中取得领先。蓄电池的循环寿命直接影响蓄电池的使用成本和用户的体验。

(2)日历寿命。日历寿命是指从生产之日起至电池寿命结束的时间,以年月为计量单位。比如这辆汽车的蓄电池用了4年就报废了,这就是指的日历寿命。

日历寿命包括老化、高低温、循环、工况模拟等不同环节。需要注意的是,电池的容量在使用或不使用时都会产生衰减。

5)自放电特性

自放电特性是指镍氢电池充足电以后,在开路(无负载)的情况下存放,其容量随着时间的增加逐渐降低的现象。

镍系电池的自放电现象是比较严重的,在室温环境(25℃)下,镍镉电池的自放电率为15%~30%/月,镍氢电池的自放电率达到了25%~35%/月,而锂电池仅为2%~5%/月,图1-13展示的就是镍氢电池的自放电特性。

影响电池自放电的因素很多,包括储氢合金成分、电池组装技术等,影响程度最大的就是环境温度和湿度，温度越高，自放电越快。

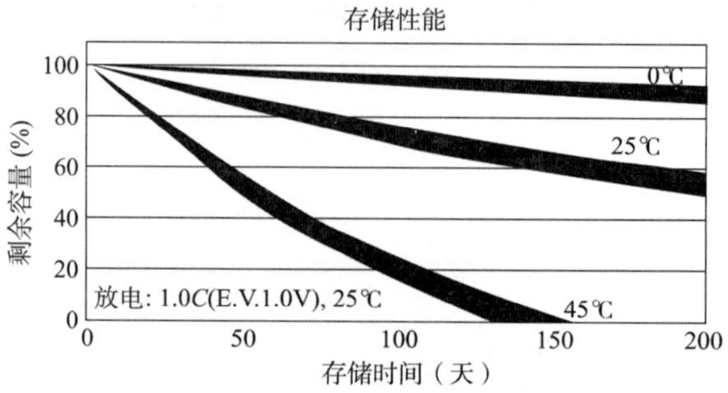

图 1-13　镍氢电池的自放电特性

另外，储氢合金的氢平台压力大，吸收的氢容易从合金中逸出，导致电池自放电。因此，储氢合金的氢平台压力要求为 10 ~ 0.1MPa。

一般来说，镍氢电池自放电引起的容量损失是可逆的。长时间储存的镍氢电池，经过三次小电流充放电后，可恢复电池容量。

(二)锂离子电池(Li—ion)

1. 锂电池的分类

锂电池是由锂金属或锂合金为正/负极材料，使用有机电解质的电池，大致可分为锂金属电池和锂离子电池。锂金属电池最早由 Gilbert N. Lewis 于 1912 年提出并开展研究，这种电池一般使用二氧化锰为正极材料，金属锂或其合金为负极材料，使用非水电解质溶液，主要用于卫星等，其放电反应：$Li + MnO_2 = LiMnO_2$，目前基本不再使用了。

当前主流的锂电池是锂离子电池，由日本 Sony 公司于 1992 年成功开发，它使手机、笔记本电脑等携带型电子设备大为轻便。

1)按电解质状态分类

锂离子电池属于有机电解液电池，按照电解质的状态可以分为液态锂离子电池(Lithium Ion Battery，LIB)和聚合物锂离子电池(Polymer Lithium Ion Battery，LIP)两大类。它们的主要区别在于电解质的不同，液态锂离子电池使用的是液体电解质，而聚合物锂离子电池则以聚合物电解质来代替。

所谓的锂聚合物电池是指在三者中至少有一个或一个以上采用高分子材料的电池系统。在锂聚合物电池系统中，高分子材料大多数被用在了正极和电解质上。正极材料使用的是导电高分子聚合物或一般锂离子电池所使用的无机化合物，负极常应用锂金属或锂碳层间化合物，电解质是采用固态或者胶态高分子电解质或者有机电解液。由于锂聚合物中没有多余的电解液，因此它更可靠更稳定。

2)按正极活性物质分类

按照正极活性物质的不同，锂离子电池可以分为钴酸锂 $LiCoO_2$、锰酸锂 $LiMn_2O_4$、镍酸锂 $LiNiO_2$、钛酸锂 $Li_4Ti_5O_{12}$、磷酸铁锂 $LiFePO_4$ 和三元锂电池(镍钴锰三元 $LiNi_xCo_yMn_{(1-x-y)}O_2$，镍钴铝三元 $LiNi_xCo_yAl_{(1-x-y)}O_2$)几种。它们的负极多是采用石墨，石墨与锂离子形成锂碳层

间化合物 LiC_6，另外锂金属、锂合金、硅碳、氧化物材料等也可用于负极。电解质为 $LiPF_6$（六氟磷酸锂，是一种无机化合物，为白色结晶性粉末，易溶于水、溶于低浓度甲醇、乙醇、丙酮、碳酸酯类等有机溶剂，主要用作锂离子电池电解质材料）和 $LiAsF_6$（六氟砷酸锂，白色粉末，可溶于水，该物质对环境可能有危害，对水体应给予特别注意）等有机溶液。

3）按外形分类

根据包装外形（图 1-14）的不同分为如下。

（1）圆柱形锂离子电池。

早期电池在一开始进行研发制造时就是以圆柱形进行设计制造的。这种锂离子电池有很多规格，比如 18650、46800、21700，数字的含义是：圆柱的直径 + 圆柱的高度，单位为 mm，比如 18650，表示直径 18mm、高度 65mm 的圆柱，最后那个 0 代表圆柱形，其余型号依此类推，注意 18650 只表示外形尺寸，不代表一定是锂电池，其他类型的电池也有 18650 这种规格。

图 1-14　不同外形的锂离子电池

圆柱形锂离子电池的标准化程度较高，容易在行业内实现统一标准。另外圆柱形电池在散热方面也有着先天的优势，封包时圆柱与圆柱之间形成了很好的散热空间。

（2）方形锂离子电池。

大多数方形电池都是聚合物锂离子电池，因为聚合物延展性好的原因，可以做出很多形状，也可以随意调整锂离子电池的长宽高，现在很多数码产品都应用这种电池。方形电池的可塑性会更强一些，可以根据搭载产品的具体需求而进行定制化的设计。这也导致了电池的大小不一，目前无论是制造工艺或者应用标准，均没有像圆柱形电池那样清晰的划分标准。

（3）扣式锂离子电池。

扣式锂离子电池其实是为了满足计算机、摄像机、笔记本等设备对高比能量和薄型化的需求而开发的电池。扣式锂离子电池主要应用在电脑主板、MP3 手表、计算器、IC 卡、电子词典、税控机、蓝牙耳机、手摇充电手电筒、玩具对讲机等产品中。拥有使用温度好，密封性能强，贮存时间长，放电电压平稳等优点。

（4）软包电池。

软包电池因为采用了叠加的制造方式，所以体积更加纤薄，能量密度最高，这比较符合我国新能源汽车市场的发展趋势。另外，软包电池同样可以根据不同需求进行定制。

2. 不同锂离子电池的特点

作为嵌入式电极材料的金属氧化物，依其空间结构的不同主要可分为以下三种类型。

1）层状化合物

钴酸锂 $LiCoO_2$ 具有放电电压高、性能稳定、易于合成等优点。但钴资源稀少，价格较高，并且有毒，会污染环境。目前主要应用在手机、笔记本等中小容量消费类电子产品中。层状钴酸锂结构如图 1-15 所示（灰色圆圈为 Co^{3+}，黑圈为 Li^+，白色圆圈为 O^{2-}）。

钴酸锂电池的额定电压为3.6V，最大的缺点就是质量比容量低，理论极限是274mAh/g，出于结构的稳定性考虑，实际应用中只能达到137mAh/g。同时，由于地球上钴元素的储量比较低，导致钴酸锂的成本偏高，难以在动力蓄电池领域大规模普及。

而镍与钴的性质非常相近，价格却比钴低很多，并且对环境污染较小，所以镍酸锂是钴酸锂良好的替代品。

与钴酸锂相似，理想的镍酸锂为六方层状结构，镍酸锂正极材料理论容量为275mAh/g，实际可达180～200mAh/g，平均嵌锂电位约为3.8V。但是镍酸锂合成困难，循环性能差，实用性不大。

2）尖晶石型结构

锰酸锂离子电池 $LiMn_2O_4$ 呈尖晶石结构，如图1-16所示，它作为电极材料具有价格低、电压高（额定电压3.7V）、环境友好、安全性能高等优点，是最有希望取代钴酸锂 $LiCoO_2$ 成为新一代锂离子电池的正极材料。

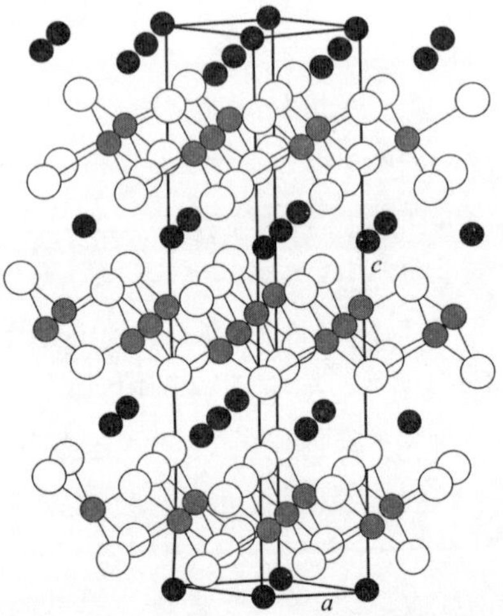

图1-15　层状 $LiCoO_2$ 的结构示意图

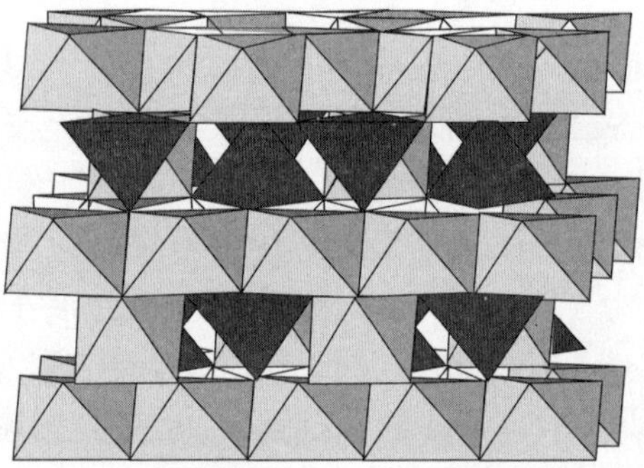

图1-16　$LiMn_2O_4$ 的尖晶石结构示意图

锰元素含量丰富，价格便宜，毒性远小于过渡金属Co、Ni等。

锰酸锂由于与目前普遍使用的钴酸锂、三元材料性质非常接近，其电池生产工艺非常成熟，动力蓄电池生产线与现有生产线基本兼容，特别是日韩拟采用18650型电池组合成动力蓄电池模块的技术思路，使锰酸锂动力蓄电池的生产更容易实现。

锰酸锂最大的缺点就是高温循环性能较差，电极的循环容量容易迅速衰减，原因主要集中在以下三方面：

（1）锰酸锂的正八面体空隙发生变化产生四方畸变；

（2）锰酸锂中的锰易溶解于电解液中而造成流失；

（3）电极极化引起内阻增大。

但相较于磷酸铁锂，它也有着自己独特的优势：

（1）锰酸锂的体积比能量优于磷酸铁锂，锰酸锂的容量比磷酸铁锂低约25%，但其电压比磷酸铁锂高15%，且锰酸锂的压实密度比磷酸铁高约40%，因此锰酸锂的体积比能量高于磷酸铁锂 25% ~30%；

(2)锰酸锂的一致性优于磷酸铁锂，由于锰酸锂产品不含碳，因此产品的性能参数稳定，一致性好对动力蓄电池的生产十分有利。

3)橄榄石型结构

橄榄石结构的磷酸铁锂 $LiFePO_4$ 也可作为锂离子电池正极材料，它的理论容量为 170Ah/kg，额定电压稍低，为 3.2V。橄榄石结构的 $LiFePO_4$ 属于正交晶系，其结构如图 1-17 所示。

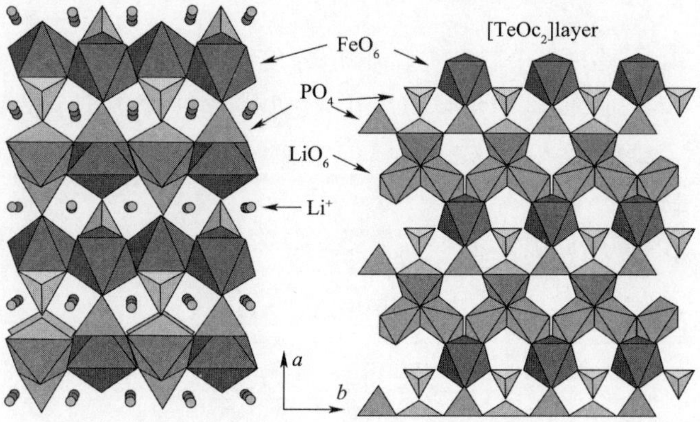

图 1-17　橄榄石型 $LiFePO_4$ 的结构示意图

磷酸铁锂中的强共价键作用使其在充放电过程中能保持晶体结构的高度稳定性，因此具有比其他正极材料更高的安全性能和更长的循环寿命，另外 $LiFePO_4$ 具有原材料来源广泛、价格低廉、无环境污染、比容量高等优点。

但磷酸铁锂的缺点也很明显，首先就是低温下循环性能极差，另外能量密度不高，只有 120 ~150Wh/kg，大概是三元锂离子电池的 2/3。

磷酸铁锂由于安全性好，循环寿命长，原材料资源丰富，不造成环境污染等优点，在我国得到了以比亚迪为首的众多动力蓄电池厂家的追捧。目前生产磷酸铁锂的厂家主要有比亚迪、北大先行、深圳沃特码、合肥国轩等。

4)三元材料

三元材料主要有镍钴铝酸锂(NCA)和镍钴锰酸锂(NCM)两种，其中，NCA 是目前商业化正极材料中比容量最高的材料。

(1)镍钴铝酸锂(NCA)。

因为 Co 和 Ni 具有相似的电子构型，相似的化学性质，离子尺寸差异也很小，因此镍酸锂和钴酸锂可以发生等价置换形成连续固溶体并保持层状结构，而为了得到更加稳定的高镍固溶体材料，除了加入钴以外，添加铝元素也可以进一步提高材料的稳定性和安全性，这样就形成了镍钴铝酸锂三元材料。

NCA 正极材料在动力蓄电池应用中具有很大的竞争力。目前，美国特斯拉采用的就是 NCA 正极材料动力蓄电池，技术处于领先地位；日本松下采用 NCA 和硅碳负极组合制成的 18650 型电池容量高达 3500mAh，循环寿命 2000 次以上。

(2)镍钴锰酸锂(NCM)。

镍钴锰酸锂(NCM)三元材料的优点是毋庸置疑的,但它同样具有平台相对较低,安全性低的缺点。

目前,采用镍钴锰酸锂(NCM)为正极材料的动力蓄电池厂商主要有韩国LG、浙江微宏动力以及珠海银隆。

相对于磷酸铁锂电池,三元锂电池比能量高(是磷酸铁锂电池的1.5倍)、工作温度范围宽(-20~40℃)、低温性能良好、循环寿命长(约1000次循环)。但是它最大的缺陷就是在高温下不稳定,安全性差。

在未来,三元锂电发展的一个趋势是降低钴的使用量,寻找钴的替代物,主要原因是钴是稀缺资源,价格不稳定,减少其用量可降低生产成本;另一个方向就是发展高镍层状三元材料,虽然高镍体系合成难度大,但是镍含量的增加可以显著提高克容量,高镍体系是动力蓄电池的理想材料之一。

各种锂离子电池的特点见表1-2。

各类型锂电池的特点 表1-2

正极材料	钴酸锂	镍钴锰三元材料	锰酸锂	磷酸铁锂
材料结构	层状氧化物	层状氧化物	尖晶石	橄榄石
振实密度(g/cm^3)	2.8~3.0	2.0~2.3	2.2~2.5	1.0~1.4
比表面积(m^2/g)	0.4~0.6	0.2~0.4	0.4~0.8	12~20
克容量(mAh/h)	135~145	155~190	100~120	130~150
电压平台(V)	3.6	3.5~3.6	3.7~3.9	3.2~3.3
循环次数	≥300	≥800	≥500	≥2000
过渡金属	贫乏	贫乏	丰富	非常丰富
原料成本(USD/g)	很高(26~50)	高(22~40)	低廉(15~28)	低廉(15~28)
环保	含钴	含镍、钴	无毒	无毒
安全性能	差,稳定性低	较好	良好	优秀
合成困难度	容易	难	难	中等
温度耐受性	尚可,-20~55℃以外会衰退	尚可,-20~55℃以外会衰退	差,高于50℃迅速衰退	极佳(-40~70℃仍正常使用)
适用领域	小电池	小电池/小型动力蓄电池	动力蓄电池	动力蓄电池/超大容量电池
缺点	(1)材料成本高;(2)安全性低	安全性待加强	(1)高温自放电;(2)循环寿命短	(1)导电度差;(2)体积大

3. 锂离子电池的工作原理

锂离子电池以石墨材料为负极，以含锂离子的金属化合物作正极。

锂离子电池的充放电过程是锂离子在正负极之间往返嵌入和脱嵌的过程，锂离子电池也因此被形象地称为“摇椅式电池”“跷跷板电池”。在锂离子的嵌入和脱嵌过程中，同时伴随着与锂离子等当量的电子的嵌入和脱嵌。钴酸锂电池的工作原理如图1-18所示。

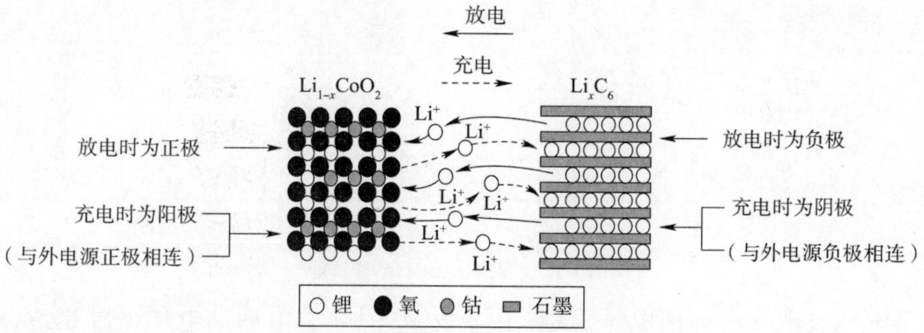

图1-18　钴酸锂离子电池工作原理

当电池进行充电时，电池正极活性物质中的锂离子脱嵌，生成的锂离子通过电解质到达负极。电池负极的石墨为层状结构，锂离子可以嵌入到碳层的微孔中，形成锂碳层间化合物 LiC_6，嵌入的锂离子越多，充电容量越高。同样，当对电池进行放电时，锂碳层间化合物 LiC_6 中的锂离子脱出，又返回正极，到达正极的锂离子越多，放电容量越高。充放电过程中的正负极反应方程式如下。

正极反应式：$LiMO_2 \longrightarrow Li_{1-x}MO_2 + xLi^+ + xe^-$；

负极反应式：$nC + xLi^+ + xe^- \longrightarrow Li_xC_n$；

电池反应式：$LiMO_2 + nC \longrightarrow Li_{1-x}MO_2 + Li_xC_n$。

式中，M代表Co、Ni、W、Mn等金属元素。

正常充放电的情况下，锂离子在层状结构的碳材料和正极活性物质间嵌入和脱出，一般只引起晶体粒子间距的变化，不会破坏其空间结构；在放电过程中，负极材料的化学结构也基本不变。因此，从充放电的可逆性看，锂离子电池反应是一种理想的可逆反应。

一般锂电池充电电流设定在 $0.2 \sim 1C$ 之间，电流越大，充电越快，同时电池发热也越大。而且过大的电流充电，也会因为极化现象，致使电池难以被充满。

4. 锂离子电池的特性

1）充电特性

锂离子电池充电从安全、可靠及兼顾充电效率等方面考虑，通常采用恒流转恒压方式充电，锂离子电池的充电曲线如图1-19所示。根据正极材料不同，锂离子电池充放电的截止电压值有一定的差别，区别主要体现在以下两点：

①第一阶段恒流值根据电池正极材料和制造工艺不同，最佳值存在一定的差别。一般采用电流范围为 $0.2C \sim 0.3C$；

②不同锂离子电池在恒流时间上存在很大的差别，恒流可充入容量占总体容量的比例也存在很大差别。

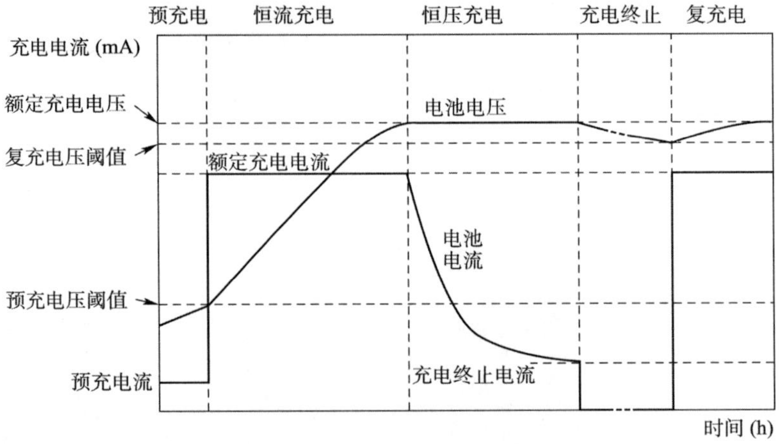

图 1-19　锂离子电池充电曲线

锂离子电池结构与特点

锂离子电池放电在中前期电压稳定,下降缓慢,但在放电后期电压下降迅速,在此阶段必须进行有效控制,防止电池过放电,避免对电池造成不可逆性损害。

(1)充电电流对充电特性的影响。

蓄电池的容量是电流与时间的乘积,所以理论上来讲,充电电流越大,充电时间越短。但实际上是不可能实现的,原因主要有以下几点。

①可接受电流的问题。

1972 年美国科学家 J. A. Mas 提出蓄电池在充电过程中存在最佳充电曲线:

$$I = I_0 e^{-\alpha t} \tag{1-13}$$

式中:I_0——电池初始充电电流;

α——充电接受率;

t——充电时间。

I_0 和 α 的值与电池类型、结构和新旧程度有关。

对于任何给定的放电量,蓄电池充电电流接受比 a 与放电电流 I_d 的对数成正比,即:

$$\alpha = K_2 \log K I_d$$

式中:K_2——放电量常数;

K——计算常数。

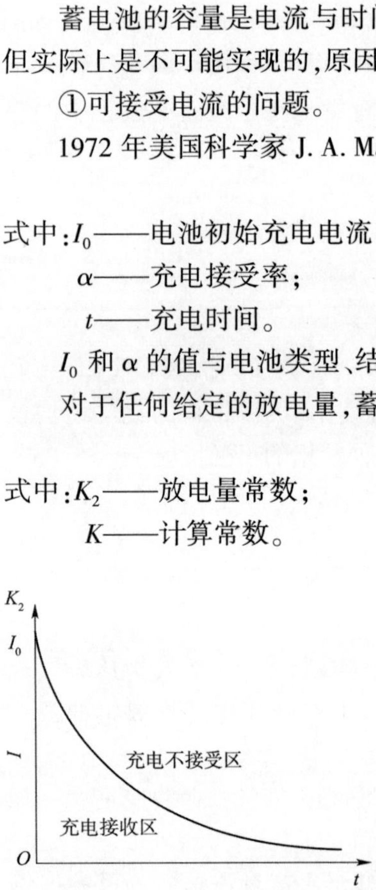

图 1-20　蓄电池充电可接受电流曲线

可接受电流曲线如图 1-20 所示,曲线下方属于充电接受区,电流大小在这个范围内,基本上都能变为蓄电池的化学能;而在曲线上方属于不可接收区,充电电流处于这个区时,除了有部分转化为化学能外,还有一部分会变成副反应,如电解水等。因此电流不是越大越好,而且从图中还可以看出,随着充电时间的增加,可接受电流会逐渐减小。

以额定容量 100A · h 的某锂离子电池为例,在 SOC = 40% 、恒温 20℃的情况下,采用不同充电率充电,所得的数据见表 1-3。

不同充电率下的充电效果 表1-3

电流 (A)	恒流时间 (s)	充入容量 (A·h)	充入能量 (W/h)	充入30A·h时间 (s)	充入30A·h电流 (A)
20/(0.2C)	3900	21.67	90.85	5763	14.24
30/(0.3C)	2420	20.17	84.93	4754	15.53
40/(0.4C)	729	8.11	34.482	4528	13.87
50/(0.5C)	700	9.8	41.68	3940	14.94
60/(0.6C)	237	3.97	16.96	3212	16.16
80/(0.8C)	32	0.74	3.133	3129	14.15

从表中我们可以看出：

随着充电电流的增加，恒流时间逐步减少，恒流阶段可充入的容量和能量也逐步减少，恒压阶段充入的容量和能量增加；

随着充电电流的增加，充入相同容量所需的时间在减小，但是两者不成比例，比如电流从20A增加到60A(3倍)，但是时间只从5763s减少到3212s，远远达不到1/3；

不管初始充电是多少，充入相同容量时，充电电流都会降低到相同的大小。

②电池内阻的影响。

任何电池都有内阻，如果这时候有电流的话，一定会发出热量，当流过蓄电池的电流过大时，其发热将使电池的温升超过正常值，影响电池的安全性甚至会导致爆炸。

③极化现象的影响。

如上所述，极化现象是蓄电池中常见的现象，只要蓄电池中有电流流过就一定会有极化现象，电流越大，极化现象越厉害，导致其端电压上升越快，充电时间越短。充电量等于充电电流乘以充电时间，在充电控制电压一定的情况下，充电电流越大(充电速度越快，充电时间越短)，充入电量反而越小。锂电池充电速度过快和终止电压控制点不当，同样会造成电池容量不足，电池的部分电极活性物质没有得到充分反应就停止充电，这种充电不足的现象会随着循环次数的增加不断加剧。

(2)环境温度对充电特性的影响。

锂电池的充电工作电压和容量随温度的减少而减少，尤其是在-20℃左右时，蓄电池的充电容量和平均充电工作电压降低较快。其原因在于，伴随着温度的减少，锂电池电解液的正离子导电率减少，极化现象会加剧，造成低温下欧姆电极化、浓差极化和电化学极化的加剧，在充电曲线图上主要表现为均值工作电压和充电容量都伴随着温度的减少而减少。

低温对锂电池性能影响很明显，尤其是磷酸铁锂电池。磷酸铁锂电池有一个致命的弱点，就是低温性能差，即便有纳米化和碳包裹技术的加持也无法有效解决这个问题。据研究表明，磷酸铁锂离子电池在-10℃的环境中工作时，经过不到100次的循环就会衰减到85%的容量，接近于更换的标准了。

而目前三元锂离子电池基本都能做到-20℃的放电温度，且放电容量大于50%，循环寿命在400次左右,完全可以满足普通的用电器具和用电场景。三元锂离子电池组的低温性能较强,每月仅会衰减1%~2%。

另外一个极端条件就是高温(这里的高温是指环境温度45~60℃),磷酸铁锂电池有很好的耐高温性,基本上内部温度达到500°C左右也不会把P O共价键破坏,满电状态下,磷酸铁锂电池要700°C左右才会发生热分解,高温或者过充都不会使其结构崩塌。而三元锂电(NCM,NCA)因为三种元素本身不耐高温,在内部温度达到200℃时就会分解,释放出氧分子,加上电池中的电解液和碳材料很容易着火,产生的热量又会进一步加剧活性物质的分解,其结果就是在极短的时间内发生爆燃,而且由于自身反应会产生氧气,导致无法扑灭火灾。

(3)充电时的温升特性。

某磷酸铁锂锂离子电池在常温下分别以0.3C、0.5C和1C倍率恒流和3.8V恒压采用恒流恒压方式充电时,其电池的正极处的温升曲线如图1-21所示(此处可以代表电池内部的温度)。

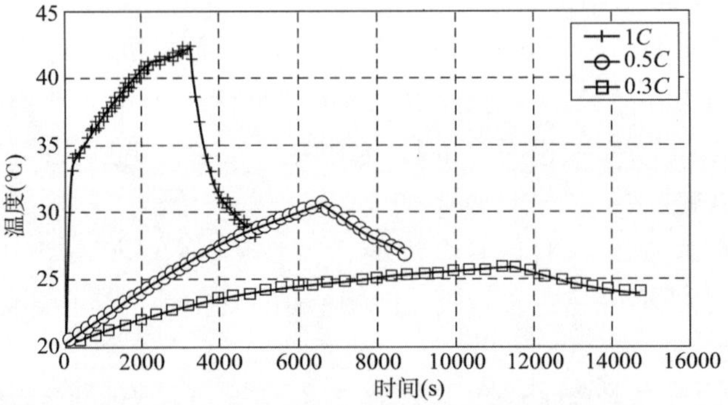

图1-21 不同充电倍率正极处的温升曲线

从图1-21可知,充电恒流阶段,内阻较大,从而生热速率较大,温升较快;随后恒流充电后期温升速率放缓,这主要是因为温度和SOC值上升后,电池内阻值减小,从而生热速率减小,温升放缓;等到恒流充电结束时刻,电池正极柱温度达到峰值。充电倍率越大,电池温度上升越快,并且温度峰值也越大,比如1C倍率充电,其温度极值达到了43℃。

2)放电特性

(1)放电电流对放电特性的影响。

某公司生产的ITR18650锂电池在25℃下的放电曲线如图1-22所示。从图中可以看出,随着放电率的增加,极化现象加剧,放电起始电压会降低,电压下降率增加,达到放电截止电压(虽然放电电流增加,放电截止电压可以适当降低)的时间缩短,实际所能放出的容量会降低。在电流低于0.5C时,实际放电容量接近100%,放电平台电压在3.6V左右;放电率在1C~3C时,实际放电容量接近90%,放电平台电压为3.4~3.5V;4C放电时,虽然也能放出90%的容量,但是平台电压只有3.2V左右,导致实际放电能量不足(实际放电能量=实际放电容量×平均电压);而当放电电流达到5C时,只能放出45%的容量,这时,电池已经没有使用价值了,所以一般要求放电率不超过4C。

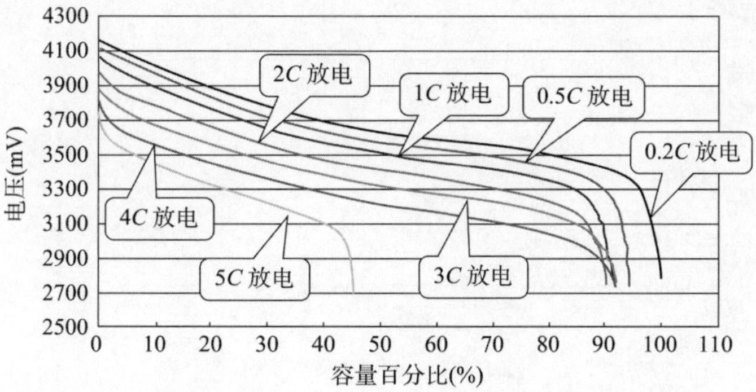

图 1-22　ITR18650-2200 锂电池在不同放电率下的放电曲线

(2)温度对放电特性的影响。

ZG770165POAH 锂电池在不同温度下的放电曲线图如图 1-23 所示,从图中可以看到随着环境温度的降低,放电电压的下降率会增加,放出的容量也会减少,温度越低,电压下降越快,放出的容量减少得越多。0℃以上基本还能放出 90% 的容量,一旦低于 -10℃,放出的容量就不足 80%,放出的能量降低更多。

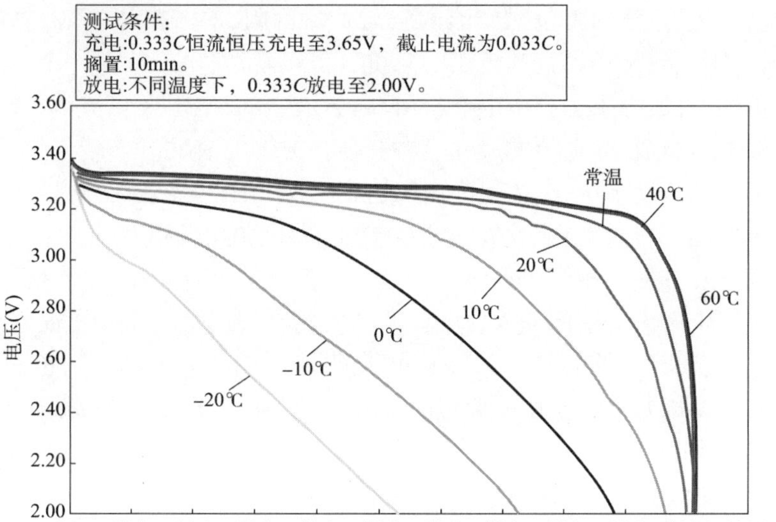

图 1-23　ZG770165POAH 锂电池在不同温度下的放电曲线

(3)放电时的温升特性。

将某磷酸铁锂电池在常温下以 0.3C 倍率的电流充满电,再在常温下分别以 0.3C、0.5C 和 1C 倍率放电时,其正极处的温升曲线如图 1-24 所示,放电截止电压为 2.5V。

从图 1-24 可知,电池放电电流越大,正极处的温度上升速度越快,并且温度的峰值越高,0.3C 与 1C 倍率的温度峰值相差了 18.9℃。这说明电流越大,电池内部的损耗就越多,这就降低了放电效率。在一定环境温度下,如果电池没有采用散热措施,要减小温度升高的幅度,就只能减少放电电流大小。因此,对动力蓄电池组来说,为了安全高效地工作,有效的散热系统是必不可少的。

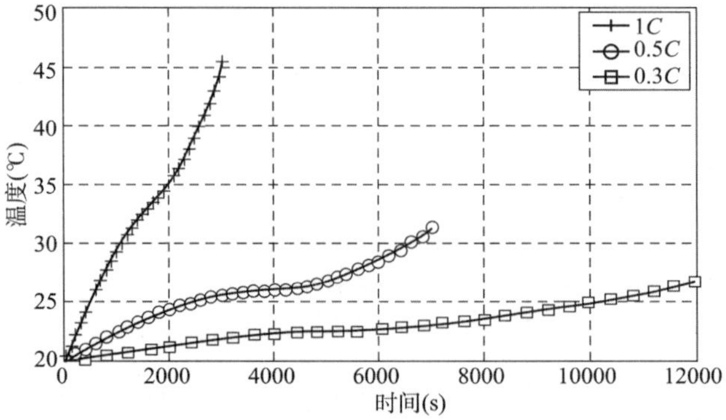

图 1-24　锂电池在不同放电率下的温升曲线

3)内阻特性

内阻是衡量锂离子电池功率性能和评估锂离子电池寿命的重要参数,锂离子电池初始的内阻大小主要由电池的结构设计、原材料性能和制程工艺决定。在实际使用过程中,电池内阻的变化还受温度、*SOC* 参数等多种因素的影响。

从电学角度来讲,电池内阻包括交流内阻与直流内阻,对于单体电池,电池的结构与电容很相似,交流内阻主要是指容抗和少量的感抗,可以通过对电池输入一个 1kHz 的交流电,推算出阻抗角得到;直流内阻主要由电极材料、电解液、隔膜电阻及集流体、极耳的连接等各部分零件的接触电阻组成,与电池的尺寸、结构、连接方式等有关。

而从化学反应的角度来讲,锂电池的内阻包括欧姆内阻和极化内阻,极化内阻是加载电流的瞬间才产生的电阻,包括电化学极化和浓差极化引起的电阻。

内阻包括以下几方面的特性。

(1)电池的内阻很小。为毫欧(mΩ)级,目前表现比较出色的 18650 锂离子电池的内阻大约在 12mΩ 左右,而普通的为 13 ~ 15mΩ;由于阻抗会影响到电池的性能,一般而言 50mΩ 是正常水平;50 ~ 100mΩ 能够使用,但性能开始衰减;到 100mΩ 以上就要并联使用;大于 200mΩ 基本不能使用。

(2)当 *SOC* 在 30% ~90% 的范围内时,电池的内阻变化很小,而在 *SOC* 大于 90% 时,电池的内阻开始变大,如图 1-25 所示。因此,我们推荐蓄电池充放电的范围是 *SOC* 处于 30% ~ 80%,在这段范围内,内阻最小且几乎不变,电池发热较小,输出电能较多,这也是常说的浅充浅放的范围,电池的浅充浅放可以大幅度延长电池寿命。

(3)在 *SOC* 小于 30% 时,电池内阻随着 *SOC* 的降低而显著增加。这是因为在电池放电结束时,电池内部化学物质的活性降低,因此蓄电池不应放电太深,下限以不小于 30% 为好。

(4)在 *SOC* 的整个范围内,充电时的内阻一般大于放电时的内阻,这是因为锂电池的放电是自发反应,比较容易。

(5)温度升高可以显著降低电池的内阻。需要注意的是,电池内阻的变化非常复杂,受温度、放电深度、充放电倍率、循环次数等因素的影响。同一型号不同电芯的内阻大小也与电池的不一致性和不同的工作环境有关。

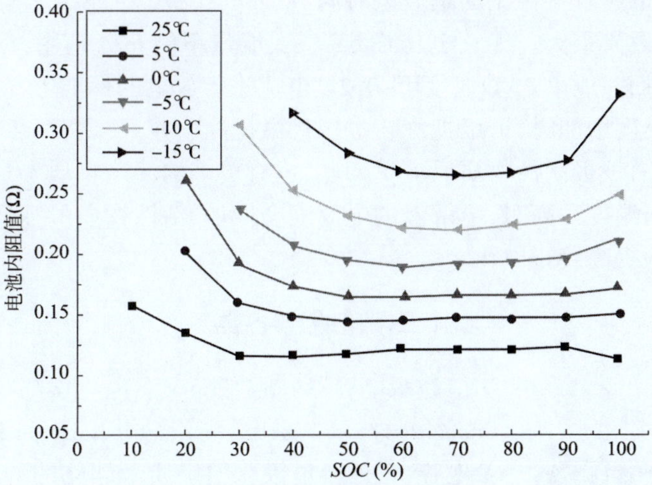

图 1-25 不同温度下电池内阻曲线

4)容量特性

蓄电池的容量是衡量蓄电池性能的一项重要指标,一般用 Ah 来表示。电池的实际容量取决于电池中活性物质的多少和活性物质的利用率。

(1)放电率对放电容量 *SOC* 的影响。

蓄电池的 *SOC* 随放电率的增大而降低,也就是说放电电流越大,实际放出的 *SOC* 就越小,这主要是因为电池的极化导致的,如图 1-20 所示。如一只 10Ah 的电池,用 2A 放电可以放 5h,即 $5 \times 2 = 10$Ah;但是如果用 10A 电流进行放电,只能放 47.4min 的电量,约为 0.79h,其容量仅为 $10 \times 0.79 = 7.9$Ah,电流的增大和时间的延长并不成比例,*SOC* 与放电电流呈同向的非线性关系,所以在不同时率下放电时,电池将有不同的容量,我们在谈到容量时必须知道放电的时率或倍率,简单来说就是用多大的电流放电。

(2)温度对电池 *SOC* 的影响。

温度对蓄电池的容量影响较大,一般随温度降低,容量也会下降,容量与温度的关系见下式:

$$C_{t1} = C_{t2} / [1 + k(t_1 - t_2)] \quad (1\text{-}14)$$

式中:t_1、t_2——电解液的温度;

k——电池的温度系数;

C_{t1}——温度为 t_1 时容量,Ah;

C_{t2}——温度为 t_2 时的容量,Ah。

负极板受低温的影响要比正极板敏感,当电解液温度降低时,电解液黏度增大,离子会受到较大的阻力,扩散能力下降,电解液电阻也增大,使电化学反应阻力增加,一部分硫酸铅不能正常转化,充电接受能力下降,导致蓄电池容量下降。

(3)终止电压对电池容量的影响。

当电池放电至某一个电压值以后,产生电压急剧下降,这时,如果继续放电,将导致锂电池出现过放,长期过放对电池的损害相当大,将大幅缩短电池寿命。

其实放电终止电压直接控制的是放电时间,从而间接控制了 *SOC*,所以设定放电终止电压对充分利用容量意义重大。终止电压设定高了,能量不能充分利用;设定低了,容易导致电池出现过放。我们一般以 25℃温度下,0.2*C* 电流进行放电的标准工况下的截止电压为基准,当电流减小或温度增加时,可以把终止电压稍微提高一些;反之,可以降低一些。因为电流减小时,极化减小,极板活性物质反应更彻底,也有更多的活性物质参加反应,所以终止电压要提高一些;而当温度升高时,电解液的电离度会增加,活性物质的活性也会增加,为了不出现过放,也要适当提高终止电压。

(三)超级电容器

图 1-26　超级电容器

超级电容器(图 1-26)又名电化学电容(Electron-Chemical Capacitors)、双电层电容(Electrical Doule-Layer Capacitor)、法拉电容,它是通过极化电解质来储能的一种电化学元件。它的结构类似于蓄电池,但是特性类似于普通电容,属于物理电池。与传统意义上的电容器相比,超级电容器具有更高的比容量和能量密度,与二次电池相比具有更高的功率密度。从某种意义上来说,超级电容器具备了传统电容器和二次电池的双重功能,其功率密度远高于普通电池,能量密度则远高于传统电容器,填补了两个器件之间的空白。普通电容器、超级电容器和二次电池的性能对比见表 1-4。

超级电容器的特点　　表 1-4

性能指标	电容器类型		
	普通电容器	超级电容器	蓄电池
放电时间	$10^{-6} \sim 10^{-3}$s	0.3 ~ 120s	0.3 ~ 3h
充电时间	$10^{-6} \sim 10^{-3}$s	0.3 ~ 120s	1 ~ 5h
能量密度(Wh/kg)	<0.2	3 ~ 15	50 ~ 150
功率密度(W/kg)	>10000	10000 ~ 80000	50 ~ 300
充放电效率	>90%	95% ~ 98%	70% ~ 85%
循环寿命	>500000	>100000	500 ~ 2000
使用温度	−40 ~ 100℃	−40 ~ 70℃	−20 ~ 50℃

1. 超级电容器的分类

1)按电极材料分类

根据电极材料的不同,超级电容器可分为以下四类。

(1)碳电极电容器。

(2)金属氧化物电极电容器。

(3)导电聚合物电极电容器。

(4)复合材料电极电容器。

超级电容器
结构

2)按储能原理分类

根据储能原理,超级电容器可分为以下三类。

(1)双电层电容器(EDLC)。

(2)法拉第准电容电容器。

(3)混合类型电容器。

3)按电解液分类

根据使用的电解液的不同,超级电容器可以分为以下三类。

(1)有机系超级电容器。

(2)水系超级电容器。

(3)全固态超级电容器。

2.超级电容器的工作原理

我们知道,普通电容器是由两个相距很近的极板以及中间的绝缘电介质(包括空气)构成的,如图1-27所示。通电后,两个极板分别带上正负电荷,形成电势差,但是由于中间的绝缘物质,所以整个电容器是没有电流的。

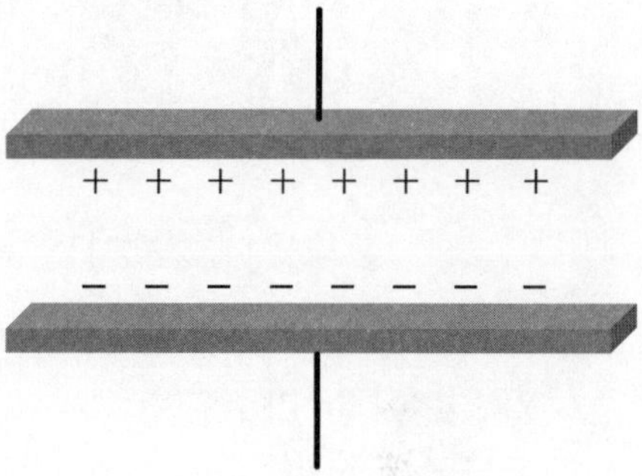

图1-27　普通电容器

电容的计算公式:

$$C=\frac{\varepsilon_r S}{4\pi kd}=\frac{Q}{U} \tag{1-15}$$

存储的电场能的计算公式为:

$$W=\frac{1}{2}CU^2 \tag{1-16}$$

式中:S——极板相对面积;

d——两极板间的距离;

k——静电系数;

ε_r——相对介电常数。

单位是法拉F,常用单位的换算关系为$1F=10^6\mu F=10^{12}pF$。

1)双电层电容器的工作原理

双电层电容器的结构与蓄电池很像,如图1-28所示,都是由电解质、隔膜和极板构成的,但是双层电容器没有电化学反应,其储能机理本质上与普通电容器一致。

双电层电容器的电解液采用有机电解质,如丙烯碳酸脂或高氯酸四乙氨等,电极材料采用高比表面积炭材料,具有较高的比表面积(高达$2000m^2/g$),远大于电解电容器电极的比表面积。在电解液和极板交界处形成界面,界面两边分别是电子导电的电极和离子导电的电解液,依靠材料表面电子和溶液中等量离子在电极材料—电解液界面的分离储存电量。对其进行充电时,在固体电极上电荷引力的作用下,电解液中的阴阳离子分别聚集在两个固体电极的表面,其多孔化电极在电解液中吸附电荷,因而可以存储很大的静电能量。放电时,阴阳离子离开固体电极的表面,返回电解液本体。

双层电容器的这一储电特性介于传统的电容器与电池之间。尽管它的能量密度比电池低，但是具有快充快放的特点，可以应用在传统电池难以解决的短时高峰值电流的情况中。

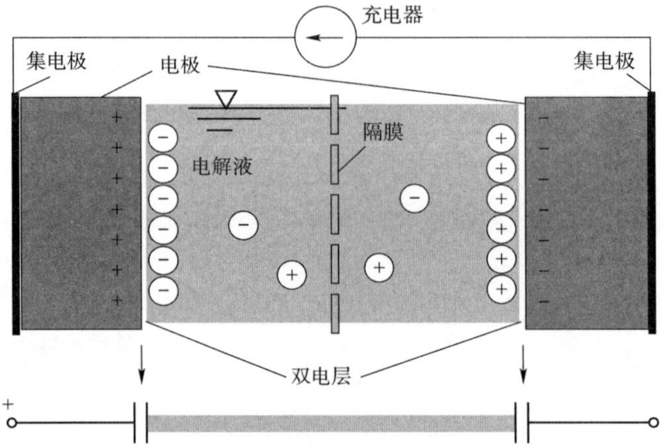

图 1-28　双电层电容器

双层电容器有以下特点：

(1) 寿命长，能维持数百万个充电循环；

(2) 每个周期的平均成本低；

(3) 良好的可逆性；

(4) 充电和放电率非常高；

(5) 非常低的内部电阻和随之而来的高周期效率(95% 以上)以及极低的放热；

(6) 内部储能与端电压呈线性关系；

(7) 比功率高；

(8) 使用无腐蚀性的电解质和低毒性的材料，不产生环境污染；

(9) 简单的充电方法，不必进行过充检测，因为没有过充的可能；

(10) 可以放电到 0V；

(11) 可在极低温等极端恶劣的环境中使用；

(12) 比能量一般较低；

(13) 高自放电率，大大高于电化学电池；

(14) 非常低的内部电阻允许极快速放电时，容易导致隔膜破裂从而发生短路。

2) 法拉第赝电容的工作原理

法拉第赝电容器跟双电层电容器工作原理完全不同，只是工作时的表现相类似。

法拉第赝电容器，又被称为法拉第准电容器，是在电极表面活体相中的二维或三维空间上，电极活性物质进行欠电位沉积，发生高度可逆的化学吸附或氧化还原反应，产生与电极充电电位有关的电容。这种法拉第反应与二次电池的氧化还原反应不同，此时，系统的充放电过程是动力学高度可逆的，与原电池及蓄电池不同，而是与静电电容类似。为了和双电层电容及电极与电解液界面形成的静电电容相区别，称这样得到的电容为法拉第赝电容。

它的工作原理是这样的：充电时，电解液中的离子在外加电场的作用下向溶液中扩散到电极—溶液界面，然后通过界面的电化学反应进入到电极表面活性氧化物的体相中；若电极材料是具有较大比表面积的氧化物，就会有相当多的这样的电化学反应发生，大量的电荷会被存储在电极中。

放电时这些进入氧化物中的离子又会重新回到电解液中，同时所存储的电荷会通过外电路被释放出来。

法拉第赝电容不仅只在电极表面，而且可以在整个电极内部产生，因而可获得比双电层电容更高的电容量和能量密度。在相同电极面积的情况下，法拉第赝电容的电容量可以是双电层电容的 10～100 倍。但是缺点也很明显，由于电极反应牵涉到了化学反应过程，往往会有不可逆的成分，所以可逆性和循环性能相对较差。

3. 超级电容器的实际应用

超级电容器用途广泛，在绿色能源、军事、交通、工业、消费电子等领域均有所应用。在新能源汽车上，超级电容器可以单独使用，如在城市公共汽车上，利用超级电容器充电时间短的特点，在首末站进行快速充电；也可以与蓄电池联合起来使用，起到储存能量、能量回收、稳定电源和辅助起动的作用。

二、任务实施

（一）实施要求

本任务主要学习新能源汽车各类型动力蓄电池的认知和基本检查。具体内容是完成锂电池的基本检查、镍氢电池的基本检查，并记录工作过程及结果。

（二）实施准备

（1）防护装备：安全防护装备。

（2）车辆、台架、总成：比亚迪秦整车或动力蓄电池台架、丰田普锐斯轿车或动力蓄电池台架，或其他车型整车或台架。

（3）专用工具、设备：万用表、比亚迪故障诊断仪器。

（4）手工工具：无。

（5）辅助材料：警示标识和设备。

（三）实施步骤

（1）检查个人安全防护设备，确保绝缘手套等防护用品安全有效。

（2）检查车辆，确保实训车辆没有高压隐患。

（3）关闭点火开关，并移开钥匙至车外。再次起动车辆以确认车辆没有钥匙且无法起动。

（4）安装车外前格栅防护套、左右翼子板防护。

（5）断开 12V 蓄电池负极。

（6）按照任务工单实施操作。

（7）总结新能源汽车各类型动力蓄电池的特点，填写任务工单。

三、任务工单

任务实训工作记录单

<table>
<tr><td>任务名称</td><td colspan="5">新能源汽车各类型动力蓄电池的认知</td></tr>
<tr><td>姓名</td><td></td><td>班级</td><td></td><td>分组</td><td></td></tr>
<tr><td>教师</td><td></td><td>地点</td><td></td><td>日期</td><td></td></tr>
<tr><td>具体内容</td><td colspan="5">锂电池的基本检查;镍氢电池的基本检查</td></tr>
<tr><td>设备工具</td><td colspan="5">各类型动力蓄电池实训台 4 台、组合工具 4 套</td></tr>
<tr><td>组员分工</td><td colspan="5"></td></tr>
<tr><td colspan="6">实训过程内容与流程记录</td></tr>
<tr><td>实施内容</td><td colspan="5">1. 锂电池的基本检查(准备三元锂电池、磷酸铁锂电池台架)。
(1)整体电压检测。
打开动力蓄电池上的箱体,然后将动力蓄电池内部接触器盒盖打开,露出动力蓄电池组的正极和负极连条。用万用表检测动力蓄电池电压。
检查结果:

(2)模组电压检测。
拆下每个模组的正极和负极盖板,用万用表检测电压。
检查结果:

(3)单体电池电压检测。
拆下单体电池的盖板,用万用表检测单体电池电压。
检查结果:

如发现问题需进行相应的检修操作。

2. 镍氢电池的基本检查(准备普锐斯轿车或电池实训台架)。
(1)整体电压检测。
打开动力蓄电池上的箱体,然后将动力蓄电池内部接触器盒盖打开,露出动力蓄电池组的正极和负极连条。用万用表检测动力蓄电池电压。
检查结果:</td></tr>
</table>

续上表

实训过程内容与流程记录	
实施内容	(2)模组电压检测。 拆下每个模组的正极和负极盖板,用万用表检测电压。 检查结果: (3)单体电池电压检测。 拆下单体电池的盖板,用万用表检测单体电池电压。 检查结果: 如发现问题需进行相应的检修操作。
实训任务回顾与总结	
任务收获与结果	
建议和改进措施	

任务 4 动力蓄电池的拆装与检测

任务描述

出租车李师傅最近发现所营运的比亚迪 e5(图 1-29)出租车的汽车续航里程严重下降,仪表板上显示动力蓄电池电量不足,为此将车入厂进行检查。作为技术员,请你根据所学知识,完成对动力蓄电池的拆装与检测。

图 1-29　比亚迪 e5 电动汽车

一、知识准备

每种新能源汽车的动力电源系统均有其特点,不同的车辆在系统的结构设计、安装位置等方面有很大差别。在车辆检修和电源系统的维护过程中,需要做好以下工作。

(一)准备工作

1. 专用工具的准备

(1)检修仪器。有些新能源汽车配有专用的检修仪器,如 Prius 配备有智能测试仪等。

(2)常用仪表。如电压表、欧姆表、绝缘测试仪等。

(3)专用工具。如螺丝刀、扳手等,这些常用工具必须有绝缘措施。

(4)常用物料。如绝缘胶带、扎带等。

2. 个人防护

新能源汽车中多使用高压电路,因此在检修前必须做好个人防护措施。

(1)佩戴绝缘手套。

(2)穿防护鞋、工作服等。

(3)手腕、身上不能佩戴金属物件,如金银手链、戒指、手表、项链等物品。

3. 车辆防护

在进行车辆的检查维护前必须做好防护措施,包括设置车轮挡块、车内四件套、车外三件套等。

(二)技术要求与注意事项

新能源汽车系统中使用高压电路的地方有很多,不正确的操作可能会导致电击或漏电。所以,在检修过程中卸零件、检查、更换零件时,必须注意下列事项:

(1)检修前,必须熟悉车辆说明书和电源系统说明书;

(2)对高压系统操作时要断开电源。断开电源时需注意,通常断开高压或辅助电源,系统内故障诊断代码有可能会被清除,所以需要首先检查读取故障代码后再断开电源;

(3)断开电源后放置车辆5min,需要对车辆系统内的高压电容器进行放电;

(4)佩戴绝缘手套,并确保绝缘手套没有破损(注意:不要带湿手套);

(5)高压电路的线束和连接器通常为橙色,高压零部件通常贴有“高压”警示,操作这些线束和附件时需要特别注意;

(6)对高压系统进行操作时,在旁边放置“高压工作,请勿靠近”的警告牌;

(7)不要携带任何类似卡尺或测量卷尺等金属物体,因为这些物件可能会掉落从而引起短路;

(8)拆下任何高压配线后,应立即用绝缘胶带将其绝缘;

(9)一定要按照规定扭矩将高压螺钉端子拧紧,扭矩不足或过量都会导致故障;

(10)完成对高压系统的操作后,应再次确认在工作台周围没有遗留任何零件或者工具以及确认高压端子已经拧紧并和连接器连接。

(三)操作步骤

1. 动力蓄电池系统常规维护

常规维护是对影响电池使用过程中的安全隐患进行检查和排除,避免发生危险性事故。通过制订常规的预防性维护计划,可以更好地了解所使用的新能源汽车的电池健康状况和终止寿命,确定电池的更换或重点维护计划。常规维护一般为每月进行一次。

1)维护程序

(1)动力蓄电池系统在使用1~2个月后,维护人员需要对动力蓄电池系统的外观和绝缘性能进行维护。

(2)动力蓄电池系统在使用3个月后,最好进行一次充、放维护。

(3)维护人员在进行操作时,必须戴好绝缘手套等防护用品,使用前必须熟悉动力蓄电池产品的结构、工作原理和使用说明书。

(4)在进行充放维护时,将动力蓄电池系统按正常工作要求连接到位,接通管理系统电池,监测电池的状态,根据监测的数据判定电池所处的环境温度、电池温度及电池电压等状态是否正常。

(5)进行充放维护前,操作者应先检查电池系统各部分的情况,在确保各部分正常的情况下才能进行充放维护。

(6)维护应在温度15~30℃、相对湿度45%~75%、大气压86~106kPa的环境中进行。

(7)在充放维护过程中,检查管理系统的功能是否运转正常。

(8)在充放维护过程中,检查风扇是否在规定的温度下开启和关闭,是否运转正常。

(9)产品在充放维护结束后,检测蓄电池包的绝缘电阻,测得的绝缘电阻应满足指标要求;用电压表分别测试蓄电池包的正极端子、负极端子与蓄电池包的最大电压,同时测得的电压值应不超过上限要求。

(10)维护后如果新能源汽车动力蓄电池系统的功能都正常,可继续进行使用;如果有异常情况或有故障出现,应立即进行排除,无法排除的故障应及时与厂家联系。

2)维护内容

(1)检查动力蓄电池系统的状态。

(2)检查管理系统的功能是否正常。

(3)对电池进行先放维护。

3)维护方法

(1)外观维护。

对动力蓄电池系统的外观进行如下检查,如有问题应及时进行排除;如无法排除,请及时与厂家联系。

①检查电池包箱体是否完好,有无损坏或腐蚀。

②检查各紧固件螺栓、螺母是否松动。

③检查各电池包之间的连接线是否松动。

④检查插头是否完好,各种线束有无损坏擦伤,有无金属部分外露。

⑤检查电池包的冷却通道是否异常。

(2)绝缘性能检测。

断开电池组与整车的高压连接,用数字电压表测量各个电池包的总正和总负端子对车体的电压是否小于上限值。如发现电压偏高,应测量电池包箱体与车体是否绝缘,如有问题,应由专业人员进行维修。通常可以根据系统的总正和总负对车体的电压大致确认多个电池包组成的蓄电池系统中哪一个使车体的绝缘性能出现了问题,通过测量电池包总正、总负对电池包外壳的电压,可以大致确定电池包内绝缘故障的电池模块。若同一个电池包出现多个漏电点,则电池包内可能会出现部分电池放电严重的情况(内部形成短路),可以按照上面的方法逐个进行消除。

如果绝缘性能检测正常，可进行充放维护。

(3)新能源汽车电池及管理系统。

①接通电池管理系统，采集并记录开路状态下电池组的总电压、各个电池模块的电压以及各个电池模块的温度。

②按厂家推荐的充、放电制度对系统进行充、放电测试。

③在充、放电过程中检查电池管理系统显示的电流、电压、温度和 *SOC* 是否正常，车辆正常运行过程中，检查管理系统数据显示是否正常，如果有不正常的情况则要进行故障排除。

④接通辅助电源，运行车辆直至冷却系统工作，观察冷却通道是否通畅。

⑤检查管理系统与各部分连接是否有松动。

注意：在气温较高的情况下，在充、放电过程中应打开车内空调，并开启电池包冷却风扇通风。充电过程中应注意监测各电池模块的电压和温度，如温度超过温度上限，应停止充电。

(4)冷却系统。

检测进出风通道是否顺畅，风机是否能正常工作。清除防尘网上的灰尘及杂物或更换防尘网。

4)注意事项

(1)在使用动力蓄电池系统时，必须正确识别其正负极，不得接反，不得短路；动力蓄电池系统的充电要按照指定的充电条件进行。

(2)建议在 0～30℃的环境温度下进行充电。

(3)动力蓄电池系统在使用时，应严格控制放电终止电压不低于放电最低电压，否则会使电池性能和循环寿命下降。

(4)动力蓄电池系统的连接均应牢固可靠，动力电源系统应避免在倒置状态下工作。

(5)避免对动力蓄电池系统长时间过度充电。

(6)环境温度过高或过低均会对动力蓄电池系统的充电效率、放电容量、电压的稳定及使用寿命等有不良影响。

(7)新能源汽车动力蓄电池系统在使用中如果发生异常情况，应立即断开电源，并及时与厂家联系进行维修。

(8)严禁用金属或导线同时接触动力蓄电池系统的正负极，以免造成短路。充足电的动力蓄电池系统要防止短路，否则会严重损坏电池，甚至发生危险。在运输和使用时，不要损坏或拆卸电池组，以免电池组短路。

(9)动力蓄电池系统应储存在干燥通风、温度不高于 35℃的环境中，切勿接近火源，并避免和酸性或其他腐蚀性气体接触。

(10)动力蓄电池系统在充、放电的过程中，如果产生异味或发出异常声响，应立即停止充、放电。

2. 动力蓄电池系统重点维护

重点维护是对电池系统进行较详细的测试及检查，目的是保证新能源汽车电池系统满足继续使用的要求，消除系统存在的安全隐患，延长电池系统的使用寿命。重点维护一般每

6～8个月进行一次。在重点维护前首先需要按照常规维护进行检查。

(1)拆卸。

将电池包从车上拆卸下来。若电池包在车上的安装位置合适，利于开包检查和进行维护，可不进行拆卸。

(2)开包。

①观察电池包外观，看是否有燃烧、漏液、撞击等痕迹。

②拧下电池包上盖固定螺钉，将电池包上盖取下，打开电池包。打开电池包时不要使电池包上盖与电池接触，也不要损伤电池包。

(3)电池包内部状况检查及处理。

①进行绝缘检测，用数字电压表测量各个电池包的总正、总负端子对车体的电压是否小于规定数值，如发现电压偏高，要查找漏电点，更换绝缘部件或采取补救措施，消除安全隐患。

②检查电池包底盘和支架是否有电解液和积水等异常情况，如果存在这些情况，需更换电池，同时清理电池包安装部位，确保电池包与底盘绝缘。

③观察电池的外观整洁度，检查是否有液体、腐蚀等情况。同时使用毛刷、抹布清洁电池表面及零部件。

④检查电池之间的连接是否有松动、锈蚀等现象，若有，要及时进行清理或更换。

⑤检查系统输出端子的连接、电池管理系统各连接插件是否牢固，如发现有松动要立即紧固。

⑥清理防尘网的灰尘或杂物，对于采用外进风的冷却系统，新能源汽车电池系统在长时间应用后，电池包内可能会积存大量灰尘，必须要及时进行清理，清理后要再次进行绝缘检测。

⑦检查各电池外观，是否有损坏、漏液、严重变形等情况，若有，需要对这些电池进行标记并更换。

⑧检测每只电池的电压，对电压异常的电池进行维护或更换。

⑨对数据采集系统进行检查，检查各连线是否连接牢固，检查各焊点是否有松动、脱焊现象，若有以上情况要及时进行补焊。

注意：本部分工作与电池直接接触，操作过程中注意避免发生触电事故，不要使电池发生短路，电池包的开包检查与更换必须由专业人员进行。

3. 电源系统储存维护

储存维护是对长期储存(时间超过3个月)的新能源汽车电池系统进行测试及检查，目的是避免因长期不使用而引起的性能衰降，同时消除电池组中存在的安全隐患。

1)环境要求

(1)环境温度范围为15～30℃。

(2)环境相对湿度范围最大为80%。

2)维护方法

有条件的话需要对电池系统进行一次全充全放，以使电池性能得到活化。如果处于没有放电设备的条件下，至少要进行充电维护，按照常规充电方法或厂家推荐的充电方法将电池系统充满电。对于经历长期储存的电池，首次充电必须采用较小电流进行。主要目的有以下几点：

（1）各类电池均不适宜在较低电压下进行储存，定期补充电将提高电池的储存性能；

（2）通过充电调整新能源汽车电池的电压一致性。

对于铅酸蓄电池，储存时荷电量一般保持在充满电的状态。对于镍氢电池，一般保持在20%~60%的荷电量状态。对于锂电池，荷电量保持在40%~80%为宜。

二、任务实施

（一）实施要求

本任务主要学习新能源汽车动力蓄电池的拆装和基本检测。具体内容是新能源汽车动力单体电池的拆装和检查维护，并记录工作过程及结果。

（二）实施准备

（1）防护装备：安全防护装备。

（2）车辆、台架、总成：比亚迪 e5 整车或动力蓄电池台架，或其他车型整车或台架。

（3）专用工具、设备：万用表、比亚迪故障诊断仪器。

（4）手工工具：无。

（5）辅助材料：警示标识和设备。

（三）实施步骤

（1）检查个人安全防护设备，确保绝缘手套等防护用品安全有效。

（2）检查车辆，确保实训车辆没有高压隐患。

（3）关闭点火开关，并移开钥匙至车外。再次起动车辆以确认车辆没有钥匙且无法起动。

（4）安装车外前格栅防护套、左右翼子板防护。

（5）断开 12V 蓄电池负极。

（6）按照任务工单实施操作。

（7）总结新能源汽车动力单体电池的拆装和检查维护，填写任务工单。

三、任务工单

任务实训工作记录单

任务名称	新能源汽车各类型动力蓄电池的拆装与检测				
姓名		班级		分组	
教师		地点		日期	
具体内容	动力单体电池的拆装和检查维护				
设备工具	比亚迪 e5 动力蓄电池实训台 4 台、组合工具 4 套				
组员分工					

续上表

实训过程内容与流程记录	
实施内容	(1)数一数你看到的动力蓄电池是由多少个电池模组堆叠而成的？所有的电池模组体积大小一致吗？模组之间是通过多少根高压线束连接起来的？电池模组之间是串联、并联还是混连的？ (2)电池系统的维护内容有哪些？注意事项有哪些？ (3)电池模组是由多少个单体电池组成？单体电池有方形电池、圆柱形电池以及软包电池，请打开其中一个电池模组的盖板后，观察你看到的电池单体是属于以上哪种形态的？这些单体电池(电芯)是并联的还是串联的？ (4)这个动力蓄电池是水冷型的还是风冷型的？你的判断依据是什么？ (5)测量电池模组总负端子与电池金属外壳之间的绝缘值。你的绝缘测试仪选择的挡位是多少？实测值是多少？正常值是多少？测量值是否正常？为什么？
实训任务回顾与总结	
任务收获与结果	
建议和改进措施	

习题

一、判断题

1. 在对动力蓄电池的诊断与测试前，必须经过严格的培训才能对动力蓄电池进行各项作业。 ( )

2. 动力蓄电池的作用是接收和储存由车载充电机、发电机、制动能量回收装置或外置充电装置提供的电能，并且为驱动电机和其他高压用电设备提供电能。 ( )

3. 市场上纯电动汽车和混合动力电动汽车采用的动力蓄电池主要类型有锂电池、镍氢电池和铅酸蓄电池。 ( )

4. 锂离子电池主要由正极活性物质、负极活性物质、电解液以及隔板组成。 ( )

5. 电池输出的电能 E 等于从电池中所能取出的电量(电流×时间) Q 与电池电压 U 的乘积。 ( )

6. 只允许将动力蓄电池及其组件存放在带有自动灭火装置的空间内，此外必须装有火灾探测器，从而确保即使不在工作时间内也能判断出失火的情况。（　　）

7. 原则上允许将动力蓄电池放在地面上、架子上和绝缘垫上。（　　）

8. 动力蓄电池损坏可以自行处理。（　　）

9. 使用绝缘手套前，不用检查其是否破损。（　　）

10. 在维修新能源汽车时，所有黄色高压线都有高压互锁装置，需要互锁到位；需要检查高压线束插头是否安装到位。（　　）

11. 动力蓄电池组主要由动力蓄电池模组、电池管理系统、动力蓄电池箱及辅助元器件四部分组成。（　　）

12. 比亚迪 e6 的动力蓄电池组有 11 个动力蓄电池模组，共 96 节电池单元组成。（　　）

13. 比亚迪 e6 采用的电池每个电池单元的单体电压约为 3.3V，利用 96 节电池单元串联后，可以形成约 316.8V 的总电压。（　　）

14. 禁止未参加该车型高压系统知识培训的维修人员拆解新能源汽车的高压系统。（　　）

15. 当拆解或装配动力蓄电池时，不需要断开 12V 电源和动力蓄电池上的手动维修开关。（　　）

16. 断开蓄电池的负极之前，需要关闭点火开关，并等待 5min 以上。（　　）

17. 动力蓄电池通常采用水冷的方式冷却。（　　）

二、单项选择题

1. 动力蓄电池的作用类似于燃油车中的（　　）。

A. 发动机　　B. 变速器　　C. 燃油箱　　D. 以上都不对

2. 北汽 E160EV 纯电动汽车的动力蓄电池采用磷酸铁锂电池，安装于（　　）。

A. 前舱　　B. 行李舱　　C. 底盘　　D. 后排座椅下方

3. 必须将损坏的高电压蓄能器临时存放在户外带有特殊标记的容器内至少（　　）h 之后才允许进行最终废弃处理。

A. 12　　B. 24　　C. 36　　D. 48

4. 拆下蓄电池负极端子后，必须等待（　　）min 后方可进行下一步操作。

A. 5　　B. 10　　C. 15　　D. 20

5. 在选用维修工具时，优先选用（　　）。

A. 套筒　　B. 梅花扳手　　C. 开口扳手　　D. 活动扳手

6. 构成动力蓄电池模块的最小单元是（　　）。一般由正极、负极、电解质及外壳等构成，可实现电能与化学能之间的直接转换。

A. 电池模块　　B. 电池模组　　C. 电池单体　　D. 以上都不对

7. 电池管理系统是电池保护和管理的核心部件，在动力蓄电池系统中，它的作用就相当于人的（　　）。

A. 大脑　　B. 心脏　　C. 肾　　D. 以上都不对

8. 在比亚迪 e6 的动力蓄电池组总成中，可以分别对(　　)个电池模组进行标记和命名。

A. 11　　B. 13　　C. 7　　D. 9

三、简答题

1. 请简述锂离子电池的优缺点。

2. 为什么锂离子电池又被称作摇椅式电池？

3. 超级电容器的工作原理是什么？

4. 飞轮电池主要的组成部分是什么？

项目二

动力蓄电池管理系统的认知与维护

知识目标

(1)能够描述动力蓄电池管理系统的功能。

(2)能够描述动力蓄电池管理系统的结构组成。

(3)能够描述动力蓄电池管理系统的主要控制参数。

(4)能够描述动力蓄电池数据采集、均衡管理与通信功能。

(5)能够描述动力蓄电池的发热原因与冷却系统的作用。

技能目标

(1)能够掌握动力蓄电池的上电过程。

(2)能够认识动力蓄电池冷却系统的结构组成。

(3)能够认识动力蓄电池 CAN 总线的结构组成。

(4)作业结束后能够正确收集、清洁和整理工具,对工位进行 7S 操作。

素养目标

(1)树立正确的学习观、价值观,自觉践行行业道德规范;养成良好的操作习惯,能够按规范要求做好安全防护。

(2)遵规守矩,养成团结协助、各司其职做好检修工作的习惯。

(3)发扬一丝不苟、精益求精的工匠精神。

任务1　动力蓄电池管理系统认知

任务描述

维修厂接到一辆比亚迪 e5 故障车,经检测是动力蓄电池管理系统故障,需要对系统各部件进行检测,请你根据所学知识,完成相关操作。

动力蓄电池管理系统简介

一、知识准备

(一)动力蓄电池管理系统

动力蓄电池管理系统(Battery Management System,BMS)是对动力蓄电池的各种运行参数进行实时监测监控的智能化控制系统。该系统可以全时监测电池的电压、电流、温度及工作环境,将获取的信息及警报通过CAN总线发送到整车控制器或其他控制单元,通过控制高压继电器的动作来控制动力蓄电池的充放电。它主要是为了实现智能化管理及维护各个电池单元,防止电池出现过充电和过放电,延长电池的使用寿命,监控电池的状态,及保护和警告的作用。

(二)动力蓄电池管理系统的功能

BMS的主要功能有数据采集、状态检测、安全保护、充电控制、能量控制管理、均衡管理、热管理以及信息管理等。

1)数据采集

动力蓄电池在新能源汽车中的工作环境及状况十分复杂。新能源汽车需要适应复杂多变的工作环境,此外,随着路况和驾驶人操纵方式的改变,动力蓄电池需要时刻适应急剧变化的负载。为了准确获取动力蓄电池的工作状况,更好地实施管理对策,BMS需要在电池充放电过程中,实时监测电池的工作参数,以防止电池发生过充电或过放电的现象,监控参数包括单节电池电压、电池组总电压、充放电电流、最高电压、最低电压、温度等。

2)*SOC*计算

系统在线采集电流、电压等参数,进行*SOC*(即电池剩余电量)估算,以保证*SOC*维持在合理的范围内,防止由于过充电或过放电对电池的损伤。

3)均衡管理

目前来说,单个电池是不可能提供足够的功率和能量来驱动车辆的,所以必须组成电池组,由于生产工艺、运输储存以及电子元器件的误差积累,动力蓄电池单体之间难免存在差异,在使用过程中,这种差异会愈来愈大。为了充分发挥电池单体的性能,保证电池组的使用寿命,BMS需要根据动力蓄电池单体的工作信息,在充电、静置、放电全过程中自动进行能量均衡,尽可能降低动力蓄电池单体在使用过程中的不一致性。

4)热管理

动力蓄电池在正常工作中不仅受环境温度的影响,还受自身充放电产热的影响。因此,BMS需要集成电池热管理模块。它可以根据电池组内温度分布信息及充放电需求,决定主动加热或散热的强度,使得动力蓄电池尽可能工作在最适合的温度,充分发挥动力蓄电池的性能,延长动力蓄电池的使用寿命。

5)充电控制

动力蓄电池的充电过程将直接影响到电池的寿命和安全。因此,BMS 通常需要集成一个充电管理模块,根据动力蓄电池的实时特性、温度高低以及充电机的功率等级,来控制充电机给电池进行安全充电。

6)能量控制管理

由于新能源汽车的行驶工况十分复杂,急加速、急制动、上下坡等驾驶操作的随机触发将造成复杂多变的动态负载。为了保证车辆安全、经济地运行,BMS 需要根据采集到的动力蓄电池数据和实时状态信息,合理控制动力蓄电池的能量输出以及再生制动的能量回收。若新能源汽车装有复合电源,BMS 还需根据复合电源各自的状态信息优化分配动力蓄电池的能量,以保证复合电源的最佳性能。

7)安全保护

动力蓄电池安全保护功能主要指动力蓄电池的在线故障诊断及安全控制。动力蓄电池的在线故障诊断是指通过采集到的传感器信号,采用诊断算法诊断故障类型。动力蓄电池管理系统需要诊断的故障通常包括过电压(过充电)、欠电压(过放电)、烟雾、过电流、超高温、短路故障、接头松动、绝缘能力降低以及电解液泄漏,还涉及传感器、执行器以及控制器等电子元器件的故障。在诊断出故障类型后,BMS 需要进行早期预警,并尽可能采取相应的措施及时进行干预,以保证新能源汽车的行驶安全。

8)信息管理

BMS 需要集成多个功能模块,并合理协调各模块之间的通信运行。由于运行的数据量庞大,BMS 需要对动力蓄电池的运行数据进行处理和筛选,储存关键数据,并保持与整车控制器等网络节点进行通信。随着大数据时代的发展,BMS 还需要与云端平台进行实时交互,以更好地处理动力蓄电池的管理问题,提高管理品质。

(三)动力蓄电池管理系统的组成

动力蓄电池管理系统是动力蓄电池的核心部件,是集检测、控制与管理为一体的控制单元,主要由主控盒、分控盒、接触器盒、温度调节装置以及信号采集单元等部件组成,电池管理系统的硬件组成如图 2-1 所示。

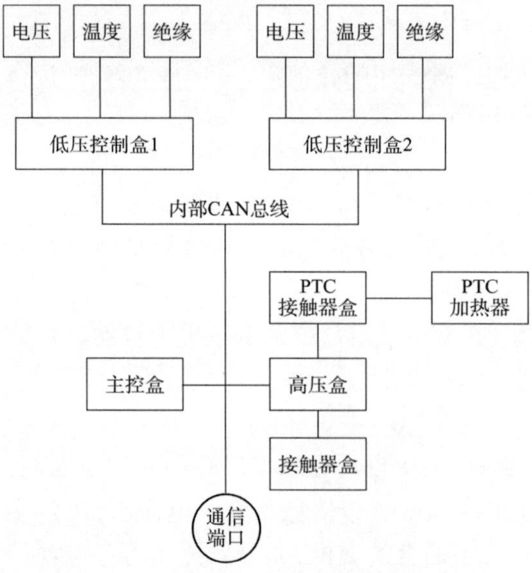

图 2-1　动力蓄电池管理系统的硬件组成

1. 主控盒

主控盒外形如图 2-2 所示。主控盒是一个连接外部通信和内部通信的平台,接收分控盒传来的信息,主要功能如下。

(1)接收电池管理系统反馈的实时温度和单体电压(并计算最大值和最小值)。

(2)接收高压盒反馈的总电压和电流情况。

(3)与整车控制器的通信。

(4)与充电机或快充桩通信。

(5)控制正/负主继电器。

(6)控制电池加热。

(7)唤醒应答。

(8)控制充/放电电流。

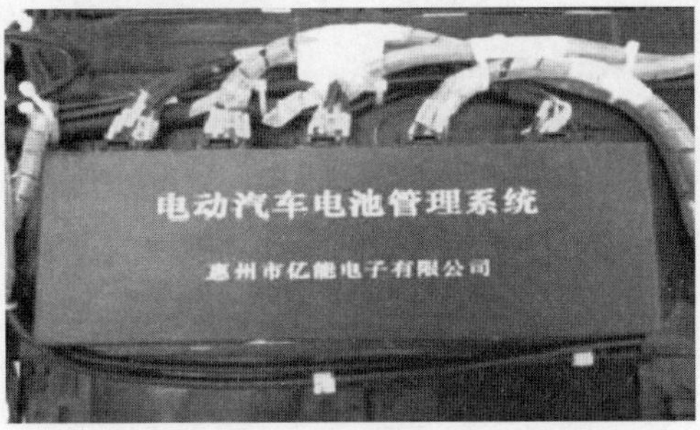

图 2-2　主控盒

2. 分控盒

分控盒也被称为低压控制盒,通过总线连接到主控盒,将各个电池的基本信息传递给主控盒,如图 2-3 所示,有 3 个接口,最左侧的线束接口连接主控盒,中间的线束接口进行绝缘监测,最右侧的接口连接各个传感器,用来进行电池电量估算、温度控制等。分控盒监控动力蓄电池的单体电压、电池组的温度,主要功能为:监控每个单体电压并反馈给主控盒;监控每个电池组的温度反馈给主控盒;检测高压系统绝缘性能;监测电量(*SOC*)值;将以上监控到的数据反馈给主控盒。

3. 接触器盒

接触器用于控制动力蓄电池的电流通断,在电池管理系统中,主接触器位于电池前端、主控盒的右侧,如图 2-4 所示。

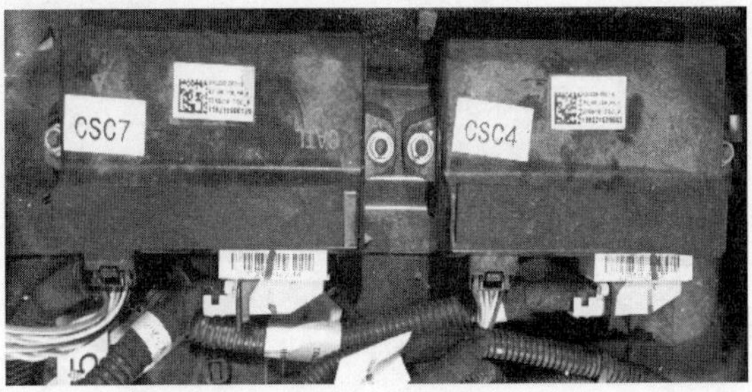

图 2-3　分控盒

图 2-4　接触器盒

4. 辅助元件

辅助元件主要包括动力蓄电池系统内部的信号采集单元(如电流传感器、插接件、维修开关、烟雾传感器等)、温度调节装置等。对于新能源汽车动力蓄电池管理系统,需要进行电压监测、温度监测等,因此需要有相应的传感器检测信号。如图 2-5 所示,为电流传感器和烟雾传感器。

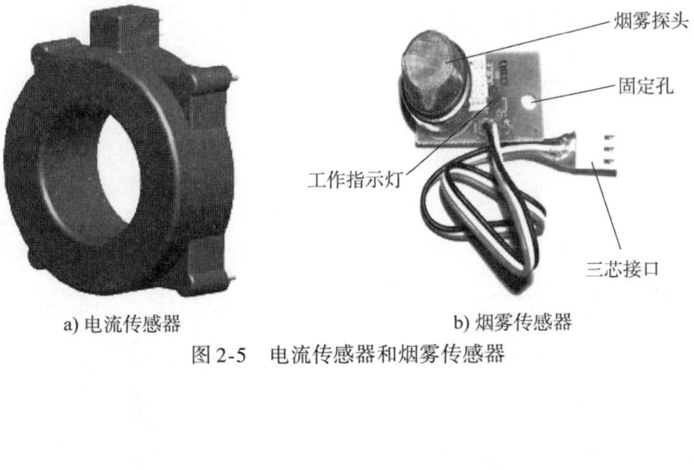

a) 电流传感器　　b) 烟雾传感器

图 2-5　电流传感器和烟雾传感器

二、任务实施

(一)实施要求

本任务主要学习新能源汽车动力蓄电池管理系统各组成部件的认知和检测。具体内容是检测蓄电池电压及低压线束供电、读取动力蓄电池系统数据流,并通过读取电池信息,判断电池整体是否正常。

(二)实施准备

(1)防护装备:安全防护装备。
(2)车辆、台架、总成:比亚迪 e5 整车或动力蓄电池管理系统台架,或其他车型整车或台架。
(3)专用工具、设备:比亚迪故障诊断仪器。
(4)手工工具:无。
(5)辅助材料:警示标识和设备。

(三)实施步骤

(1)检查个人安全防护设备,确保绝缘手套等防护用品安全有效。
(2)检查车辆,确保实训车辆没有高压隐患。
(3)关闭点火开关,并移开钥匙至车外。再次起动车辆以确认车辆没有钥匙且无法起动。
(4)安装车外前格栅防护套、左右翼子板防护。
(5)断开 12V 蓄电池负极。
(6)按照任务工单实施操作。
(7)总结新能源汽车动力蓄电池管理系统各组成部件的安装位置与检测方法,填写任务工单。

三、任务工单

任务实训工作记录单

任务名称	新能源汽车动力蓄电池管理系统各组成部件的认知和检测				
姓名		班级		分组	
教师		地点		日期	
具体内容	检测蓄电池电压及低压线束供电;读取动力蓄电池系统数据流,判断电池整体是否正常				
设备工具	比亚迪 e5 纯电动汽车 4 台、组合工具 4 套				
组员分工					

续上表

实训过程内容与流程记录

实施内容

(1)检测蓄电池电压及低压线束供电。

位置	标准电压	实测电压	判断
蓄电池电压			正常□ 异常□
整车低压线束供电			正常□ 异常□

(2)读取动力蓄电池系统数据流。

故障代码		
参数名称	静止工况数据	判定
电池包实际 *SOC* 标定值		正常□ 异常□
电池组当前总电流		正常□ 异常□
电池组当前总电压		正常□ 异常□
电池组平均温度		正常□ 异常□
绝缘电阻		正常□ 异常□
累计充电电量		正常□ 异常□
最大允许充电功率		正常□ 异常□
最大允许放电功率		正常□ 异常□
最低单节电池电压		正常□ 异常□
最高温度		正常□ 异常□

(3)通过读取电池信息,判断电池整体是否正常?

(4)如果在线测量电路中保险丝的两端电压分别为12V和0V,则该电路存在什么故障?为了验证你的判断,下一步你将进行哪些操作?

(5)查阅维修手册,绘制动力蓄电池管理系统(BMS)的供电电路简图。

实训任务回顾与总结

任务收获与结果	
建议和改进措施	

任务2 动力蓄电池状态监测与热管理

任务描述

电池管理系统最基本的核心任务是对动力蓄电池的状态进行估计判断,包括预测动力蓄电池的 *SOC* 和 *SOH*,从而有效的保护电池安全和延长动力蓄电池使用寿命。动力蓄电池的状态估计要基于精确的电池模组的数据检测。请你根据所学的知识,完成电池模组状态的检测。

一、知识准备

动力蓄电池的状态管理主要包括电池状态监测和电池状态评估。电池状态的监测主要是进行电池信息的采集,包括电压监测、电流监测、温度监测等;电池状态评估包括剩余电量估算及电池老化评估等。

(一)电池状态监测

1. 动力蓄电池电压监测

动力蓄电池的电压监测分为微观层面的电池模块电压监测和宏观层面的动力蓄电池电压监测两个方面。

1)电池模块的电压监测

单体电池电压采集的目的是了解当前动力蓄电池中任意一个单体电池的电压情况来判断每个单体电池的充电终止和放电终止条件,防止过充电和过放电,保护电池使用安全。因单体电池电压采集信息量较大,大部分新能源汽车采用采集动力蓄电池模块电压来实现对电池模块和单体电池的检测。电池模块电压采集是动力蓄电池管理系统中的重要一环,其性能的好坏或精度的高低决定了系统对电池状态判断的准确程度,并进一步影响后续的控制策略是否有效实施。BMS 通过每个电池正极都有的电压测量端子,对电池进行分布式电压测量,从而掌握每个电池模块的电压。电压采集范围为 0 ~ 4.5V。电池电压监测信息可以通过厂家的专用设备读出,通过读取电池电压监测信息,可以找出故障模组所处的位置,以便于进行后续维修。

2)动力蓄电池的电压监测

动力蓄电池的电压监测是通过电压测量模块进行测量,一般在动力蓄电池输出母线等位置设置。北汽 EV160 的动力蓄电池电压监测采用了 3 个测量模块,如图 2-6 所示。

对于电压的监测,是通过并联连接 3 个电压传感器 V_1、V_2 和 V_3 来进行测量的。动力蓄电池不进行充放电时,正、负继电器和预充电继电器都断开,此时 V_1 和 V_2 为动力蓄电池开路电压，V_3 测量高压用电设备电压，且有 $V_1 = V_2, V_3 = 0$。

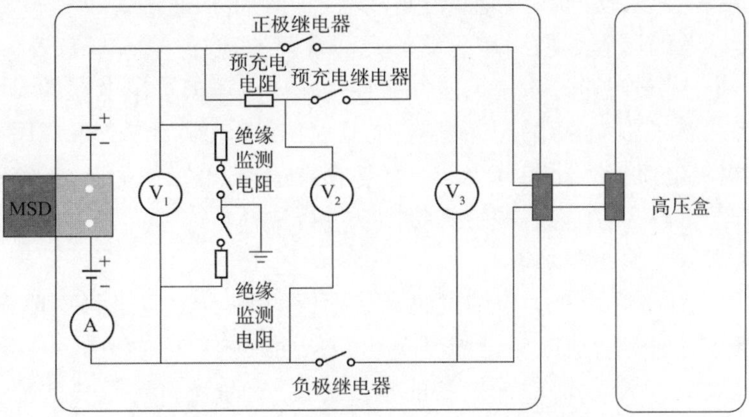

图 2-6 北汽 EV160 动力蓄电池电压监测

当动力蓄电池放电时，首先预充电继电器和负极继电器闭合，V_1 测量动力蓄电池工作电压，V_2、V_3 测量高压用电设备电压，且有 $V_1 > V_2 = V_3$；然后预充电继电器断开，正负极继电器闭合，此时 V_1、V_2、V_3 测量动力蓄电池工作电压，且有 $V_1 = V_2 = V_3$。

当外部向动力蓄电池充电时，预充电继电器和负极继电器闭合，此时 V_1 测量动力蓄电池电压，V_2、V_3 测量外部充电线路电压，且有 $V_1 < V_2 = V_3$；然后预充电继电器断开，正负极继电器闭合，此时 V_1、V_2、V_3 测量动力蓄电池工作电压，且有 $V_1 = V_2 = V_3$。

通过 3 个电压测量模块共同测量，来确定动力蓄电池的充放电状态，并正确测量动力蓄电池电压和外部充电线路电压。

2. 动力蓄电池电流监测

几乎所有的 BMS 都具备电流测量功能，BMS 将测量到的电流传递给主控制器，形成闭环反馈控制。一方面可以准确控制充电过程中充电机的输出电流，实现既定充电策略；另一方面控制负载放电电流，保证电池放电过程的安全。BMS 对电流测量的精度要求很高，因为许多 BMS 的 *SOC* 估算都是基于电流计算，高精度的电流测量才能够保证高精度的 *SOC* 计算。

动力蓄电池电流的监测，常用的方式有分流器、互感器、霍尔元件电流传感器和光纤传感器监测四种。分流器监测方式（图 2-7）和霍尔传感器监测方式（图 2-8）是当前动力蓄电池系统最常用的两种电流监测方式。

图 2-7 分流器测电流

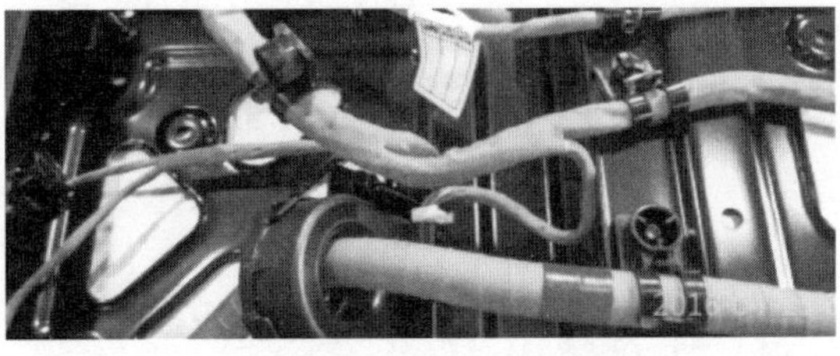

图 2-8 霍尔电流传感器测电流

分流器的原理是在母线回路中串联微欧级别的电阻，通过测量压降的形式，根据欧姆定律计算电流的大小。分流器检测传感器,相对起步较晚,但因其自身结构形式以及大动态、高精度、高稳定性等特点,使其在新能源汽车领域也得到了快速的普及。

霍尔电流传感器的原理是采用霍尔器件之间检测原边导体中电流产生的磁场,经过线性放大之后输出电压信号,通过霍尔灵敏度特性用输出电压换算出电流的大小。

霍尔电流传感器,具有丰富的产品家族,在高电压、大电流的场景下应用极为广泛。

总体来说,霍尔电流传感器和分流器方案各具特色,均可以作为新能源汽车动力蓄电池系统电流监测方案,针对具体项目的特殊特性来进行选择。

3. 动力蓄电池温度监测与控制

目前,动力蓄电池都是由单体电池通过组装而成的,在充放电过程中单体电池会产生热量,在局部会造成热量积累,造成各处温度不均匀从而影响单体电池的一致性,以致于降低电池充放电循环效率,影响电池的功率和能量发挥,严重时还将导致热失控,影响系统的安全性和可靠性。同时,电池在充放电过程中如果温度过低,也会导致电池的容量降低,车辆行驶里程缩短等问题。为了使电池组拥有最佳的性能和使用寿命,需要对电池进行热管理,将电池包控制在合理的温度范围内。

电池热管理系统是从使用角度出发,用来确保电池系统工作在适宜温度范围内的一套管理系统,主要由电池箱、传热介质、监测设备等部件构成。电池热管理系统有如下主要功能:电池温度的准确测量和监控;电池组温度过高时的有效散热和通风;低温条件下的快速加热;有害气体产生时的有效通风以及保证电池组温度场的均匀分布。

1)常见的温度采集方法

(1)热敏电阻方式。

介助热敏电阻采集温度是最常用的采集电池组温度的方式,其电阻值与温度几乎是线性关系,通过阻值的变化即可判断温度的变化。

(2)DS18B20 方式。

DS18B20 是常用的一种芯片级的温度传感器,采用总线的方式能够使一个控制器同时连接多个传感器,降低了连线的复杂程度。北汽 EV160 采用 DS18B20 芯片作为温度传感器监测电池温度,如图 2-9 所示。

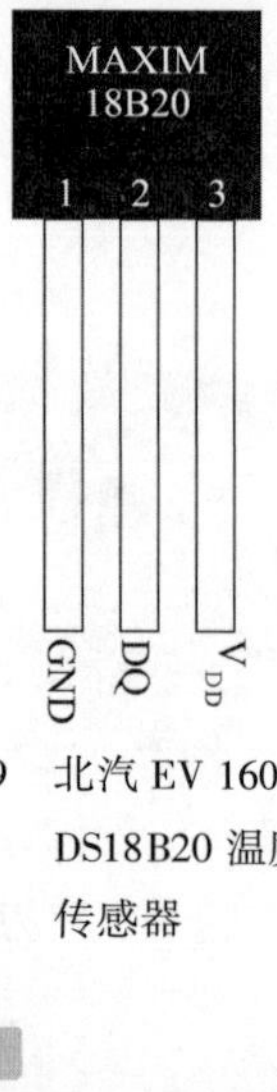

图 2-9 北汽 EV 160 上的 DS18B20 温度传感器

(3)采用专用的一体化芯片。

有些专门针对电池管理系统设计的芯片同时集成了电压、电流、温度的采集功能。当前,市场上多数 BMS 不具备检测所有单体电池电芯温度的功能,一般只是检测电池模块或电池模组的温度。但是从技术角度上考虑,采集每个电池的电芯温度是非常重要的。在电池连接松动、使用不当、内部出现故障等情况下,其中一项很重要的表现就是温度上升,通过检测每个电池的电芯温度可以实时了解电池的运行情况,提供异常报警,避免发生事故。

2)温度控制

动力蓄电池的温度控制包含两个方面:加热和冷却。根据不同车型,不一定都包含加热和冷却两个功能,如北汽 EV160 就只有加热功能。当电池温度较低时，BMS发出指令使热管理系统的PTC接触器闭合，动力蓄电池给PTC供电给自己进行加热，每个动力蓄电池组都有一个PTC加热器。动力蓄电池的PTC加热系统框图如图2-10所示。

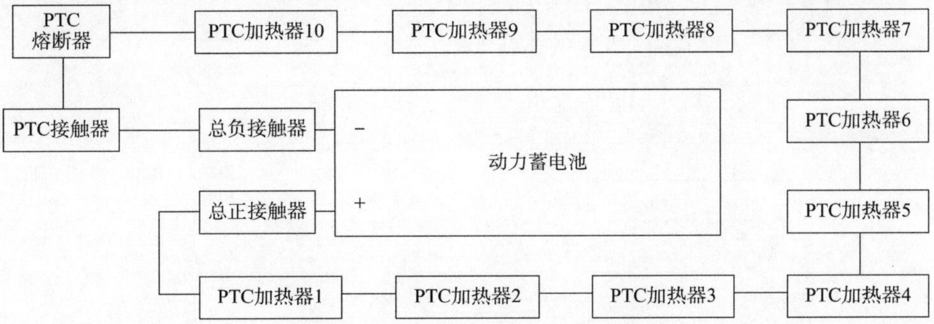

图2-10 动力蓄电池的PTC加热系统框图

由图2-10可以看出，PTC是否加热受控于热管理系统的PTC接触器。当动力蓄电池模组需要加热时，总正接触器和总负接触器都闭合，PTC接触器也闭合，电流从动力蓄电池出发经总正接触器后，再流经各个PTC加热器后，经PTC熔断器、PTC接触器和总负接触器后流回动力蓄电池。

当电池温度过高时，需要降低电池温度维持电池组的最佳工作状态，降温冷却的方式主要可分为四类：自然冷却、风冷、液冷和直冷，其中自然冷却是被动的冷却方式，其余三种是主动式的，主要区别在于换热介质的不同。有些新能源车配有冷却水或冷却风扇给动力蓄电池进行冷却散热，例如丰田普锐斯就给动力蓄电池安装了散热风扇。

4. 电池绝缘监测

动力蓄电池是新能源汽车的动力来源，由于车辆使用环境恶劣，并且随着电池的使用、电池组自身或电池组之间的连接线老化等多种原因，会导致电池组和车辆底盘之间的绝缘出现问题。由于动力蓄电池的电压较高，如果出现了绝缘问题将会给车辆的驾驶人和乘客以及维修人员造成严重伤害。为了保证乘员的人身安全和车辆安全运行，需要对电池系统的绝缘性能进行主动的监控与防护。

常用的检测方法有平衡桥式检测、直流检测和交流检测三种，有些新能源汽车通过内置于器电池BMS的“漏电检测电路”持续监视高压电路和车身搭铁之间的绝缘电阻是否保持不变。如果绝缘电阻降至低于规定的级别，则会存储一个高压绝缘异常故障码，并利用组合仪表显示，将异常告知驾驶人。漏电检测电路如图2-11所示。

漏电检测电路内部有独立的交流电源，电路中允许少量交流电流流至高压电路（正极和负极）。交流电流会经过检测电阻器、电容器和车身搭铁。

车辆绝缘电阻越小，检测电阻器的电压就越低，交流波也越低。BMS根据交流电的波幅检测绝缘电阻值。绝缘电阻减小则波幅增大，当该波幅转换为BMS数据“Short Wave Highest Val”，就会被判断为绝缘故障。绝缘电阻是反映电池用电安全的重要元件，根据人体所能承受的电压范围，当监测到绝缘电阻小于500Ω/V时，电池管理系统会立即对驾乘人员做出安全警告或做出切断高压继电器的操作。

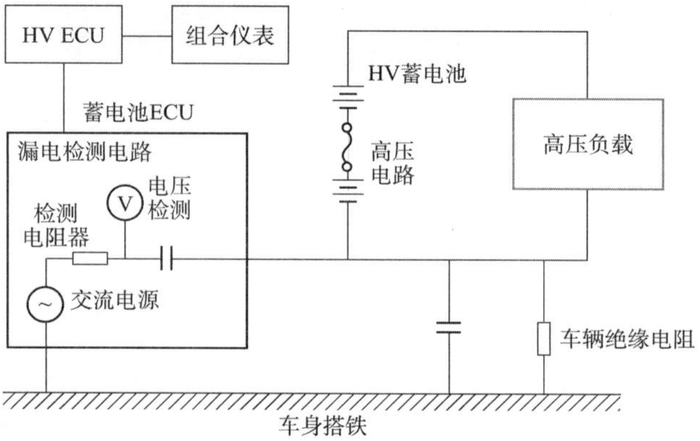

图 2-11　漏电检测电路

(二)动力蓄电池热管理系统

热管理系统是 BMS 中非常重要的一个子系统,它可以控制动力蓄电池在合适的温度区间,在不同情况下,对电池组进行加热或冷却。新能源汽车动力蓄电池包内部有几百个电池单体,电池工作时一定会发热,而且因为需要防水防尘、保证整体强度以及防碰撞等要求,电池包基本上都是密封的,外面覆盖着很厚的铝质外壳,所以电池组的散热是一个需要认真考虑的问题。

1. 动力蓄电池热管理系统的功能与分类

1)电池组热管理系统的功能

(1)保护电池组。温度对电池充放电性能影响很大,高温或低温都会对电池组的性能和寿命造成影响。热管理系统可以控制电池包内的温度,使电池组尽量处于合适的温度区间。

(2)提高安全性。电池在热失控时,会发生着火或爆炸等危险情况。热管理系统可以控制降低电池包内的温度,提高电池组的安全性。

(3)延长电池组寿命。电池的寿命与温度密切相关,过高或过低的温度都会缩短电池的寿命。热管理系统通过控制电池包的温度,可以延长电池组的寿命。

(4)提高电池组效率和容量。电池组在较高温度下效率会降低,而在低温下的电池组的放电容量会大大减少。热管理系统可以控制电池组处于在合适的温度区间,提高电池组的效率和容量。

2)电池组热管理系统的分类

(1)根据热管理的不同应用场合和功能,动力蓄电池热管理系统分为冷却系统、加热系统和保温系统。

(2)按照冷却方式划分。动力蓄电池热管理可分为被动冷却系统和主动冷却系统。

(3)根据传热介质的不同,可将动力蓄电池热管理系统可以分为空气冷却系统、液体冷却系统,以及相变材料冷却系统,但是目前为止,相变材料冷却技术还不成熟。

2. 电池发热及热失控的原因

1)电池发热的原因

电池充电时出现热量的来源有:电池化学反应热、电池极化热、过充电副反应热、内阻焦耳热。出现的大部分热量都是由于过充副反应热产生的。

电池放电过程中出现热量的重要来源有:电池化学反应热、电池极化热、内阻焦耳热。镍氢电池放电的化学反应是吸热反应,可以吸收部分热量,所以发热问题不是很严重。

2)热失控的原因

热失控是指锂离子电池在外部高温、内部短路、电池包进水或者电池在大电流充放电等各种诱因的作用下,导致电池内部的正、负极自身发热,或者直接短路,触发“热引发”,热量无法扩散,温度逐步上升,电池中负极表面的SEI膜、电解液、正负极等在高温下发生一系列热失控反应(热分解),出现热失控时,电池内部温度快速上升。热失控过程可分为前期阶段、热积累阶段和热失控阶段等三个阶段。

热失控的原因是多方面的,可能是电池组的温度场不均匀、散热系统出现故障、充放电电流过高、外部电路短路、内部短路等电气原因,还有机械进水、密封不良、碰撞等原因。

3. 动力蓄电池的散热

为了使电池包拥有最佳性能和使用寿命,需要优化电池包的结构,对它进行热管理,增加散热设施,控制电池运行的温度环境。

1)动力蓄电池空气冷却式散热系统

空气冷却式散热系统采用空气作为换热介质。常见的有两种,第一种被称为被动风冷,直接利用外部空气对流进行散热;第二种为主动风冷,利用风扇对动力蓄电池系统进行强制散热。

被动式风冷指不使用任何外部辅助能量,直接利用车速形成带压力的自然风将电池组产生的热量带走,其工作原理如图2-12所示。此种散热不需要风扇,结构简单,成本低,整个散热过程以强制对流方式为主,其缺点在于散热效率较低,散热性能无法控制,因此需要对电池表面的散热面进行优化以增大电池的散热面积,或者对自然风的风道进行特殊设计,优化自然风经过电池包的流场。

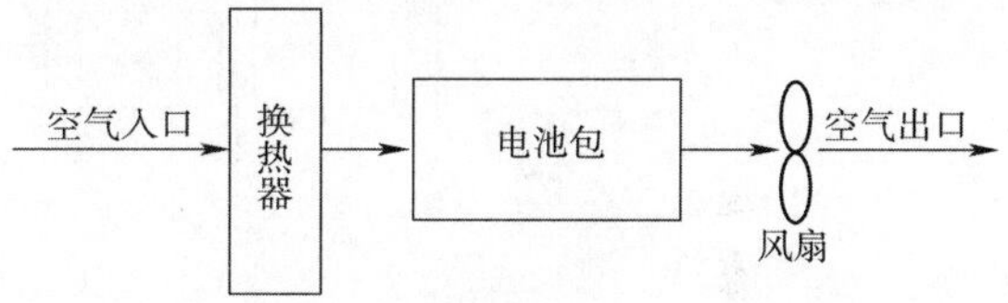

图2-12 被动式风冷系统原理图

主动式散热的热量交换也是依靠强制对流,但是空气的流动是依靠风扇的强制通风,因此电池模块的进风口或者出风口要安装散热器或风扇,其工作原理如图2-13所示。该方法对电池的封装设计要求有所降低,一般用于IP67以下且结构较复杂的电池系统,电池在车上的位置也不受限制,对整车的结构设计影响较小,是目前新能源汽车中应用最广泛的散热方法。

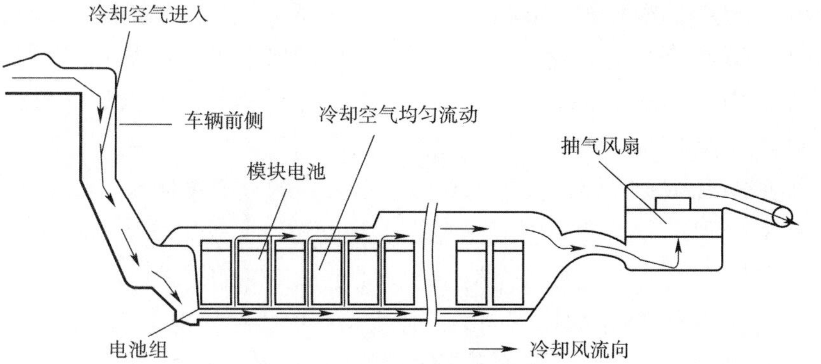

图2-13 主动风冷系统原理图

冷却空气在动力蓄电池模块中的流动有串行、并行通风等几种方式。

(1)串行通风结构。

风冷电池模块采用如图 2-14 的串行通风结构。在该散热模式下,冷空气从左侧吹入从右侧吹出。空气在流动过程中不断地被加热,所以右侧的冷却效果比左侧要差,电池箱内电池组温度从左到右依次升高。目前该技术应用在第一代丰田 Prius 等车型中。

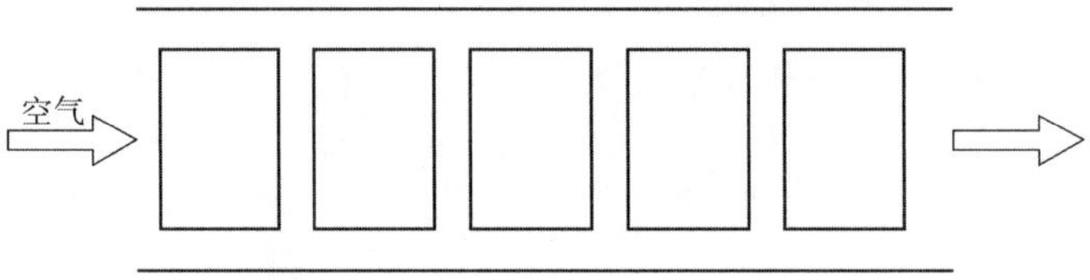

图 2-14　电池模块串行通风结构示意图

(2)并行通风结构。

并行通风结构如图 2-15 所示。并行通风方式可以使得空气流量在电池模块间分布得更均匀。需要对进排气通道、电池布置位置进行很好的设计。其楔形的进排气通道使得不同模块间缝隙上下的压力差基本保持一致,确保吹过不同电池模块的空气流量一致,从而保证了电池组温度场分布一致。

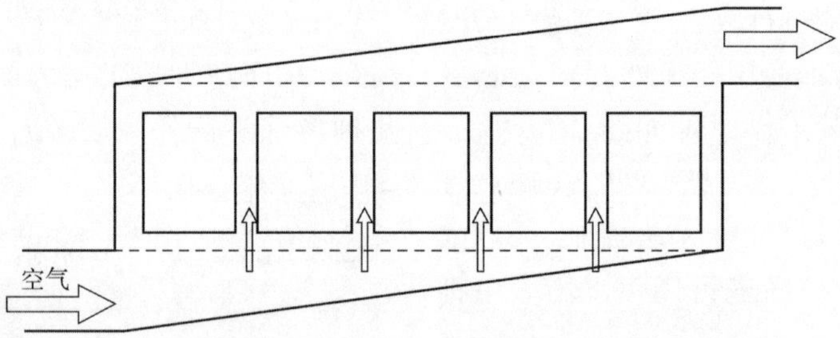

图 2-15　电池模块并行通风结构示意图

奥迪 Q5 Quattro 混合动力汽车电池包使用的是主动风冷散热系统,其结构图如图 2-16 所示。冷却模块由 12V 低压电源供电,带有独立的蒸发器,连接到空调压缩机的冷却回路。电池包内部有 6 个温度传感器,其中在冷却管道的进口、出口处各有一个温度传感器。当电池蒸发器前端温度传感器和后端温度传感器检测到温度过高时,就会开启电池风扇。控制模块中已经加入了冷却功能模型,根据温度的不同,冷却系统可以在“引入新鲜空气”和“空气再循环”两种模式之间切换。电池温度高于 34.5℃时,启动风扇进行冷却;温度高于 37℃时,启动空调系统,通过空调蒸发器冷却空气;高于 42℃时,电池蒸发器提供额外的制冷能力。

2)动力蓄电池系统液体冷却式散热系统

动力蓄电池包存储的能量越来越高,导致电池包内的电池单体数目增加,在电池组大倍率放电的情况下,上述风冷式散热逐渐满足不了新能源汽车的需求,同时,高温环境下风冷冷却的效果也并不理想,所以需要另辟蹊径以满足电池冷却的需求。

液冷式换热是使用导热系数比较高的液体直接或间接接触电池以带走热量的热管理形式。以水为例,已知常温下水的导热系数是空气的几十倍,比热容更是空气的 4 倍,所以液体流动换热比空气换热有更好的效果,更能满足动力蓄电池的温控需求。

图2-16 奥迪 Q5 Quattro 混合动力汽车电池包冷却系统结构图

在结构设计方案中,既可以将电池直接放置于绝缘且导热系数较高的液体中,也可以通过冷板等与电池接触,先将热量从电池组传入冷板,再通过冷板与液体间的换热将热量带出电池包。前者多采用硅基油、矿物油等有机油类,往往黏度很大,流动性弱;后者选用的介质为水、乙二醇、乙二醇与水的混合物等,流动性强,换热系数高,但是因为这种方式不绝缘,因此必须做好管道密封,防止液体泄漏造成短路。

液冷散热的结构示意图如图 2-17 所示。一般会增加一个换热器与制冷循环耦合起来,通过制冷剂将电池的热量带走。整个系统主要包括电子水泵、电池冷却器、电池散热器、PTC 加热器、膨胀水箱。电池需要冷却时,电池通过散热器与冷却液进行换热,加热后的冷却液被电子水泵送入电池冷却器内,在换热器内部一侧通入制冷剂,一侧通入冷却液,两者在电池冷却器内充分换热,热量被制冷剂带走,冷却液流出电池冷却器再流入电池,形成一个循环。电池需要加热时,关闭制冷回路,开启 PTC 加热器,冷却液被加热后送入电池内部,通过散热器加热电池。可以通过控制制冷回路通断以及控制 PTC 加热功率来控制冷却液的温度,从而控制电池内部温度。此种方案系统比较复杂,成本比较高。液冷方式是目前许多新能源汽车的优选方案,国内外应用该种方案的车型有宝马 i3、特斯拉、通用沃蓝达(Volt)、华晨宝马之诺、吉利帝豪 EV 等。

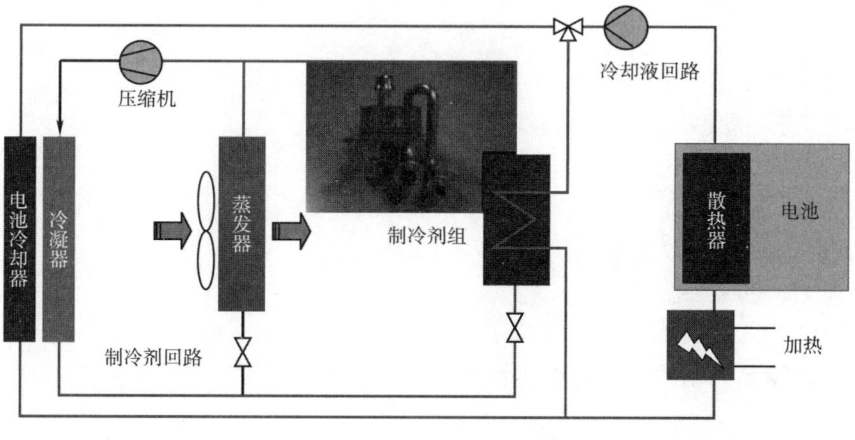

图 2-17 液冷式散热系统结构图

电池包液冷散热器由高效导热热管和液冷板构成,热管将电池热量由模组内部导出,再通过液冷散热器对流换热进行冷却,实现电池包有效散热,如图2-18所示。

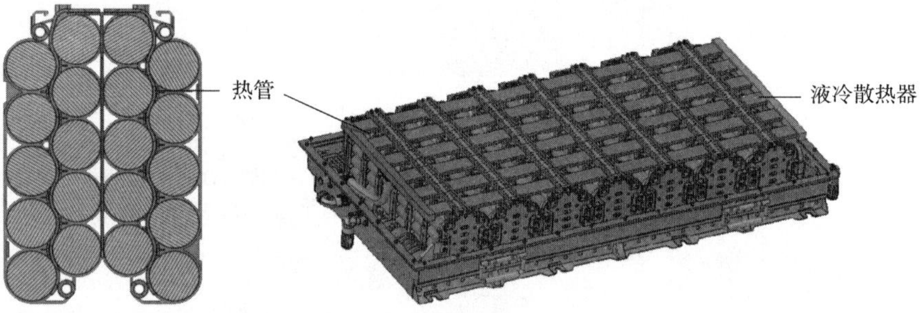

图2-18　电池液冷散热器

二、任务实施

(一)实施要求

本任务主要学习新能源汽车动力蓄电池的状态监测和热管理系统的认知与检测。具体内容是检测电池模组的状态。

(二)实施准备

(1)防护装备:安全防护装备。

(2)车辆、台架、总成:比亚迪e5整车或动力蓄电池管理系统台架,或其他车型整车或台架。

(3)专用工具、设备:比亚迪故障诊断仪器。

(4)手工工具:无。

(5)辅助材料:警示标识和设备。

(三)实施步骤

(1)检查个人安全防护设备,确保绝缘手套等防护用品安全有效。

(2)检查车辆,确保实训车辆没有高压隐患。

(3)关闭点火开关,并移开钥匙至车外。再次起动车辆以确认车辆没有钥匙且无法起动。

(4)安装车外前格栅防护套、左右翼子板防护。

(5)断开12V蓄电池负极。

(6)按照任务工单实施操作。

(7)总结新能源汽车动力蓄电池电池模组的状态检测方法,填写任务工单。

三、任务工单

任务实训工作记录单

<table>
<tr><td>任务名称</td><td colspan="5">新能源汽车电池模组的状态检测</td></tr>
<tr><td>姓名</td><td></td><td>班级</td><td></td><td>分组</td><td></td></tr>
<tr><td>教师</td><td></td><td>地点</td><td></td><td>日期</td><td></td></tr>
<tr><td>具体内容</td><td colspan="5">电池模组绝缘检测、温度传感器检测</td></tr>
<tr><td>设备工具</td><td colspan="5">比亚迪 e5 纯电动汽车 4 台、组合工具 4 套</td></tr>
<tr><td>组员分工</td><td colspan="5"></td></tr>
<tr><td></td><td colspan="5"></td></tr>
<tr><td colspan="6">实训过程内容与流程记录</td></tr>
<tr><td>实施内容</td><td colspan="5">(1)测量电池模组总正端子与电池金属外壳之间的绝缘值。你的绝缘测试仪选择的挡位是多少？实测值是多少？正常值是多少？是否正常？为什么？

(2)测量电池模组总负端子与电池金属外壳之间的绝缘值。你的绝缘测试仪选择的挡位是多少？实测值是多少？正常值是多少？是否正常？为什么？

(3)假如电池模组只存在单纯的漏电故障，没有发生断格等其他故障，那么你在上面这两个步骤测到的绝缘值会相同吗？为什么？能不能通过绝缘值算出漏电发生的大概位置？为什么？

(4)假如测得电池模组单体电压均为3.2V，当万用表红、黑表笔分别连接电池模组的总正和外壳时，测得电压为3.2V；当万用表红、黑表笔分别连接电池模组的总负和外壳时，测得电压为−16V。那么这个电池模组正常吗？是否漏电？若漏电，你能通过计算判断漏电部位吗？

(5)电池模组上有几个温度传感器？请测量并记录他们的阻值。标准值是多少？是否正常？</td></tr>
<tr><td colspan="6">实训任务回顾与总结</td></tr>
<tr><td>任务收获与结果</td><td colspan="5"></td></tr>
<tr><td>建议和改进措施</td><td colspan="5"></td></tr>
</table>

任务3 动力蓄电池能量管理

任务描述

维修厂接到一辆比亚迪 e5 故障车，推测是单体电池故障，需要进行电池均衡性检测，请你根据所学知识，完成相关操作。

一、知识准备

（一）电池能量管理的作用

电池的能量管理是通过动力蓄电池管理系统，利用从新能源汽车各个子系统采集运行的数据，实现控制电池的充放电；显示电池的荷电状态（*SOC*）；预测剩余行驶里程；监控电池的状态；调节电池内部温度；调节车灯亮度以及回收再生制动能量为动力蓄电池充电等功能。

北汽 EV160 的动力蓄电池管理系统的控制简图如图 2-19 所示。

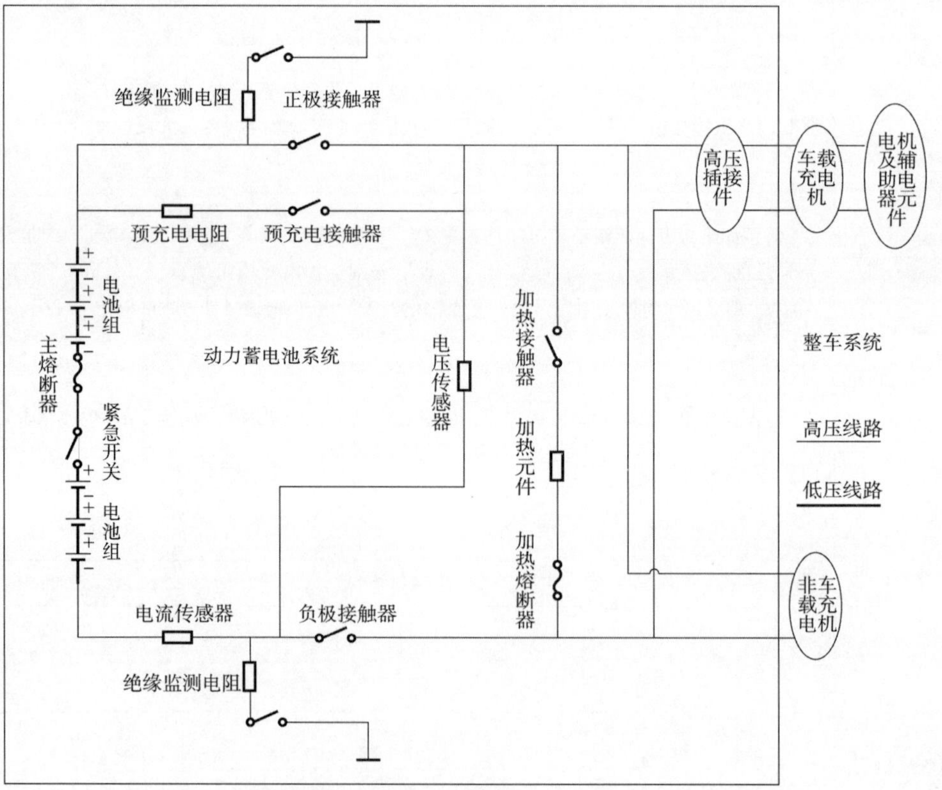

图 2-19 动力蓄电池管理系统的控制简图

由图 2-19 可以看出，EV160 动力蓄电池管理系统的硬件由主熔断器、紧急开关、电流传感器、电压传感器、正/负极接触器、预充电接触器、加热接触器、加热元件、加热熔断器等组成，通过插接件和车载充电机或非车载充电机连接，进行充放电。

(二)动力蓄电池充放电管理

1. 动力蓄电池的上电过程

当动力蓄电池向外充电或放电时，电池的接触器执行相应的操作实现充电或放电。

当动力蓄电池上电时，整车控制器(Vehicle Control Unit，VCU)检测发出指令给动力蓄电池 BMS 主控盒，BMS 主控盒接收到指令后，通过总线控制高压盒里控制预充电接触器的继电器闭合，使预充电接触器的线圈通电产生磁场，预充电接触器闭合。

当预充电接触器闭合后，BMS 主控盒控制高压盒里控制负极接触器的继电器闭合，从而使负极接触器闭合，此时开始给电机控制器里面的电容进行充电。当电容充电完成后，BMS 主控盒控制高压盒里控制正极接触器的继电器闭合，从而使正极接触器闭合，而预充电接触器断开，实现正常的放电过程。

当动力蓄电池需要充电时，整车 VCU 检测到有充电枪插入后，首先给电机控制器里面的电容进行充电，然后再发出指令给动力蓄电池 BMS 主控盒，BMS 主控盒接到指令后，通过总线控制高压盒里控制预充电接触器的继电器闭合，从而使预充电接触器的线圈通电产生磁场，使预充电接触器闭合；当预充电接触器闭合后，VCU 发出指令给动力蓄电池 BMS 主控盒，通过高压盒里控制负极接触器的继电器闭合，从而使负极接触器闭合。此时，预充电阻起到限制充电电流的作用，对动力蓄电池进行小电流充电，主要目的是通过小电流充电来估算正常充电电流大小；而后正极接触器闭合，预充电阻被短路，此时开始进行定流充电，开始正常充电过程。

2. 预充电的作用

在图 2-19 中可以看出，正极接触器并联了一个预充接触器和预充电阻，当上电时和充电时预充电阻的作用是不同的。当起动开关从 OFF 到 ON 位时，电流会有突变，最大电流可以达到 25A 左右，这是在给电机控制器的电容进行充电。所以，在上电时，预充电阻的作用是限制给电容充电时的电流，防止在接触器结合瞬间产生电弧，损坏接触器。

3. 接触器与继电器

接触器与继电器原理一样，主要是触点容量不同。继电器触点容量较小，触头只能通过小电流，没有灭弧装置，可在电量或非电量的作用下动作，主要用于控制；接触器容量大，触头可以通过大电流，有灭弧装置，一般只能在电压作用下动作，主要用于主回路。

接触器是指工业电中利用线圈流过电流产生磁场使触头闭合，以达到控制负载的电器。接触器由电磁系统(铁芯、静铁芯、电磁线圈)、触头系统(常开触头和常闭触头)和灭弧装置组成。其原理是当接触器的电磁线圈通电后，会产生很强的磁场，使静铁芯产生电磁吸力吸引衔铁，并带动触头动作，即常闭触头断开、常开触头闭合，两者是联动的。当线圈断电时，电磁力消失，衔铁在弹簧的作用下回位，使触头复原，即常闭触头闭合、常开触头断开。

继电器是一种电控制器件，它具有控制系统（又称输入回路）和被控制系统（又称输出回路）之间的互动关系。通常应用于自动化的控制电路中，是用小电流去控制大电流的一种“自动开关”。在电路中起着自动调节、安全保护、转换电路等作用。继电器原理与接触器相同，只是接触器控制的负载功率较大，故体积也较大。

在一个控制回路中是离不开接触器和继电器的，接触器主要用于一次回路，可以通过较大的电流；继电器用于二次回路，只能通过小电流实现各种控制功能，触点较多，种类也很多。在继电器的触点容量满足不了要求时，也可以用接触器代替；当接触器的辅助触点不够用时，可加一个继电器作辅助触点来实现各种控制。

（三）动力蓄电池均衡管理

随着动力蓄电池在新能源汽车动力系统中的广泛应用，逐渐暴露出一系列诸如耐久性、可靠性和安全性等方面的问题。电池成组后单体之间的容量不一致是引起这一系列问题的主要原因之一。

由于新能源汽车类型和使用条件限制，对电池组功率、电压等级和额定容量的要求存在差别，电池组中单体电池数量存在很大的差异，即使参数要求相似，由于电池类型不同，所需的电池数量也存在较大的差别。新的电池在出厂时，已经做好了电池的均衡，容量都一致，然而在长时间使用后，容量会产生衰减，使各个电池之间的容量变得不一致，而动力蓄电池的总容量符合“木桶理论”，因此总容量也会相应地降低。

总体看来，单体数量越多，电池一致性差别越大，对电池组性能的影响也越明显。车载动力锂离子电池成组后，电池单体性能的不一致严重影响了电池组的使用效果，减少了电池组的使用寿命。

造成单体电池间差异的因素主要有以下三方面。

（1）电池制作工艺限制，即使同批次的电池也会出现不一致。

（2）电组中单体电池的自放电率不一致。

（3）电池组使用过程中，温度、放电效率、保护电路对电池组的影响会导致差异的放大。

因此，均衡系统是车载动力锂电池组管理系统的关键技术。从电池的集成和管理方面来看，主要可以从两个方面来缓解电池不一致带来的影响：成组前动力蓄电池的分选；成组后基于电池组不一致产生的表现形式和参数采取的电池均衡技术。然而，成组前电池单体的分选技术在保证电池组均衡能力方面作用是有限的，其无法消除电池组在使用过程中产生的不均衡。所以，基于电池组不一致的表现形式和参数采取的电池均衡技术是保证电池组正常工作、延长电池寿命的必要模块。电池均衡的作用如图 2-20 所示。

动力蓄电池采用均衡技术后，会提高低容量电池容量，但同时也会降低部分容量较高的电池的容量，经过均衡并且长时间试用后，电池的容量差异减小、使用寿命会变长。

（四）电池剩余电量（*SOC*）估算

动力蓄电池准确地估算 *SOC* 可以保障动力蓄电池系统安全可靠地工作，优化动力蓄电池系统，并为新能源汽车的能量管理和安全管理等提供依据。

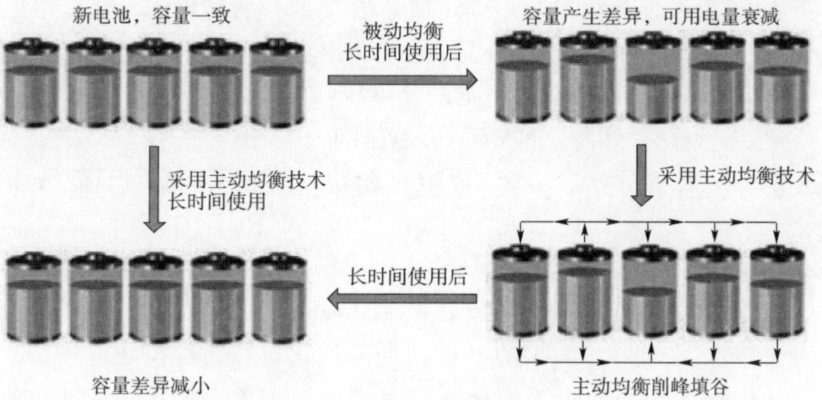

图 2-20 电池均衡的作用

电池技术发展至今，用来估算 *SOC* 的方法已经出现了很多种，既有传统的电流积分法、电池内阻法、放电试验法、开路电压法、负载电压法；也有较为创新的 Kalman 滤波法、模制逻辑理论法和神经网络法等，各种估算方法都有自己的优缺点，下面对几种常用的 *SOC* 方法进行简要介绍。

1. 电流积分法

电流积分法也叫安时计量法，是目前在电池管理系统领域中应用较为普遍的 *SOC* 估算方法之一，其本质是在电池进行充电或放电时，通过累积充进或放出的电量来估算电池的 *SOC*，同时根据放电率和电池温度对估算出的 *SOC* 进行一定的补偿。

与其他 *SOC* 估算方法相比，电流积分法相对简单可靠，并且可以动态地估算电池的 *SOC* 值，因此被广泛使用。但该方法也存在两方面的局限性：其一，电流积分法需要提前获得电池的初始 *SOC* 值，并且要对流入或流出电池的电流进行精确采集，才能使估算误差尽可能减小；其二，该方法只是以电池的外部特征作为 *SOC* 的估算依据，在一定程度上忽视了电池自放电率、老化程度和充放电倍率对电池 *SOC* 的影响，长期使用也会导致测量误差不断累积扩大，因此需要引入相关修正系数对累积误差进行纠正。

2. 放电试验法

放电试验法是将目标电池进行持续的恒流放电至电池的终止电压，将此放电过程所用的时间乘以放电电流的大小值，即为电池的剩余容量。该方法一般作为电池 *SOC* 估算的标定方法或者用在蓄电池的后期维护工作上，在不知道电池 *SOC* 值的情况下可采用此方法，相对简单、可靠，并且结果也比较准确，同时对不同种类的蓄电池都有效。但是放电试验法也存在两点不足：第一，该方法的试验过程需要花费大量的时间；第二，使用此方法时需要将目标电池从新能源汽车上取下，因此该方法不能用来计算处于工作状态下的动力蓄电池。

3. 开路电压法

开路电压法是根据电池的开路电压（Open Circuit Voltage，*OCV*）与电池内部锂离子浓度之间的变化关系，间接地拟合出它与电池 *SOC* 之间的对应关系。在进行实际操作时，需要将电池充满电量后以固定的放电倍率（一般取 1*C*）进行放电，直到电池的终止电压时停止放电，根据该放电过程获得 *OCV* 与 *SOC* 之间的关系曲线。当电池处于实际工作状态时便能根据电池两端的电压值,通过查找 *OCV—SOC* 关系表得到当前的电池 *SOC*。尽管该方法对各种蓄电池都有效,但自身也存在缺陷:首先,测量 *OCV* 前必须将目标电池静置 1h 以上,从而使电池内部电解质均匀分布以便获得稳定的端电压;其次,电池处于不同温度或不同寿命时期时,尽管开路电压一样,但实际上的 *SOC* 可能差别较大,长期使用该方法,其测量结果并不能保证完全准确。因此,开路电压法与放电试验法一样,并不适用于运行中的电池 *SOC* 估算。

4. Kalman 滤波法

Kalman 滤波法是美国数学家卡尔曼(R. E. Kalman)在 20 世纪 60 年代初发表的论文《线性滤波和预测理论的新成果》中提出的一种新型最优化自回归数据滤波算法。该算法的本质在于可以根据最小均方差原则,对复杂动态系统的状态做出最优化估计。非线性的动态系统在卡尔曼滤波法中会被线性化成系统的状态空间模型,在实际应用时系统根据前一时刻的估算值与当前时刻的观测值对需要求取的状态变量进行更新,遵循"预测—实测—修正"的模式,消除系统随机存在的偏差与干扰。使用 Kalman 滤波法估算动力蓄电池的 *SOC* 时,电池以动力系统的形式被转化为状态空间模型,*SOC* 则变成了该模型内部的一个状态变量,建立的系统是一个线性离散系统。

由于 Kalman 滤波法不仅能够修正系统初始误差,还能有效地抑制系统噪声,因此在运行工况非常复杂的新能源汽车动力蓄电池的 *SOC* 估算中,具有显著的应用价值。不过该方法同样存在两点缺陷:其一,Kalman 滤波法估算 *SOC* 的精度很大程度上取决于电池模型的准确程度,工作特性本身就呈高度非线性化的动力蓄电池,在 Kalman 滤波法中经过线性化处理后,难免存在误差,如果模型建立得不够准确,其估算的结果并不一定可靠;其二,该方法涉及的算法非常复杂,计算量极大,所需要的计算周期较长,并且对硬件性能要求苛刻。

5. 神经网络法

神经网络法是模拟人脑及其神经元用以处理非线性系统的新型算法,无需深入研究电池的内部结构,只需提前从目标电池中提取出大量符合其工作特性的输入与输出样本,并将其输送到使用该方法所建立的系统中,就能获得运行中的 *SOC* 值。该方法后期处理相对简单,即能有效避免 Kalman 滤波法中需要将电池模型作线性化处理后带来的误差,又能实时地获取电池的动态参数。但是神经网络法的前期工作量比较大,需要提取大量且全面的目标样本数据对系统进行训练,所输入的训练数据和训练的方式方法在很大程度上都会影响 *SOC* 的估计精度。此外,在电池温度、自放电率和电池老化程度不统一等因素的复杂作用下,长期使用该方法估算同一组电池的 *SOC* 值,其准确性也会大打折扣。因此,在动力蓄电池的 *SOC* 估算中采用该方法的并不多见。

(五)电池健康状态(*SOH*)估算

由于电池长期使用,必然发生老化或劣化,因而必须估计电池的健康状况(State of Health,*SOH*),也称为寿命状态、老化情况、劣化情况。

电池 *SOH* 的标准定义是在标准条件下动力蓄电池从充满状态以一定倍率放电到终止电压,所放出的容量与其对应的标称容量的比值,该比值是电池健康状况的一种反映。该定义适合描述纯电动汽车的健康状况,因为纯电动汽车的应用基本上是全充全放,每个充放电循环后便于相互比较。简而言之,*SOH*是电池使用一段时间后某些直接可测或间接计算得到的性能参数的实际值与标称值的比值,用来判断电池健康状况下降后的状态,衡量电池的健康程度,其实际表现在电池内部某些参数(如内阻、容量等)的变化上。

一般情况下,*SOH*描述的是长期的变化,但是测量不需要连续的进行,大多数情况下只需要定期测量,测量的周期取决于不同应用情况。*SOH*测量可以预测电池的寿命,但因电池会突发故障,因此*SOH*是难以预测的。为了测定电池的健康状态,必须知道实际的剩余电量(*SOC*),或者必须在相同的*SOC*下测量*SOH*。

*SOH*以百分比的形式表现了当前电池的容量能力,对一块新的电池来说,其*SOH*的值一般是大于100%的,随着电池的使用,电池不断地老化,*SOH*逐渐降低,在IEEE标准1188-1996中规定,当动力蓄电池容量能力下降到80%时,即*SOH*小于80%时,应该更换电池。目前有以下几种*SOH*估算的方法。

1. 直接放电法

估算电池的*SOH*最直接的方法是让单体电池实际放电一次,测量放出的电量。目前,利用负载对单体电池*SOH*评价是业内唯一公认的可靠方法。但这种方法也存在一些缺点:需要离线测试电池的*SOH*,这对车用动力蓄电池来说实现困难;测试负载较笨重,操作不方便;若用0.1*C*倍率放电,放电过程大约需要10h,测试时间太长。

2. 内阻法

主要是通过建立内阻与*SOH*之间的关系来估算*SOH*,电池内阻与*SOH*间存在确定的对应关系,可以简单地描述为:随电池使用时间的增长,电池内阻在增加,将影响电池容量,从而可以估算*SOH*。

这种方法也存在一些缺点:当电池容量下降了25%~30%后,电池内阻才会有明显的变化,而标准中规定当电池容量下降到80%时电池就应该被更换,所以想要通过这种方法实时估算电池的*SOH*难度较大,而且电池内阻很小,信号较弱,想要准确测量电池内阻也比较困难。因此目前,这种方法还没有得到实际的应用。

3. 电化学阻抗分析

这是一种较复杂的方法,其主要思想是向电池施加多个正弦信号,这些信号的频率是不同的,然后运用模糊理论对已采集的数据信息进行分析,预测电池的当前性能。

这种方法需要大量的数据采集与分析,以获得电池的特性,而且还需要较扎实地掌握关于阻抗及阻抗谱的理论知识,另外,造价也较高。

4. 模型法

这种方法的主要思想是分析电池内部所发生的化学反应,以此为基础建立电池的模型,用此模型来计算电池容量的衰减,得出电池的*SOH*,当量子力学这一学说应用到化学动力学之后,化学反应这一微观过程有了新的论证,从而形成了过渡状态理论,如艾林方程。

这种方法需要认真分析电池内部的化学反应,并知道电池的一些固有参数,而且运用之前也需要做大量关于电池寿命的试验,试验量大、难度大、耗时长。

5. 电压曲线模型法

这种方法的优点是建模简单，不需要做大量的试验，也不需要电池的一些固有参数，而且成本低，估算精确。电压曲线模型法是目前主要采用的 *SOH* 估算方法，该方法的基本框图如图 2-21 所示。

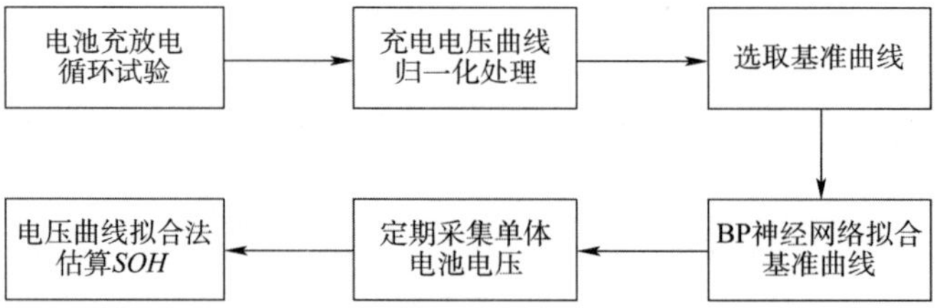

图 2-21　电压曲线模型法基本框图

二、任务实施

(一) 实施要求

本任务主要学习新能源汽车动力蓄电池能量管理。具体内容是通过读取电池信息，判断电池均衡性；更换动力蓄电池管理控制器。

(二) 实施准备

(1) 防护装备：安全防护装备。

(2) 车辆、台架、总成：比亚迪 e5 整车或动力蓄电池管理系统台架，或其他车型整车或台架。

(3) 专用工具、设备：比亚迪故障诊断仪器。

(4) 手工工具：无。

(5) 辅助材料：警示标识和设备。

(三) 实施步骤

(1) 检查个人安全防护设备，确保绝缘手套等防护用品安全有效。

(2) 检查车辆，确保实训车辆没有高压隐患。

(3) 关闭点火开关，并移开钥匙至车外。再次起动车辆以确认车辆没有钥匙且无法起动。

(4) 安装车外前格栅防护套、左右翼子板防护。

(5) 断开 12V 蓄电池负极。

(6) 按照任务工单实施操作。

(7) 总结新能源汽车动力蓄电池管理系统各组成部件的安装位置、电池均衡性检测方法及更换动力蓄电池管理控制器流程，填写任务工单。

三、任务工单

任务实训工作记录单

任务名称	新能源汽车动力蓄电池能量管理				
姓名		班级		分组	
教师		地点		日期	
具体内容	电池均衡性检测;更换蓄电池管理控制器				
设备工具	比亚迪 e5 纯电动汽车 4 台、组合工具 4 套				
组员分工					
实训过程内容与流程记录					
实施内容	(1)连接解码器,读取以下电池信息:电池电压、单体电池最低电压、单体电池最高电压。 判断电池均衡性: (2)描述动力蓄电池管理控制器的更换流程。				
实训任务回顾与总结					
任务收获与结果					
建议和改进措施					

任务 4　动力蓄电池通信管理

任务描述

某维修店接到一辆比亚迪 e5 故障车辆,车主反映车辆仪表盘显示故障,推测是 CAN 总线通讯故障。作为技术员,请你根据维修手册及技术标准对 CAN 总线进行检测。

一、知识准备

(一)CAN 总线概述

控制器局域网络(Controller Area Network,CAN)是由德国 BOSCH 公司开发的,并于 1993 年标准化(ISO11898-1),是国际上应用最广泛的现场总线之一。CAN 是汽车电子控制网络的主流,已逐步取代传统的机械传动与控制。目前,世界上一些著名的汽车制造厂商均已采用 CAN 作为汽车内部控制系统与各检测执行机构间的数据通信,新能源汽车 CAN 总线原理图如图 2-22 所示。

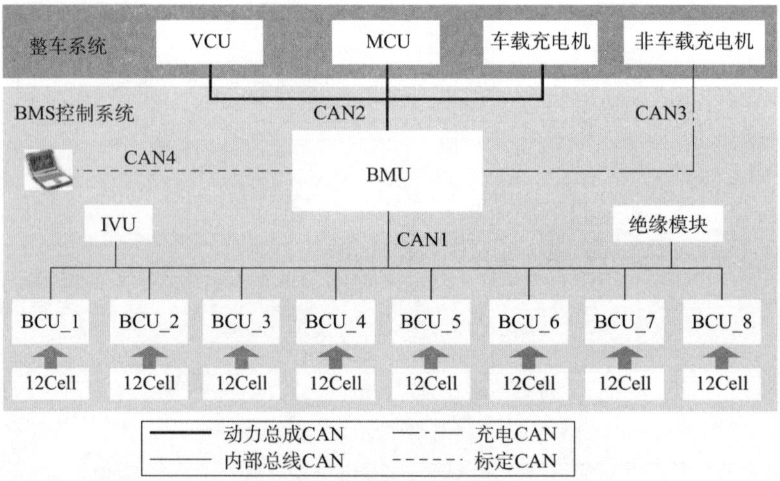

图 2-22 新能源汽车 CAN 总线

CAN 的网络节点是不同的电控单元(ECU),其以多种方式工作、任一节点均可在任意时刻主动地向网络上其他节点发送信息,其主要特点如下。

(1)CAN 上的节点分成不同的优先级(报文标识符)。

(2)CAN 采用非破坏性总线仲裁技术。

(3)CAN 节点通过对报文的标识符滤波即可实现点对点、一点对多点及全局广播等方式通信。

(4)CAN 的直接通信距离最远可达 10km(速度在 5kbps 以下),通信速率最高可达 1Mbps(此时通信距离最长为 40m)。

(5)报文采用短帧结构。

(6)CAN 的每帧信息都有 CRC 检错措施。

(7)CAN 的通信介质可为双绞线、同轴电缆或光纤,选择灵活。

(8)CAN 节点在严重错误的情况下具有自动关闭输出功能。

(9)CAN 总线性价比高、结构简单。

(二)CAN 总线结构

一般 CAN 总线主要包括以下几个结构。

1. 硬件结构

硬件结构主要包括各个分布的 ECU、控制器、收发器、CAN-H 线、CAN-L 线、终端电阻及网关等。具体结构如图 2-23 所示。

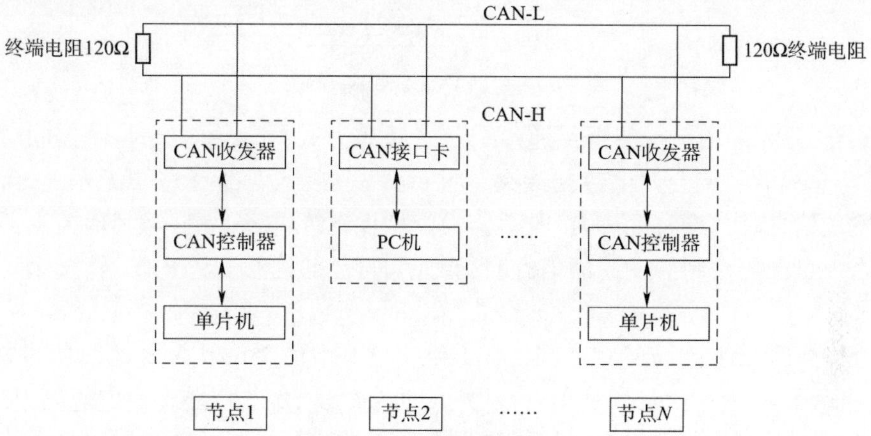

图 2-23 CAN 总线硬件结构

(1)CAN 收发器。安装在控制器内部,同时兼具接收和发送的功能,将控制器传来的数据化为电信号并将其传入数据传输线。

(2)数据传输终端。是一个电阻,防止数据在线端被反射,以回声的形式返回从而影响数据的传输。

(3)数据传输线。双向数据线 CAN-H 线和 CAN-L 线相互缠绕,为双绞线的结构,采用双绞线自身校验的结构,既可以防止电磁干扰对传输信息的影响,也可以防止本身对外界的干扰。系统中采用高低电平两根数据线,控制器输出的信号同时向两根通信线发送,高低电平互为镜像。并且每一个控制器都增加了终端电阻,以减少数据传送时的过调效应。

(4)网关。由于不同区域 CAN 总线的速率识别代号不同,因此一个信号要从一个总线进入到另一个总线区域,必须把它的识别信号和速率进行改变,使其能够让另一个系统接收,这个任务就是由网关来完成的。另外,网关还具有改变信息优先级的功能,如车辆发生相撞事故,气囊控制单元会发出负加速度传感器的信号,这个信号的优先级在驱动系统是非常高的,但转到舒适系统后,网关会调低它的优先级。

2. CAN 总线数据结构

当控制器发送信息时,传输的并不仅仅是信息数据本身,它同时还将信息数据、属性数据等数据打成数据包一起传送。该数据包共有 7 个数据段,分别储存有开始区(1 位)、状态区(11 位)、检验区(6 位)、数据区(64 位)、安全区(16 位)、确认区(2 位)和结束区(7 位),如图 2-24 所示。

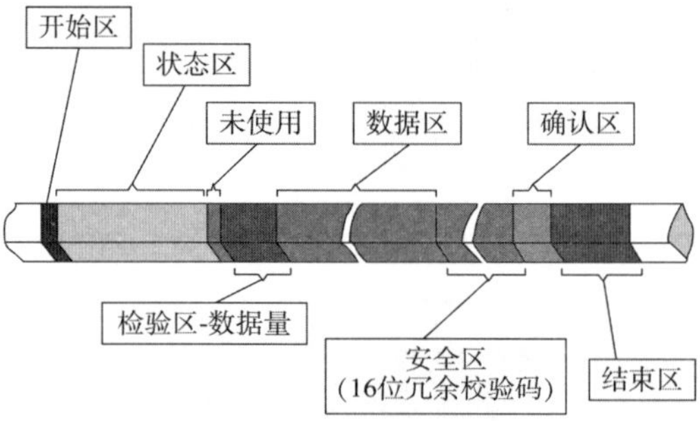

图 2-24　CAN 总线数据结构

因为 CAN 总线采用串行数据传递(单根数据线)方式,如果有多个控制器同时需要发出信号,那么在总线上一定会发生数据冲突,所以每一个数据列都有它的优先级,当有多个控制器试图发送信息时,它们自己的接收器会为信息优先级进行仲裁,当其他控制器发送的信息优先级高于自己的控制器发送的信息时,会通知自己的控制器停止发送,整个控制器进入接收状态。

在信息数据列中有 11 位的状态区,这 11 位二进制中前 7 位既是发送信息的控制器标识符,同时又表示了它的优先级,即从前往后数,前面零越多,优先级越高;而后 4 位则是这个控制器发送不同信息的编号,如发动机控制单元既要发送转速信号,又要发送水温等信号,则后 4 位就有所不同。为了实现发送和接收的同步,采用信号边沿对齐和位填充的方式进行同步。

(三)电池管理系统 CAN 总线

电池管理系统的 CAN 总线包括内部 CAN 总线、充电 CAN 总线、整车 CAN 总线。每条总线承担相应的传输任务,使系统可靠、实时地传送数据。电池管理系统 CAN 总线的结构如图 2-25 所示。

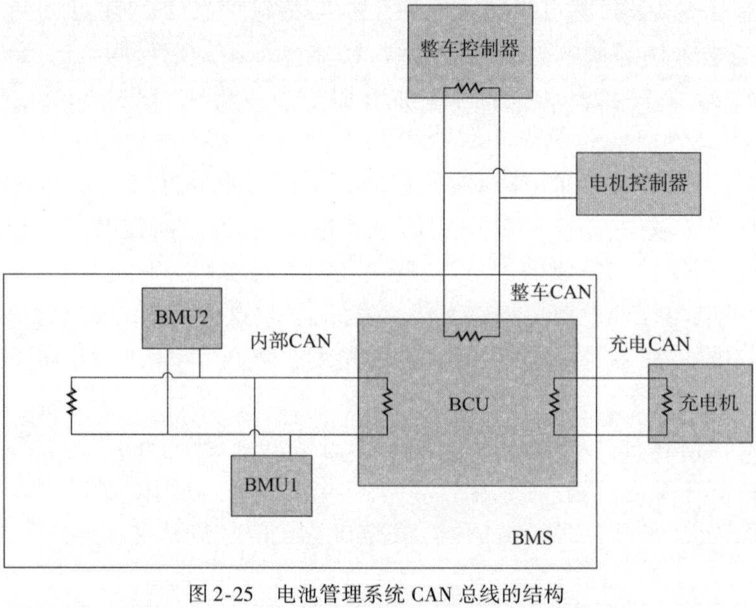

图 2-25　电池管理系统 CAN 总线的结构

内部 CAN 总线主要用于电池管理系统内部汇集电池信息、发布控制命令，单体电池的电压、温度、总电压、电流、继电器控制信号等都在内部 CAN 总线上进行传输。由于只是 BMS 内部数据的传输，所以通信协议可以由 BMS 厂家自己开发，这样也有利于产品保护。

充电 CAN 总线主要用于电池管理系统和充电机的通信。BMS 通过充电 CAN 总线与车载充电机进行数据交换并对其进行控制，传输充电机状态、启动充电、最大允许充电电流、停止充电等信息。考虑到新能源汽车充电桩的通用性，需要对充电接口和充电协议进行统一规定。根据相关国家标准规定，车载充电机与 BMS 通信协议中应该包括握手阶段报文、参数配置阶段报文、充电阶段报文、充电结束阶段报文和错误报文等协议内容。

充电 CAN 总线上的数据量最小，在行车阶段不能通过车载充电机充电。如果新能源汽车需要从仪表上显示电池的状态，一般把仪表作为这条 CAN 总线上的一个节点，这样不会增大其他 CAN 总线上的负载率。

整车 CAN 总线主要用于电池管理系统和整车控制器（VCU）的通信。这条总线上除了 BMS 和 VCU 节点外，还有电机控制器等节点，它是新能源汽车中最重要的数据总线。BMS 需要向总线上传输电池的 SOC、电压最大允许使用功率电流等信息。相关通信协议根据不同的车辆制造厂而不同。

（四）北汽 EV160 动力蓄电池内部总线

CAN 线系统的控制单元的连接方式采用铜缆串行方式。由于控制器采用串行合用方式，因此不同控制器之间的信息传送方式是广播式传输，也就是说每个控制单元不指定接收者，把所有的信息都往外发送，由接收控制器自主选择是否需要接收这些信息。

北汽 EV160 动力蓄电池内部 CAN 总线结构如图 2-26 所示。可以看出，北汽 EV160 动力蓄电池内部的 CAN 节点包括低压控制盒 1、低压控制盒 2、主控盒、高压盒以及和外部整车控制器进行通信的通信端口。

低压控制盒 1 和低压控制盒 2 实现对 10 个电池模组的监控，监控信号发送到 CAN 总线上，其他控制器如果需要该信号可以从总线上自由获取。同样，主控盒对动力蓄电池内部的控制信号也会发送到内部总线上，被控制对象收到信号后将执行被控动作。

动力蓄电池的总电压、母线电流等信号通过主控盒发送到总线上，以便于其他控制器获取。外部整车控制器通过通信端口和动力蓄电池内部进行通信，以获得各种信息，同时，也通过内部 CAN 总线让动力蓄电池内部的接触器等执行器工作。

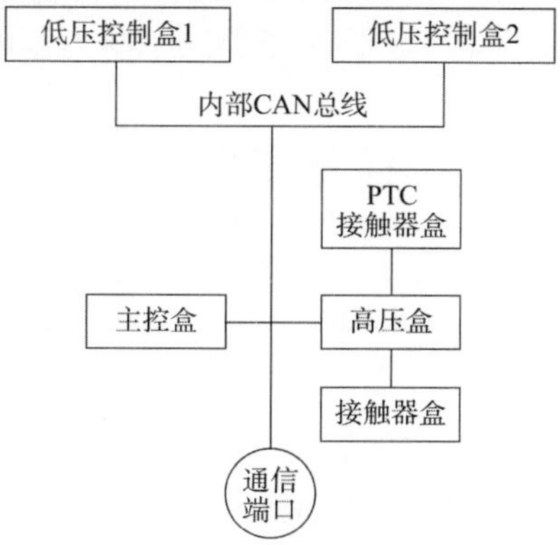

图 2-26　北汽 EV160 动力蓄电池内部 CAN 总线结构

二、任务实施

(一)实施要求

本任务主要学习新能源汽车动力蓄电池通信管理的相关知识。具体内容是掌握动力蓄电池管理系统控制单元CAN总线的检测。

(二)实施准备

(1)防护装备:安全防护装备。

(2)车辆、台架、总成:比亚迪e5整车或动力蓄电池管理系统台架,或其他车型整车或台架。

(3)专用工具、设备:比亚迪故障诊断仪器。

(4)手工工具:无。

(5)辅助材料:警示标识和设备。

(三)实施步骤

(1)检查个人安全防护设备,确保绝缘手套等防护用品安全有效。

(2)检查车辆,确保实训车辆没有高压隐患。

(3)关闭点火开关,并移开钥匙至车外。再次起动车辆以确认车辆没有钥匙且无法起动。

(4)安装车外前格栅防护套、左右翼子板防护。

(5)断开12V蓄电池负极。

(6)按照任务工单实施操作。

(7)总结新能源汽车动力蓄电池管理系统通信系统特点与检测方法,填写任务工单。

三、任务工单

任务实训工作记录单

任务名称	新能源汽车动力蓄电池管理系统CAN总线的认知				
姓名		班级		分组	
教师		地点		日期	
具体内容	了解CAN总线的组成与分布; 动力蓄电池内部CAN总线检测				
设备工具	比亚迪e5纯电动汽车4台、组合工具4套				
组员分工					

续上表

<table>
<tr><th colspan="2">实训过程内容与流程记录</th></tr>
<tr><td>一、CAN 总线的组成与分布</td><td>(1)绘制动力蓄电池管理系统控制单元 CAN 通讯电路简图。
(2)BMS 上有几组 CAN 通讯线。
(3)请记录 BMS 上 CAN 通讯线的端子号、OBD 诊断接口上与电池管理系统通讯的接线端子号。
(4)查阅维修手册结合电路原理,分析 BMS 控制单元所在的通讯网络系统中的终端电阻在哪些控制模块中?</td></tr>
<tr><td>二、动力蓄电池内 CAN 总线检测</td><td>(1)按照下表完成测量任务,并作出判断。
<table>
<tr><th>任务</th><th>标准电压</th><th>实测电压</th><th>判断</th></tr>
<tr><td>测量 OBD 诊断接口 CAN-H 端子对地之间的电压(在线)</td><td></td><td></td><td>正常□ 异常□</td></tr>
<tr><td>测量 OBD 诊断接口 CAN-L 端子对地之间的电压(在线)</td><td></td><td></td><td>正常□ 异常□</td></tr>
<tr><td>测量 BMS 线束 CAN-H 端子对地之间的电压(在线)</td><td></td><td></td><td>正常□ 异常□</td></tr>
<tr><td>测量 BMS 线束 CAN-L 端子对地之间的电压(在线)</td><td></td><td></td><td>正常□ 异常□</td></tr>
<tr><td>测量 BMS 的 CAN-H 端子与搭铁之间的电阻(在线)</td><td></td><td></td><td>正常□ 异常□</td></tr>
<tr><td>测量 BMS 的 CAN-L 端子与搭铁之间的电阻(在线)</td><td></td><td></td><td>正常□ 异常□</td></tr>
<tr><td>测量 OBD 诊断接口 CAN-H 端子与 CAN-L 端子之间的电阻(在线)</td><td></td><td></td><td>正常□ 异常□</td></tr>
<tr><td>测量 BMS 线束 CAN-H 端子与 CAN-L 端子之间的电阻(在线)</td><td></td><td></td><td>正常□ 异常□</td></tr>
<tr><td>测量 BMS 线束 CAN-H 端子至 OBD 诊断接口 CAN-H 端子之间的电阻(离线)</td><td></td><td></td><td>正常□ 异常□</td></tr>
<tr><td>测量 BMS 线束 CAN-L 端子至 OBD 诊断接口 CAN-L 端子之间的电阻(离线)</td><td></td><td></td><td>正常□ 异常□</td></tr>
</table></td></tr>
</table>

续上表

<table>
<tr><th colspan="2">实训过程内容与流程记录</th></tr>
<tr><td>二、动力蓄电池内CAN总线检测</td><td>(2)在线测量BMS的CAN-H端子对地的波形，并绘制至少一个完整信息帧的波形草图。

(3)你绘制的CAN-H波形图的电压单位值是多少？时间单位值是多少？显性电平为多少？隐性电平为多少？一个信息帧的时间长度约为多少？

(4)在线测量BMS的CAN-L端子对地的波形，并绘制至少一个完整信息帧的波形草图。

(5)你绘制的CAN-L波形图的电压单位值是多少？时间单位值是多少？显性电平为多少？隐性电平为多少？一个信息帧的时间长度约为多少？</td></tr>
<tr><th colspan="2">实训任务回顾与总结</th></tr>
<tr><td>任务收获与结果</td><td></td></tr>
<tr><td>建议和改进措施</td><td></td></tr>
</table>

习题

一、填空题

1. 动力蓄电池能量管理系统的功能包括________、电池状态计算、________、安全管理、热管理、均衡控制、和人机接口等。

2. 电池管理系统的所有算法都是以采集的________作为输入,________、精度和前置滤波特性是影响电池系统性能的重要指标。

3. 电池状态计算包括电池组________和电池组________两方面。

4. 电池单体________是动力蓄电池组管理系统中的重要一环,其性能好坏和精度高低决定了系统对电池状态信息判断的准确程度。

5. 为了平衡电池组中单体电池的________和________差异,提高电池组的能量利用率,在电池组的充放电过程中需要使用均衡电路。

二、判断题

1. 电池组的工作状态是由最好的电池单体决定的。 (   )

2. 电池的工作温度不仅影响电池的性能,而且直接关系新能源汽车使用的安全问题。 (   )

3. 每个电池单体上都始终串联一个分流电阻。 (   )

4. 热传导主要发生在电池表面,与电池表面材料的性质相关。 (   )

5. 电池安全管理系统主要包括烟雾报警、绝缘检测、自动灭火、过电压和过电流控制、过放电控制、防止温度过高、在发生碰撞的情况下关闭电源等功能。 (   )

6. 动力蓄电池管理系统(BMS)主要控制功能要包括:数据采集、电池状态计算、能量管理、安全管理、热管理、均衡控制、通信功能和人机接口等。 (   )

7. 动力蓄电池管理系统(BMS)的组成可以分为硬件和软件。 (   )

8. 电池低压管理系统的功用是"监控"动力蓄电池的单体电压、电池组的温度。 (   )

9. 在动力蓄电池管理系统(BMS)的更换过程中,拆卸时要注意螺栓与配件的拆卸,防止模组掉落引发内部短路事故。 (   )

10. 在安装插接器时,要注意观察与插口是否对应,安装插接器后,需要检查是否安装到位。 (   )

11. 动力蓄电池管理系统(BMS)出现故障时,仪表盘通常会点亮故障指示灯。 (   )

12. 关于比亚迪 e5 动力蓄电池管理系统的故障,在连接故障诊断仪之前,需要对蓄电池电压及整车的低压线束的供电进行检查。 (   )

三、单项选择题

1. 动力蓄电池管理系统的英文缩写是(   )。

A. HMU　　B. BCU　　C. BMS　　D. ABS

2. 动力蓄电池管理系统是指(   )。

A. 利用生物(如生物酶、微生物或叶绿素等)分解反应过程中表现出来的带电现象所进行的能量转换的装置

B. 用来对蓄电池组进行安全监控及有效管理、提高蓄电池使用效率的装置

C. 新能源汽车上安装的、能够储存电能的装置

D. 新能源汽车上用来进行数据处理和分析的装置

3. 动力蓄电池管理系统通过通信接口实现(   )与车载设备或非车载设备的通信。

A. 数据和信息　　B. 电压信号和电池参数

C. 电池参数和信息　　　　D. 电压信号和信息

4. 动力蓄电池管理系统中一般采用双 CAN 网络，其内部各模块之间使用一个内部 CAN 网络，另外一个 CAN 总线通信用于(　　)。

A. 与单体电池的通信　　　　B. 接入外部整车 CAN 通信网络

C. 接入动力蓄电池管理系统中央电控单元　　　　D. 与 ECU 通信

5. 动力蓄电池管理系统要求能够测量(　　)。

A. 电池组平均充放电强度、工作电流、温度、电池组电压等参数

B. 电池组单体电池电压平均值、工作电流、温度、电池组电压等参数

C. 电池组每块电池的电压、工作电流、温度、电池组电压等参数

D. 电池组每块电池的电压、工作电流、温度、累计工作次数等参数

四、多项选择题

1. 动力蓄电池管理系统通过对新能源汽车电池组充放电的有效控制，可以达到(　　)的作用。

A. 增加续航里程　　　　B. 延长使用寿命

C. 降低运行成本　　　　D. 减低排气污染

2. 动力蓄电池管理系统的基本作用是(　　)。

A. 防止过充电，避免深度放电

B. 保持电池组电压和温度平衡

C. 预测电池的剩余电量(*SOC*)和还能行驶的里程

D. 电池故障诊断

3. 数据交换可采用不同的通信接口，主要类型有(　　)等。

A. 模拟信号　　　　B. PWM 信号

C. CAN 总线通信　　　　D. D2G 串行通信接口

4. 目前，动力蓄电池管理系统中采用的通信类别主要有(　　)。

A. D2G 串行通信接口　B. CAN 总线通信　C. 模拟信号　D. PWM 信号

5. 数据采集可以通过(　　)来实现。

A. 冷却液温度传感器　B. 摄像机　C. 步进电机　D. 示波器

6. 数据采集可以直接得到(　　)等参数。

A. 剩余电量　B. 电流　C. 温度　D. 电压

五、简答题

1. 动力蓄电池管理系统的简单工作原理是什么？

2. 简述通信功能的具体内涵。

3. 什么是数据采集？

4. 纯电动汽车中的动力蓄电池管理系统有哪些功能？什么是最核心的功能？

5. 热管理系统的冷却方式有几种？分别是什么？

6. 热管理系统加热方案设计是什么？

7. 引起动力锂电池热失控的因素有哪些？

项目三

动力蓄电池充电技术

知识目标

(1)能够描述新能源汽车充电系统的组成。

(2)能够描述动力蓄电池充电方式及其特点。

(3)能够描述新能源汽车充电操作的注意事项。

(4)能够描述新能源汽车充电系统常见的故障及其检修方法。

技能目标

(1)能够进行充电操作。

(2)能够更换车载充电器。

(3)能够进行充电接口的测量。

(4)能够进行充电时母线电流的测量。

(5)能够正确进行新能源汽车充电系统的故障诊断。

素养目标

(1)树立正确的学习观、价值观,自觉践行行业道德规范;养成良好的操作习惯,能够按规范要求做好安全防护。

(2)遵规守矩,养成团结协助、各司其职做好检修工作的习惯。

(3)发扬一丝不苟、精益求精的工匠精神。

任务1 新能源车充电系统认知

任务描述

维修厂接到一辆比亚迪 e5 故障车,车主反映充不上电,经检测发现是充电系统出现了故障,需要对相关部件进行拆装维修,请你根据所学知识,完成操作。

一、知识准备

(一)新能源汽车充电系统结构组成

新能源汽车充电系统主要由充电桩、充电线束、车载充电机、高压控制盒、动力蓄电池、DC/DC 转换器、低压蓄电池以及各种高压线束和低压控制线束等组成。新能源汽车充电系统示意图如图 3-1 所示。

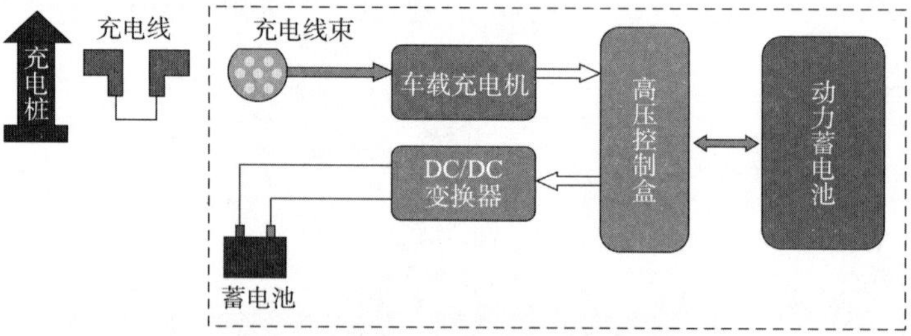

图 3-1　新能源汽车充电系统示意图

1. 充电桩

充电桩作为新能源汽车充电系统的配套设施,有交流充电桩和直流充电桩。

1)交流充电桩

交流充电桩,俗称"慢充",如图 3-2 所示,固定安装在新能源汽车外,与交流电网连接,为新能源汽车车载充电器(固定安装在新能源汽车上的充电器)提供交流电源的供电装置。交流充电桩只提供电力输出,没有充电功能,需连接车载充电机为新能源汽车充电,相当于只是起到控制电源的作用。

2)直流充电桩

直流充电桩,俗称"快充",如图 3-3 所示,固定安装在新能源汽车外,与交流电网连接,可以为非车载新能源汽车动力蓄电池提供直流电源的供电装置。直流充电桩的输入电压采用三相四线交流电 380V(±15%),频率为 50Hz,输出为可调直流电,直接为新能源汽车的动力蓄电池充电。

图 3-2　交流充电桩

图 3-3　直流充电桩

2. 车载充电机

车载充电机(也称车载充电器),是指固定安装在新能源汽车上的充电机,是充电系统的重要组成部分。车载充电机能将外部输入的交流电转化为直流电输送给高压控制盒从而能够为动力蓄电池充电,依据动力蓄电池管理系统(BMS)提供的数据,能动态调节充电电流或电压参数,执行相应的工作,为新能源汽车动力蓄电池安全、自动地充满电,如图3-4所示。目前,绝大多数的车载充电机都采用智能化的工作方式给动力蓄电池充电,能量转化效率高,体积小,承受恶劣工作环境的能力强。

1)车载充电机的功能

车载充电机具备以下功能。

(1)车载充电机将输入的220V交流电转换成直流电输出,为动力蓄电池充电。

(2)车载充电机工作过程需要与充电桩、动力蓄电池管理系统、整车控制器等部件进行通信。

(3)车载充电机根据动力蓄电池的需求可调节输出功率。

(4)软关断功能。为了保证在电源切断时,避免立即断电对电器模块造成大电压的冲击,增加了软关断控制器,给高压负载一个卸载时间。在钥匙从ON挡关闭时,高压电源会延迟3s断电。

2)车载充电机的安装位置

比亚迪e6车载充电机及充电系统组成部件的安装位置如图3-5所示。

图3-4 车载充电机

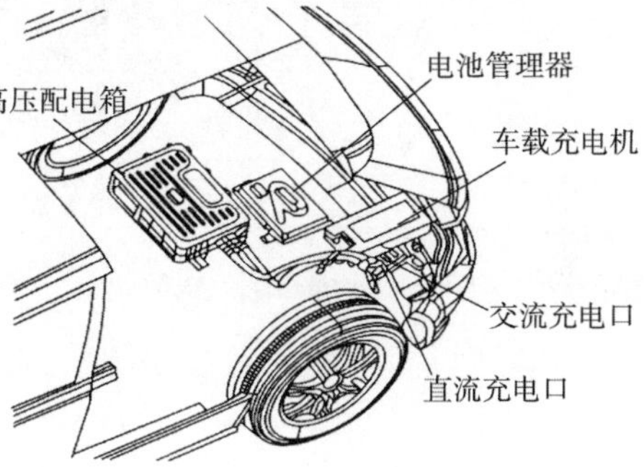

图3-5 比亚迪e6充电系统组成部件的安装位置

有些厂家如北汽新能源生产的EV160,将车载充电机、DC/DC变换器、高压控制盒集成为一体(称PDU),如图3-6所示。

3)车载充电机的结构原理

如图3-7所示,车载充电机对外接口主要有3个:低压通信端、直流输出端和交流输入端。

低压通信端接口的主要作用是通过总线和动力蓄电池管理系统等进行通信、互锁输入输出、12V低压供电等。交流输入端接口的主要作用是通过充电电缆连接交流充电桩,使外部的电能输入新能源汽车充电系统。直流输出端接口的主要作用是通过高压电缆连接高压控制盒。比亚迪e6充电系统电路图如图3-8所示。

图 3-6　新能源汽车 PDU

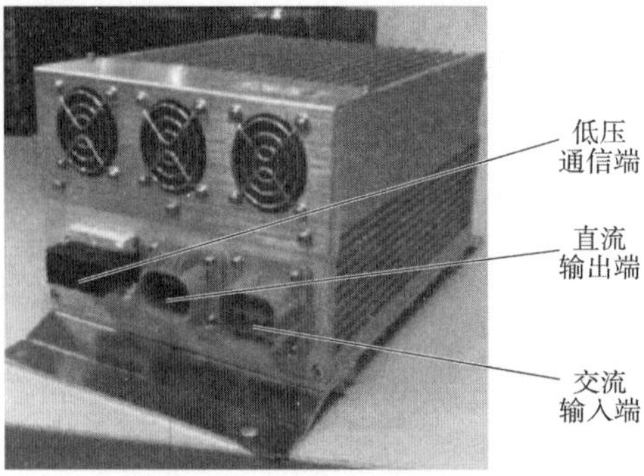

图 3-7　车载充电机接口

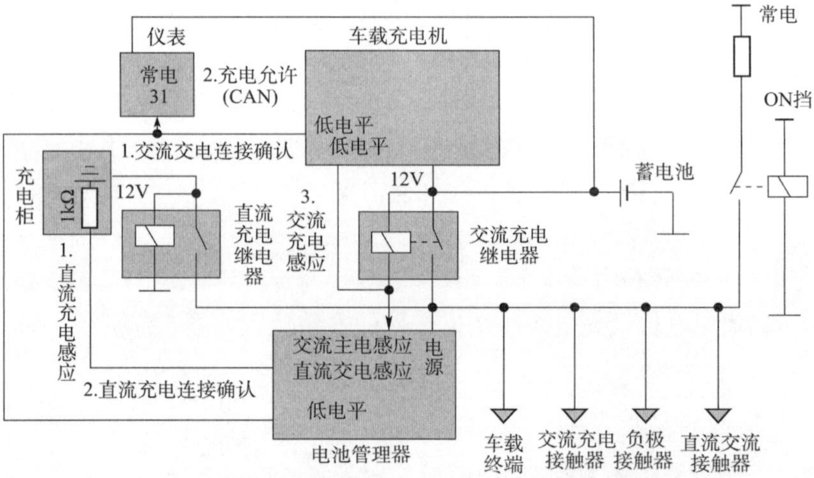

图 3-8　比亚迪 e6 充电系统电路图

车载充电机的工作流程如图 3-9 所示。充电时，首先连接交流充电桩给车载充电机供给交流电，在充电前，低压唤醒整车控制系统，整车控制系统给动力蓄电池管理系统（BMS）信号去检测电源系统的充电需求，然后进入图 3-9 的充电流程，BMS 先对电池电压进行检测，当检测电池出现电压过低时，BMS 给车载充电机发送工作指令并闭合充电继电器，此时，车载充电机开始进行充电。先用小电流对其进行修复性充电；若检测电池电压在正常范围内，则可跳过涓流充电这一步，直接进入恒流充电模式。当 BMS 检测电源系统充电完成后，给车载充电机发送停止指令，车载充电机接收该指令后停止工作，此时断开充电继电器。

4）车载充电机技术参数

比亚迪 e6 车载充电机的技术参数见表 3-1。

3. DC/DC 转换器

1）DC/DC 转换器的功能

DC/DC 转换器的主要功能是将动力蓄电池的高压直流电转换为整车低压直流电（12V），给整车低压用电系统供电，并在 12V 低压电池电量不足时，为其充电。DC/DC 转换器在纯电动汽车上的功能就相当于发电机和调节器在传统燃油车上的功能。

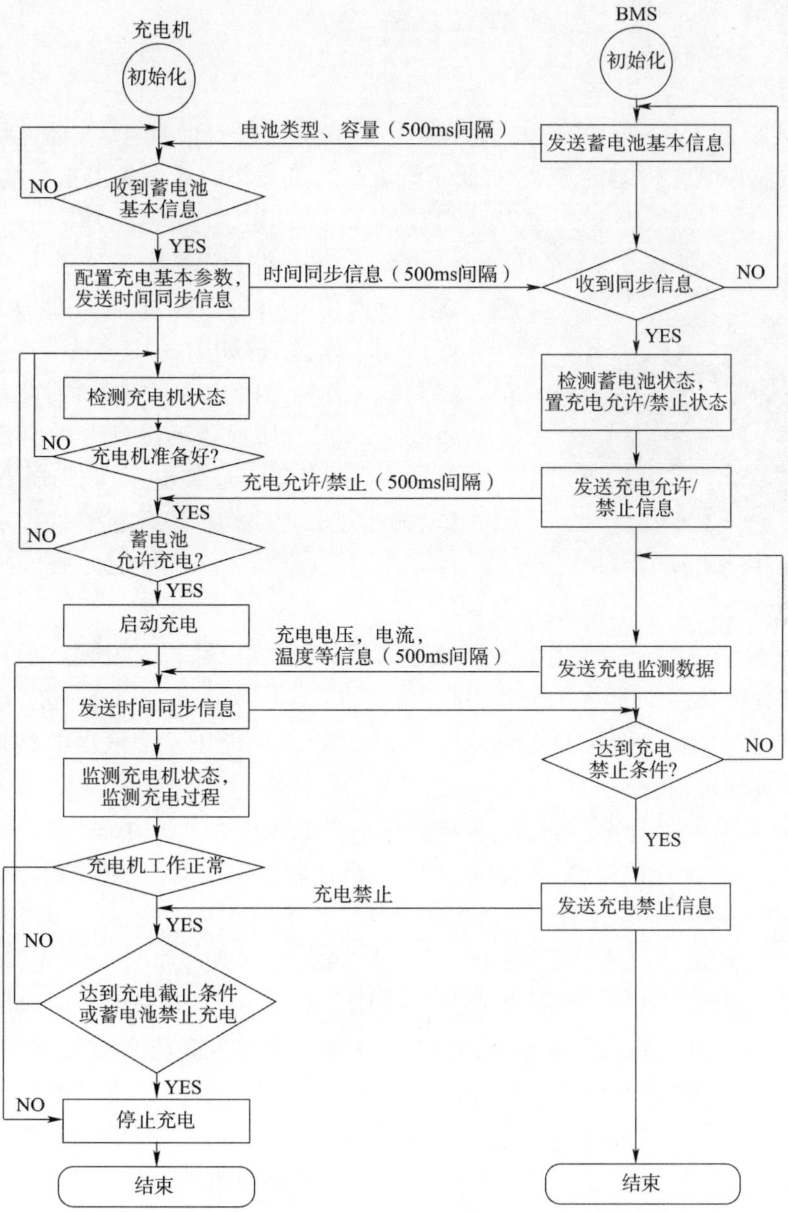

图 3-9　车载充电机的工作流程图

比亚迪 e6 车载充电机技术参数　　表 3-1

项目	参数	备注
输入电压	交流 220V	—
输入电流	交流额定 14A	满功率充电：使用 16A 以上充电桩或类似设备
高压输出	直流 200～400V	给高压动力蓄电池充电
低压输出	直流 12V	给低压蓄电池充电

2）DC/DC 转换器结构原理

（1）DC/DC 转换器结构。

①外部结构。

DC/DC 转换器工作中会产生大量的热量，外壳一般带有散热片，外部连接端子与高压控制盒的高压输入电缆相连接，产生的低压直流电通过外部的低压输出正极端子、低压输出负极端子与低压电路相连接，DC/DC 转换器工作时通过低压控制端与仪表板、整车控制器（VCU）等系统进行通信和信息交换，保证 DC/DC 转换器与整车协调工作，结构如图 3-10 所示。由于 DC/DC 转换器在工作时会产生大量热量，因此及时散热非常重要。DC/DC 转换器的冷却方式有自然冷却和液冷两种，具有输入过欠电压保护、输出过欠电压保护、输出过载短路保护以及过温保护功能，效率高、体积小、耐受恶劣工作环境能力强。

图 3-10　DC/DC 转换器结构

②内部结构。

DC/DC 转换器内部结构主要分为高压输入部分、印制电路板、变压器、低压整流输出部分等。高压部分将从高压配电盒送来的高压直流电引入 DC/DC 内部。印制电路板上安装着 DC/DC 等各种元器件；变压器将高压电转变为低压电；低压整流输出电路将转变后的低压电进行整流并输出。

在新能源汽车中，部分 DC/DC 转换器会进行单独安装（比亚迪 e6、北汽 EV200），也有与车载充电机集成（比亚迪宋 Pro DM）或者与电机控制器集成的（比亚迪秦、唐车型等）。

（2）DC/DC 转换器工作原理。

新能源汽车的 DC/DC 转换器采用降压斩波电路，工作原理如图 3-11 示，斩波电路分为 DC/AC、变压器、整流二极管和滤波电路四个部分。DC/AC 部分采用高频电路交替控制四个绝缘栅晶体管（IGBT）的导通和截止，将高压直流电逆变成高压高频的交流电，其频率和占空比由高频电路的频率和控制绝缘栅晶体管的导通时间决定，该交流电经过高频变压器的降压，将原来高频高压的交流电转变成高频低压交流电，经过二极管的整流和电容器的滤波，将高频低压交流电转换成低压直流电（14V），它一方面为低压蓄电池充电，另一方面为车灯、刮水器等低压车身电器设备提供电源。

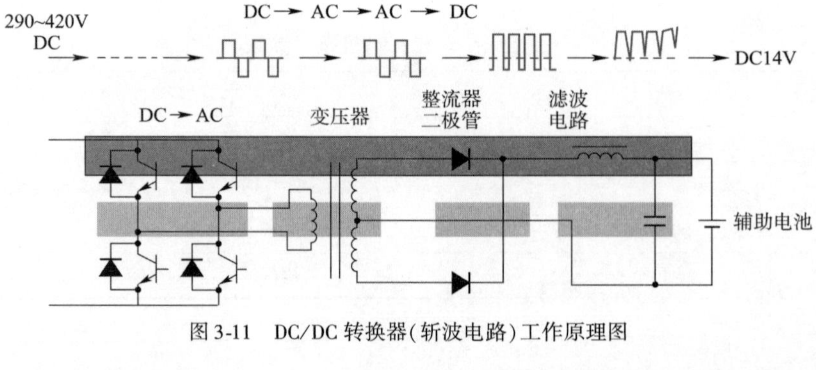

图 3-11　DC/DC 转换器（斩波电路）工作原理图

4. 高压控制盒

1)高压控制盒的功能

高压控制盒也被称为高压配电盒或高压配电箱,是新能源汽车的高压电大电流分配单元。

新能源汽车在大功率下运行时,电压高、电流大,因此对于高压配电系统和高压零部件的要求较高,为了便于管理,广泛采用了集中式高压电气系统架构进行配电,高压动力电源直接进入高压控制盒后根据系统的需要分配到系统高压部件,对保证高压系统及其各个电气设备的安全性、系统绝缘、电磁干扰及屏蔽等都有重要的作用。

采用高压控制盒可以使高压电系统结构设计紧凑,接线布局合理方便,检修快捷便利,甚至还可以集成部分动力蓄电池管理系统的智能控制管理单元,从而进一步简化整车系统架构配电的复杂度。

2)高压控制盒的结构

(1)外部结构。

高压控制盒的外形如图3-12所示。高压控制盒外壳为铝合金结构,共有5个插件接口,分别为快充插件接口、低压控制插件接口、高压附件插件接口、动力蓄电池插件接口及电机控制器插件接口。

图3-12 高压控制盒

(2)内部结构。

高压控制盒的内部电路如图3-13所示。

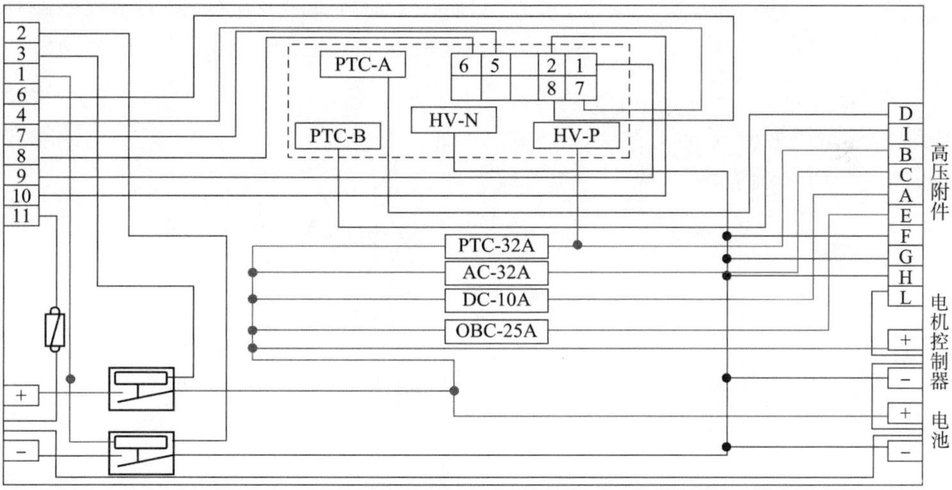

图3-13 高压控制盒的内部电路

从图3-12中可以看出,高压控制盒电路主要功能是实现高压电分配。高压控制盒内部为多层结构,上层安装了PTC控制板和4个熔断器,4个熔断器分别为:PTC熔断器、空调压缩机熔断器、DC/DC转换器熔断器和车载充电机熔断器,分别对相应系统进行保护。

PTC控制板用来对空调暖风进行控制,当开启空调暖风时,VCU通过低压控制端插件接口给高压控制盒中的PTC控制板信号,使其对空调暖风PTC加热器进行控制,PTC加热板按照 VCU 要求进行加热,从而使空调系统实现暖风。

高压控制盒下部安装了快充继电器,其作用是当车辆连接外部快充充电桩后,且 VCU 检测可以充电后,发送信号给高压控制盒,通过高压控制盒上的低压控制端将信号传递给快充继电器,使快充继电器闭合,外部直流高压电从快充充电桩流经快充充电线、快充口、高压控制盒快充插件接口、快充继电器后,经高压控制盒高压母线插件接口、高压母线,进入动力蓄电池给其充电。

(二)新能源汽车的充电方式

新能源汽车动力蓄电池的充电方式主要有快速充电(直流快充)、常规充电(交流慢充)和电池组快速更换三种。

1. 快速充电

快速充电又称直流快充或应急充电,是以较大直流电流短时间在新能源汽车停车的 20min ~ 2h,地面充电机直接输出直流电能给车载动力蓄电池充电,新能源汽车只需提供充电接口及相关通信接口。一般充电电流大小为 150 ~ 400A。

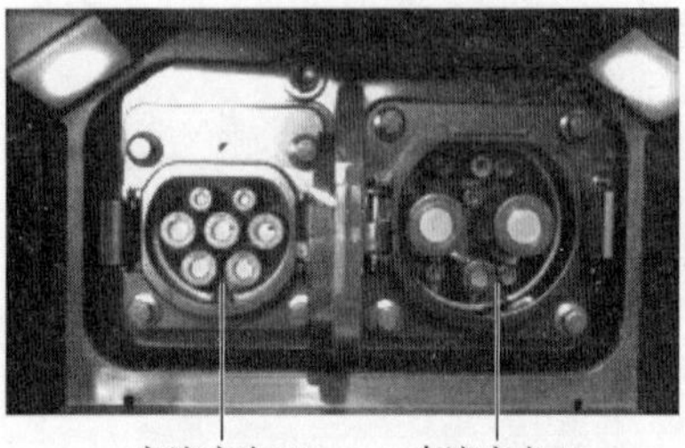

图 3-14　交流充电口、直流充电口

快速充电的优点:充电时间短,充电站场地更换快,节省停车场面积。

快速充电的缺点:充电效率较低,充电机制造、安装和工作成本较高;充电电流大,对充电的技术和方法要求高,对电池的寿命有负面影响;易造成电池异常,存在安全隐患,且大电流充电会对公共电网产生冲击,影响电网的供电质量和安全。交、直流充电口如图 3-14 所示。

2. 常规充电

常规充电模式为交流充电方式,由外部电网提供 220V(或 380V)交流电源给新能源汽车车载充电机,由车载充电机给动力蓄电池充电,充满电一般需要 5 ~ 8h。

常规充电的优点:充电桩成本低、安装方便;可在电网晚间的用电低谷期间进行充电,降低充电成本;充电时段充电电流较小、电压相对稳定,可保证动力蓄电池组的安全和使用寿命,目前常规充电方法包括恒流充电法、恒压充电法和二阶段充电法三种。交流充电口如图 3-14 所示。

常规充电的缺点:充电时间过长,难以满足车辆紧急运行的需求。

3. 电池组快速更换

电池组的快速更换是通过直接更换新能源汽车的电池组来达到充电的目的。由于电池组质量较大,更换电池的专业化要求较高,需配备专业人员并借助专业机械来快速完成电池的更换、充电和维护要求。

电池组快速更换的优点:解决了充电时间长、续航里程短的难题;提高了车辆的使用效率,方便用户的使用;更换下来的蓄电池可以在低谷时段进行充电,降低了充电成本,提高了车辆运行的经济性;便于电池的维护、管理,提高了电池的使用寿命;有利于废旧电池的回收和再利用。

电池组快速更换的缺点:建设换电站和购买备用电池组成本较高,对于电池与新能源汽车的标准化、新能源汽车的设计改进、充电站的建设和管理以及电池的流通管理等有严格的要求。

二、任务实施

(一)实施要求

本任务主要学习新能源汽车充电系统的组成部件。具体内容包括认识慢充零件和快充零件组成。

(二)实施准备

(1)防护装备:安全防护装备。

(2)车辆、台架、总成:比亚迪 e5 整车或动力蓄电池管理系统台架,或其他车型整车或台架。

(3)专用工具、设备:无。

(4)手工工具:无。

(5)辅助材料:警示标识和设备。

(三)实施步骤

(1)检查个人安全防护设备,确保绝缘手套等防护用品安全有效。

(2)检查车辆,确保实训车辆没有高压隐患。

(3)关闭点火开关,并移开钥匙至车外。再次起动车辆以确认车辆没有钥匙且无法起动。

(4)安装车外前格栅防护套、左右翼子板防护。

(5)断开 12V 蓄电池负极。

(6)按照任务工单实施操作。

(7)总结新能源汽车充电系统的组成部件,填写任务工单。

三、任务工单

任务实训工作记录单

任务名称	新能源汽车充电系统的组成部件认知				
姓名		班级		分组	
教师		地点		日期	
具体内容	认识慢充零件的组成;认识快充零件的组成				

续上表

设备工具	比亚迪 e5 纯电动汽车 4 台、组合工具 4 套
组员分工	
实训过程内容与流程记录	
实施内容	(1)在实车上指认新能源汽车充电系统各组成部件,并记录。 (2)新能源汽车动力蓄电池充电的方式主要有哪几种? (3)描述车载充电机更换流程及注意事项。
实训任务回顾与总结	
任务收获与结果	
建议和改进措施	

任务 2　新能源汽车充电系统使用与维护

任务描述

请你根据所学的知识,进行快、慢充充电的操作。

一、知识准备

(一)充电操作流程

1. 快充充电操作流程

快充充电时,应按以下步骤进行操作。

(1)准备充电时,确保一键启动开关旋钮为 OFF 挡(按钮上的绿灯不亮)。

(2)按下充电把手上的开关按钮,把充电把手从充电柜中拔出,插入汽车的快充接口,充电柜旋钮打到 ON 挡。如图 3-15 所示。

图 3-15 快速充电机的操作

(3)屏幕显示连接已成功,正在充电。

(4)充电结束,屏幕显示充电完成,请断开连接。

(5)把充电柜上的开关旋钮打到 OFF 挡,充电柜的充电指示灯熄灭。按下充电把手上的开关按钮,拔出充电把手,并将充电把手重新插入充电柜的插口中。关闭充电口盖和充电口舱门,充电完成。

2. 慢充充电操作流程

慢充充电操作的流程如下。

(1)充电时,首先打开车门,拉起慢充口拉手;将三相插头插入供电端,电源指示灯点亮。

(2)打开充电枪盖,打开慢充口外盖和内盖,按下充电枪按钮,插入充电枪。

(3)松开充电枪按钮,此时适配器上充电指示灯亮起。

(4)打开车门,仪表盘上会显示车外温度、充电电压、充电电流以及剩余电量。

(5)当充电完成时,按下充电枪按钮,拔出充电枪,盖上充电枪盖,盖上慢充口内盖和外盖,从供电端拔下三相插头,收起交流充电模式连接线,整理后放入行李箱,充电完成。

3. 充电时的注意事项

(1)不要修改或者拆卸充电端口和充电设备,这样可能导致充电故障,引起火灾。

(2)充电机周围严禁存放汽油、煤油、机油、板皮、棉纱、破布等易燃易爆物品。

(3)充电前,请确保车辆充电口和充电连接器端口内干燥且无异物,金属端子没有生锈或者腐蚀。必须检查现场所有电气连接,确保线路连接正确牢固。

(4)供电端必须增加漏电保护开关,三相插头必须与插座可靠连接,供电端必须可靠接地。

(5)为了避免造成严重的人身伤害,车辆正在充电时,要有以下预防意识:不要接触充电端口或者充电连接器内的金属端子;使用过程中严禁撞击,严禁拖拽充电线;当处于闪电天气时,不要给车辆充电或触摸车辆,闪电击中可能会导致充电设备损坏,并引起人身伤害。

(6)在工作中,若直流充电机发生不正常的声响、气味、震动或其他故障,应立即停止工作进行检查,根据情况及时反馈给技术服务人员。

(7)充电完毕或充电过程中需要中途停止充电时,要先结束充电,再拔下充电插头,切记不要带电插拔。

(8)充电结束后,不要以湿手或站在水里时去插拔充电枪,因为这样可能引起电击,造成人身伤害。

(二)充电系统维护

1.交流充电桩日常巡检

交流充电桩的维护主要包括外观检测、除尘电气连接检查以及原件功能测试三方面具体检修项目。具体检修项目内容及周期见表3-2。

交流充电桩检修项目、周期 表3-2

序号	项目	检修周期
1	外观检查及除尘;铜排及电缆;柜体(指示灯、操作手柄等);一、二次回路原件(交流断路器、接触器等)	3个月
2	电气连接检查	3个月
3	保护开关电气性能测试—交流断路器测试	3个月
4	浪涌保护器功能测试	3个月
5	辅助电源电压测量	3个月
6	紧急停机按钮测试	3个月
7	检查各种安全标志	1个月
8	元件检查	3个月

2.车载充电系统检查维护

1)快、慢充充电接口外观检查(有无异物、烧蚀等)

快、慢充充电接口外观及组成如图3-16、图3-17所示。具体检查步骤如下。

(1)车辆熄火(退电至OFF挡),整车解锁,打开充电接口舱盖及充电接口盖。

(2)目视检查充电接口有无变形,严重热熔变形影响正常使用的,需要进行更换。

(3)目视检查充电接口内部以及端子内部有无异物,有异物的需要使用高压气枪排出异物,无法排出且影响正常使用的需更换。

(4)目视检查充电接口端子有无变黑,变黑则需更换。

(5)检查充电接口端子簧片、底部以及充电接口尾部电缆有无变黑或者变黄,若变黑或者变黄的需要更换处理。

2)快、慢充充电接口绝缘电阻检查

以吉利帝豪EV450为例测量充电接口绝缘电阻,步骤如下。

注意:测量绝缘阻值,请选用500V及以上量程的绝缘电阻表测量。

(1)断开高压连接。

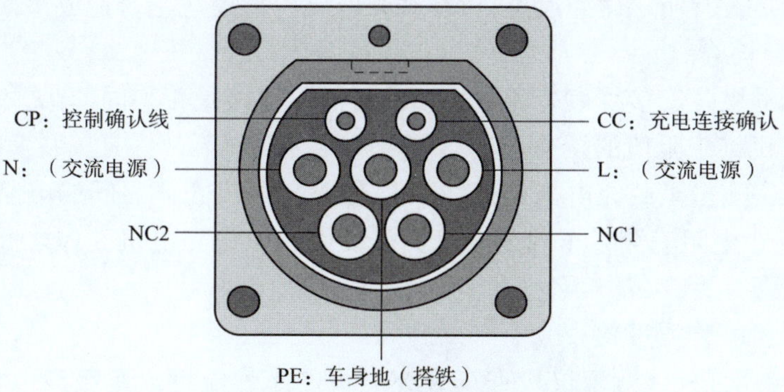

图 3-16　交流充电接口(慢充接口)外观及组成

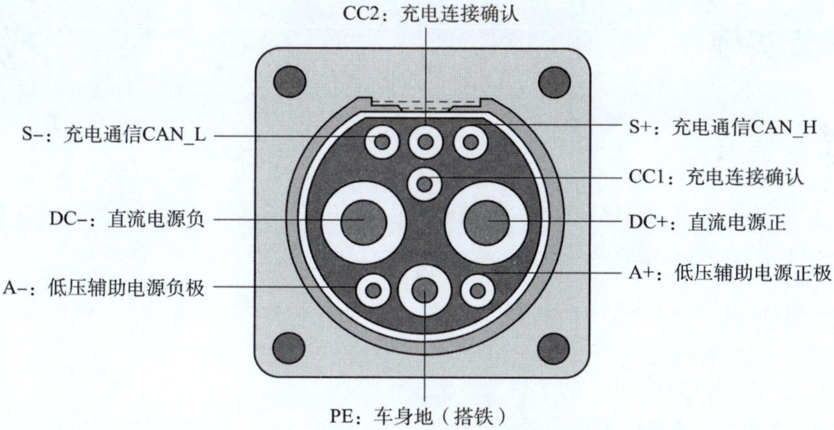

图 3-17　直流充电接口(快充接口)外观及组成

(2)测量交流充电接口(A)L、N 分别对 PE 的绝缘阻值,要求绝缘阻值大于 20MΩ。

(3)测量直流充电接口(B)DC -、DC + 分别对 PE 的绝缘阻值,要求绝缘阻值大于 20MΩ。

3)慢充充电接口各针脚电阻值的检查

如图 3-16 所示,使用万用表分别测量慢充充电枪 CC 端子与 PE 端子、CP 端子与 PE 端子之间的电阻。测量方法为:将万用表调节到相应挡位,黑色表笔接 PE 端子,红色表笔接 CC 端子或 CP 端子,测量 CC 端子、CP 端子与 PE 端子(搭铁)之间的电阻,电阻分别为 200Ω、137kΩ。

注意:电阻的测量数值因车型不同而不同,以上测量结果仅为参考值。

4)车载充电机外观及充电电缆的检查

(1)车载充电机外观检查。

①检查散热风扇是否有异物。

②散热翅上尽可能不要有杂物,保证散热时风道畅通。

③检查低压插接器是否有松动,保证插接器可靠插接。

④检查高压插接器是否可靠插接。

⑤检查外壳是否有明显碰撞痕迹,对车载充电机内部模块是否造成了损坏。

(2)充电电缆检查。

检查车载充电机各连接线束有无破损、裂缝,低压连接是否牢固,有无松动。

5)车载充电机绝缘阻值的检查

用绝缘电阻表测量车载充电机正极线束和车载充电机壳体之间的电阻,标准电阻应不小于0MΩ。用绝缘电阻表测量车载充电机负极线束和车载充电机壳体之间的电阻,标准电阻应不小于20MΩ。

6)车载充电机工作温度检查

起动车辆,使用红外线测温仪检查车载充电机的工作温度。车载充电机的工作温度应低于80℃。

二、任务实施

比亚迪秦充电系统维护

(一)实施要求

本任务主要学习新能源汽车充电系统的使用与维护。具体内容包括掌握新能源汽车充电接口的组成及快慢充充电流程。

(二)实施准备

(1)防护装备:安全防护装备。

(2)车辆、台架、总成:比亚迪秦整车或动力蓄电池台架、丰田普锐斯轿车或动力蓄电池台架,或其他车型整车或台架。

(3)专用工具、设备:万用表、比亚迪故障诊断仪器。

(4)手工工具:无。

(5)辅助材料:警示标识和设备。

(三)实施步骤

(1)检查个人安全防护设备,确保绝缘手套等防护用品安全有效。

(2)检查车辆,确保实训车辆没有高压隐患。

(3)关闭点火开关,并移开钥匙至车外。再次起动车辆以确认车辆没有钥匙且无法起动。

(4)安装车外前格栅防护套、左右翼子板防护。

(5)断开12V蓄电池负极。

(6)按照任务工单实施操作。

(7)总结新能源汽车充电系统组成、使用与维护方法,填写任务工单。

三、任务工单

任务实训工作记录单

<table>
<tr><td>任务名称</td><td colspan="6">新能源汽车充电系统使用与维护</td></tr>
<tr><td>姓名</td><td></td><td>班级</td><td></td><td>分组</td><td colspan="2"></td></tr>
<tr><td>教师</td><td></td><td>地点</td><td></td><td>日期</td><td colspan="2"></td></tr>
<tr><td>具体内容</td><td colspan="6">掌握充电接口的组成；了解慢充充电方式的流程；了解快充充电方式的流程</td></tr>
<tr><td>设备工具</td><td colspan="6">各类型动力蓄电池实训台 4 台、组合工具 4 套</td></tr>
<tr><td>组员分工</td><td colspan="6"></td></tr>
<tr><td colspan="7">实训过程内容与流程记录</td></tr>
<tr><td>实施内容</td><td colspan="6">
(1)描述快充充电操作流程及注意事项。

(2)描述慢充充电操作流程及注意事项。

(3)填写快充充电口的接口定义。
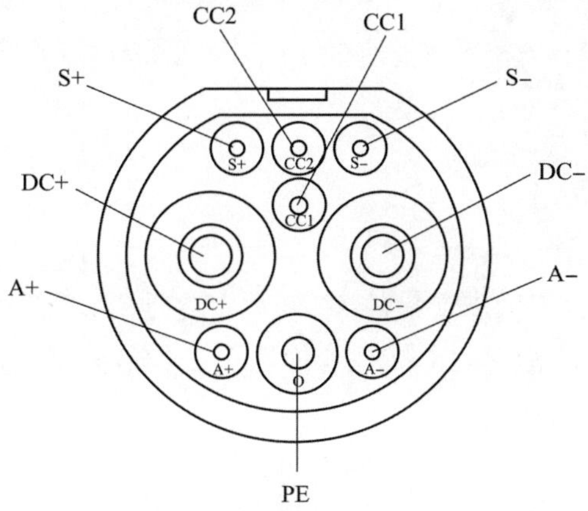

DC－：________
DC＋：________
PE：________
A－：________
A＋：________
CC1：________
CC2：________
S＋：________
S－：________

(4)填写慢充充电口的接口定义。
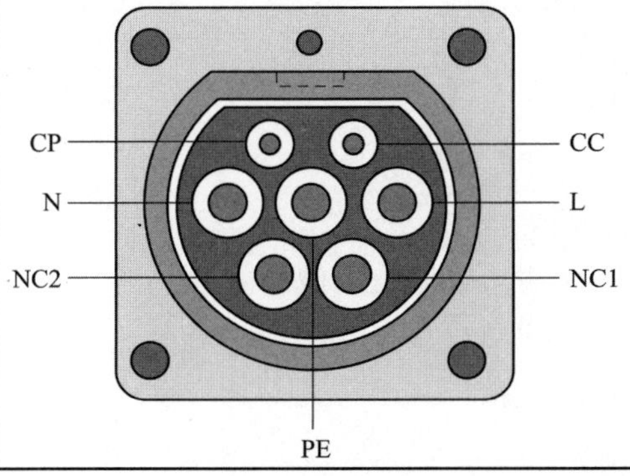

CP：________
CC：________
N：________
PE：________
L：________
NC1：________
NC2：________
</td></tr>
</table>

续上表

实训任务回顾与总结	
任务收获与结果	
建议和改进措施	

任务3　新能源汽车充电系统故障检修

任务描述

某维修店接到一辆比亚迪秦故障车,车主反映车辆无法充电,请你根据维修手册及技术标准,对新能源汽车的充电系统进行检测。

一、知识准备

(一)充电桩故障检修

1. 快充系统常见故障检修

快充系统常见故障有充电桩显示车辆未连接故障;动力蓄电池继电器未闭合故障;动力蓄电池继电器正常闭合,但无输出电流故障;DC/DC 变换器不工作故障等。

1)充电桩显示车辆未连接故障检修

(1)检查快充口 CC1 端与 PE 端之间是否有 1000Ω 电阻。

(2)检查快充口导电层是否脱落。

(3)检查充电枪 CC2 与 PE 是否导通。

2)动力蓄电池继电器未闭合故障检修

(1)检查充电桩输出正极唤醒信号是否正常。

(2)检查充电桩输出负极唤醒信号与 PE 是否导通。

(3)检查充电桩 CAN 通信是否正常。

3)动力蓄电池继电器正常闭合,但无输出电流故障检修

(1)检查充电机与 BMS 软件版本是否匹配。

(2)检查高压连接器及线缆是否正确连接。

(3)用诊断仪查看充电监控状态,以北汽 E150 EV 为例,见表 3-3。

充电监控状态　　表 3-3

北汽新能源 > > 车辆选择 > > E150EV > > 系统选择 > > 动力蓄电池充电状态监控		
名称	当前值	单位
动力蓄电池充电请求	请求充电	—
动力蓄电池加热状态	未加热	—
动力蓄电池当前充电状态	充电状态	—
动力蓄电池允许最大充电电流	10.0	A
动力蓄电池加热电流请求值	6.0	A
动力蓄电池允件最高充电端电压	370.0	—
剩余充电时间	0	Min
CHG 初始化状态	已完成	—
动力蓄电池加热状态	停止加热	—
充电机当前充电状态	正在充电	—
充电机输出端电流	7.5	A
充电机输出端电压	3353.0	V
充电机输出端过压保护故障	正常	—
充电机输出端欠压保护故障	正常	—
充电机输出电流过流保护故障	正常	—
充电机过温保护故障	正常	—

4）DC/DC 变换器不工作故障检修

（1）检查连接器是否正常连接。

（2）检查高压熔丝是否熔断。

（3）检查使能信号输入是否正常（12V）。

2. 慢充系统常见故障检修

下面以北汽 E150EV 为例介绍慢充系统常见的故障诊断与排除方法。

1）车辆无法充电

（1）故障现象。

车辆在使用充电桩充电时，充电桩指示灯亮，充电机电源工作灯亮，车辆无法充电。

（2）故障原因。

动力蓄电池控制器故障、动力蓄电池故障、通信故障。

（3）故障诊断与排除。

根据上述故障现象充电桩和充电机工作指示灯正常，第一个检查对象应该放在通信和动力蓄电池内部。用故障检测仪检测故障码及数据流，读出故障码：P1048（*SOC* 过低保护故障）、P1040（电池单体电压欠压故障）、P1046（电池电压不均衡保护故障）、P0275（电池电压不均衡保护故障）；读取数据流：动力蓄电池单体电池最低电压为 2.56V、动力蓄电池单体电池最高电压为3.2V，单体电池电压差大于500mV时动力蓄电池管理系统（BMS）启动充，放电保护而无法充电。经过更换动力蓄电池单体电池，动力蓄电池故障解除，车辆恢复充电。

（4）故障分析。

通过以上故障诊断与排除过程，总结一下动力蓄电池具备充电的条件。

①充电桩与充电机或快充桩与动力蓄电池的通信要匹配。

②车载充电机要能正常工作，无故障。

③整车控制器与充电机、动力蓄电池控制器通信要正常。

④唤醒信号要正常。

⑤整车控制器和动力蓄电池控制器的信号要正常。

⑥单体电池之间的电压差要小于500mV。

⑦高压电路无绝缘故障。

⑧动力蓄电池内部温度在充电的温度范围内。

2）充电时充电桩跳闸

（1）故障现象。

车辆在使用充电桩充电时，出现充电桩跳闸，充电器无法充电。

（2）故障原因。

充电机内部短路。

（3）故障诊断与排除。

检查充电桩交流220V电压、充电桩CP线与充电器连接正常，再检查充电线束、高压线束、充电器、动力蓄电池的绝缘均正常，更换充电机，故障排除。

（4）故障分析。

因为此车的故障现象是充电桩跳闸，说明唤醒信号和互锁电路正常，基本可以断定是充电机内部短路故障。

3）充电机指示灯不亮

（1）故障现象。

车辆在使用充电桩充电时，充电机指示灯不亮，车辆无法充电。

（2）故障原因。

充电机内部故障、充电唤醒信号中断或互锁电路故障。

（3）故障诊断与排除。

检查低压保险丝盒内的电池充电熔丝和充电机低压电源，将万用表旋到直流电压挡测量充电器低压电源正常，再检查充电系统插接件无退针、锈蚀现象，更换充电机，故障排除。

（4）故障分析。

经检查，充电机低压供电正常，而充电工作指示灯都不亮，基本确定为充电机内部故障。

（二）车载充电机常见的故障与检修

车载充电机故障信息将通过CAN总线报至总线上，通过CAN总线可以找出发生的故障信息。

车载充电机常见的故障如下。

1)12V 低压供电异常

当充电机 12V 模块异常时,BMS、仪表等由于没有唤醒信号唤醒,无法与充电器进行通信。判断 12V 未上电,最简单的判断方式就是交流上电的时候,电池没有发出继电器闭合的声音,则需要检查低压保险盒内充电唤醒的熔丝及继电器,以及充电器端子是否出现退针的情况。

2)充电机检测的电池电压不满足要求

此问题出现在充电过程中,BMS 可以正常工作,但充电机工作开始前需要检测动力蓄电池电压,当动力蓄电池电压在工作范围内时,车载充电机可以正常工作,否则充电器认为电池不满足充电的要求。此情况常见的故障原因是高压插件端子退针或高压熔丝熔断,或电池电压超过工作范围。

3)充电机检测与充电桩握手不正常

充电机工作过程中会检测与充电桩之间的握手信号,当判断到 CC 开关断开,充电机认为此时将要拔掉充电枪,因此会停止工作,防止带电插拔,提升充电枪端子寿命。当充电枪未插到位时,可能会出现此情况。充电机显示的状态如图 3-18 所示。

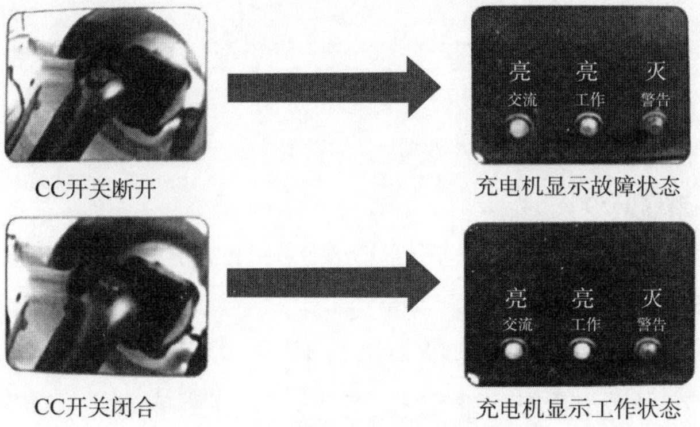

图 3-18　充电机显示的状态

4)充电桩输入电压正常,由于施工时电源线不符合标准所引起的无法充电故障

车辆在低温环境下,一开始充电桩与充电机连接正常,但由于车辆动力蓄电池在低温下需要将单体电池加热至 0 ~ 5℃时才能进行正常充电,加热过程中,负载较小,电压下降并不多;进入充电过程时,负载加大,输入电压下降,充电桩为充电机提供的电源电压在低于 187V 时,充电机无法正常工作,充电机停止工作后,负载减小,这时测量电压又会恢复正常,因此在这种情况下,一定要在充电机进入充电过程时测量当时准确电压,找到故障所在。

另外,外接的充电电源接地线线路不良,也是造成新能源汽车无法充电的常见原因。

(三)DC/DC 转换器常见故障检修

动力蓄电池 DC/DC 转换器在行驶过程中出现故障的主要原因有接头连接不正常,高压熔断器熔断,使能信号输入不正常,DC/DC 转换器本体故障等。

1. DC/DC 转换器线路故障检修

（1）DC/DC 高压系统检测。

DC/DC 转换器工作原理如图 3-19 所示，检查高压控制箱的 DC/DC 转换器熔丝是否正常，接触面是否烧蚀、生锈，螺钉是否松动。

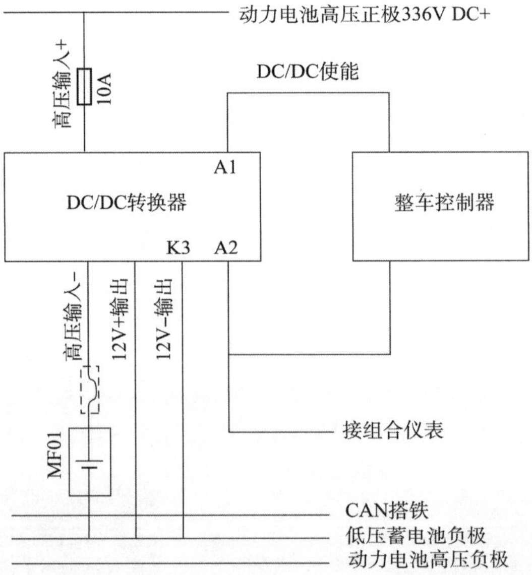

图 3-19　某车型 DC/DC 转换器工作电路

（2）DC/DC 低压系统检测。

检查 DC/DC 转换器低压输出极是否接地；检查 DC/DC 转换器低压输出极是否接主熔丝盒 DC/DC 转换器熔丝；检查主熔丝；检查使能信号线，检查 DC/DC 转换器低压控制插件 A 脚是否与车辆连接控制器针脚导通；检查故障信号线，检查 DC/DC 转换器低压控制插件与整车控制器针脚是否导通；检查使能信号，检查车辆正常起动后，DC/DC 转换器低压控制插件 A 脚电压是否为 12V。如果没有电压，检查整车控制器，必要时更换。

（3）通过诊断系统测试。

连接诊断仪，进入整车控制器界面，查看动力蓄电池故障码，分析数据对应的实际工况。读取数据流，选择电源电压，进行车辆路试。对道路试验结果进行分析，找出准确的故障点。

2. DC/DC 转换器本体故障检修

（1）将点火开关置于断开位置，断开所有电器并拔出钥匙。

（2）按下低压蓄电池的锁定部分，打开盖子，露出低压蓄电池的正极。

（3）用专用万用表直流电压挡测量低压蓄电池的电压并记录。

（4）将点火开关置于接通位置。

（5）当车上的电气设备关闭时，用专用万用表电压挡测量低压蓄电池的电压。此时，测量出的电压是 DC/DC 转换器输出的电压。如果该值在 13.8～14V 之间，则判断 DC/DC 转换器工作正常。

（6）如果测量值低于规定值，也有可能是车上的电气设备没有关闭。

3. 仪表报告动力蓄电池故障排除

(1) 直流或直流高压系统检测。

检查高压控制箱的 DC/DC 转换器熔丝是否正常，高压控制箱、高压附件线束、DC/DC 转换器之间的高压输入电路是否正常。

(2) 直流或直流低压系统检测。

检查 DC/DC 转换器低压接地线、熔丝、使能信号、故障信号等线路及部件是否正常。

(3) 通过诊断系统测试。

连接诊断测试仪，读取数据流，选择电源电压，然后执行路试。将所有电气设备都打开，测试 10min，如果电压是 3.5V，则工作正常。当测试电压最大波动大于 2V 时，最低电压达到 11.6V，车辆报警值为 12V 时，此故障应与驱动系统干扰有关。更换驱动电机，再进行路试，检查输出电压是否正常，正常情况下在 13.6V 时基本稳定。

二、任务实施

(一) 实施要求

本任务主要学习新能源汽车充电系统的故障检修。具体内容包括快速充电桩与车辆无法通信故障检修、车载充电机与充电桩连接故障检修。

(二) 实施准备

(1) 防护装备：安全防护装备。

(2) 车辆、台架、总成：比亚迪秦整车或动力蓄电池台架、丰田普锐斯轿车或动力蓄电池台架，或其他车型整车或台架。

(3) 专用工具、设备：万用表、比亚迪故障诊断仪器。

(4) 手工工具：无。

(5) 辅助材料：警示标识和设备。

(三) 实施步骤

(1) 检查个人安全防护设备，确保绝缘手套等防护用品安全有效。

(2) 检查车辆，确保实训车辆没有高压隐患。

(3) 关闭点火开关，并移开钥匙至车外。再次起动车辆以确认车辆没有钥匙且无法起动。

(4) 安装车外前格栅防护套、左右翼子板防护。

(5) 断开 12V 蓄电池负极。

(6) 按照任务工单实施操作。

(7) 总结新能源汽车充电系统的故障检修方法，填写任务工单。

三、任务工单

任务实训工作记录单

<table>
<tr><td>任务名称</td><td colspan="6">新能源汽车充电系统的故障检修</td></tr>
<tr><td>姓名</td><td></td><td>班级</td><td></td><td>分组</td><td colspan="2"></td></tr>
<tr><td>教师</td><td></td><td>地点</td><td></td><td>日期</td><td colspan="2"></td></tr>
<tr><td>具体内容</td><td colspan="6">快速充电桩与车辆无法通信故障检修、车载充电机与充电桩连接故障检修</td></tr>
<tr><td>设备工具</td><td colspan="6">各类型动力蓄电池实训台 4 台、组合工具 4 套</td></tr>
<tr><td>组员分工</td><td colspan="6"></td></tr>
<tr><td colspan="7">实训过程内容与流程记录</td></tr>
<tr><td>实施内容</td><td colspan="6">1. 快速充电桩与车辆无法通信故障检修流程。

2. 使用专用诊断仪读取充电系统数据流。</td></tr>
</table>

故障代码		
参数名称	静止工况数据	判定
电池组当前总电流		正常□ 异常□
电池组当前总电压		正常□ 异常□
电池组平均温度		正常□ 异常□
最大允许充电功率		正常□ 异常□
最大允许放电功率		正常□ 异常□
最高温度		正常□ 异常□
交流 U 相电压		正常□ 异常□
交流 V 相电压		正常□ 异常□
交流 W 相电压		正常□ 异常□

3. 车载充电机与充电桩连接故障检修。

(1)参数测量。

任务	标准值	实测值	判断
测量充电桩端充电枪的 N 脚和车辆端的 N 脚之间的阻值			正常□异常□
测量充电桩端充电枪的 L 脚和车辆端的 L 脚之间的阻值			正常□异常□
测量充电桩端充电枪的 PE 脚和车辆端的 PE 脚之间的阻值			正常□异常□
测量充电桩端充电枪的 CP 脚和车辆端的 CP 脚之间的阻值			正常□异常□
测量充电桩端充电枪的 CC 脚和 PE 脚之间的阻值			正常□异常□
测量车辆端充电枪的 CC 脚和 PE 脚之间的阻值			正常□异常□

续上表

<table>
<tr><td colspan="2">实训过程内容与流程记录</td></tr>
<tr><td>实施内容</td><td>(2)检查慢充线束及车载充电机。
<table>
<tr><th>任务</th><th>标准值</th><th>实测值</th><th>判断</th></tr>
<tr><td>测量充电口 L 脚与充电线束充电机插件 1 脚之间的阻值</td><td></td><td></td><td>正常□异常□</td></tr>
<tr><td>测量充电口 N 脚与充电线束充电机插件 1 脚之间的阻值</td><td></td><td></td><td>正常□异常□</td></tr>
<tr><td>测量充电口 PE 脚与充电线束充电机插件 3 脚之间的阻值</td><td></td><td></td><td>正常□异常□</td></tr>
<tr><td>测量充电口 CC 脚与充电线束充电机插件 5 脚之间的阻值</td><td></td><td></td><td>正常□异常□</td></tr>
<tr><td>测量充电口 CP 脚与充电线束充电机插件 6 脚之间的阻值</td><td></td><td></td><td>正常□异常□</td></tr>
</table></td></tr>
<tr><td colspan="2">实训任务回顾与总结</td></tr>
<tr><td>任务收获与结果</td><td></td></tr>
<tr><td>建议和改进措施</td><td></td></tr>
</table>

习题

一、判断题

1. 四级充电站的电池存储能量小于 2000kWh，或单路配电容量小于 1500kVA 的充电站。 (　　)

2. 直流快速充电系统采用 220V 三相交流电，经直流快充桩内部 AC/DC 转换后输出直流电。 (　　)

3. 直流快充可在短时间内完成动力蓄电池的能量补充，实现 $1C \sim 5C$(倍率)充电。 (　　)

4. 直流快充接口包含 DC 插头、CC1/2 等 5 对插头。 (　　)

5. 交流充电系统一般是指将 220V AC 引入交流充电桩后，通过充电线缆和充电枪与新能源汽车交流充电接口对接后，车载充电机能将外部交流电网的电转化为直流电，对动力蓄电池进行充电的系统。 (　　)

6. 为了保证电池的性能及寿命，目前交流慢充充电方法包括恒流充电法、恒压充电法和两阶段充电法三种。 (　　)

7. 车载充电机通过整流、调压、滤波等处理之后，将交流电转化成低压直流电进行输出。 (　　)

二、单项选择题

1. 直流快速充电的充电功率范围在(　　)。

A. 5 ~ 15kW　　B. 100 ~ 300kW　　C. 30 ~ 100kW　　D. 0.5 ~ 1kW

2. 在充电阶段(　　)实时向充电机发送电池充电需求,充电机根据电池充电需求来调整充电电压和充电电流以保证充电过程正常进行。

A. BMS　　B. ECU　　C. MCU　　D. PEU

3. 户外直立式交流充电桩的防水防尘等级应该为(　　)。

A. IP34　　B. IP67　　C. IP55　　D. IP89

4. 交流慢充接口包含(　　)对插头,其中 L 插头是(　　)。

A. 8,交流电源　　B. 7,备用电源　　C. 7,交流电源　　D. 6,备用电源

三、多项选择题

1. 根据新能源汽车充电方式的分类,新能源汽车也分为(　　)和(　　)两种。

A. 换电式　　B. 插电式　　C. 快充式　　D. 慢充式

2. 直流快速充电大致分成(　　)几个阶段。

A. 充电握手阶段　　B. 充电参数配置阶段

C. 充电阶段　　D. 充电结束阶段

3. 交流充电系统中车载充电机的功率一般为(　　)。

A. 0.5kW　　B. 1kW　　C. 3.6kW　　D. 6.6kW

4. 车载充电机是新能源汽车交流充电系统的关键部件,其上游与(　　)连接,下游与(　　)连接。

A. 交流充电桩　　B. 直流充电桩　　C. 动力蓄电池及 BMS　　D. 驱动电机

5. 车载充电机的安全特性包括(　　)。

A. 过电压/欠电压保护　　B. 限流保护　　C. 限压保护　　D. 接地保护

四、简答题

1. 充换电站的作用是什么？一级换电站的标准是什么？

2. 直流充电系统由哪些设备组成？其工作特点是什么？

3. 交流充电系统与直流充电系统有哪些区别？

4. 车载充电机的设计要求是什么？

5. 判断图中直流充电接口类型并简述图中各触点的名称及功能。

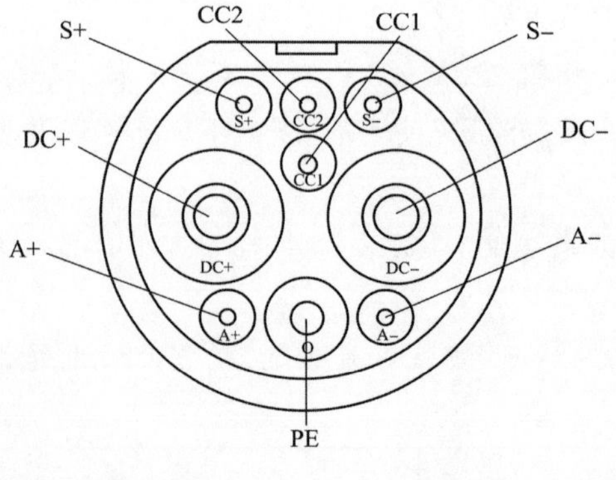

项目四

动力蓄电池的安全防护

知识目标

(1)能够掌握常见新能源汽车高压系统的组成。

(2)能够认识动力蓄电池组高压风险。

(3)能够掌握新能源汽车维修安全规范和注意事项。

(4)能够掌握新能源汽车高压安全防护措施。

技能目标

(1)能够正确整理、识别、检查新能源汽车维修常用防护套装。

(2)能够正确使用钳形电流表进行电路测试。

(3)能够正确使用绝缘测试仪测量高压设备绝缘电阻。

(4)能够掌握高压安全事故应急处理方法。

(5)作业结束后能够正确收集、清洁和整理工具,对工位进行7S操作。

素养目标

(1)树立正确的学习观、价值观,自觉践行行业道德规范;养成良好的操作习惯,能够按规范要求做好安全防护。

(2)遵规守矩,养成团结协助、各司其职做好检修工作的习惯。

(3)发扬一丝不苟、精益求精的工匠精神。

任务1　新能源汽车高压系统

任务描述

在维修过程中需要对高压系统进行操作,请你首先了解高压系统的组成与位置,再进行后续高压操作。

一、知识准备

(一)动力蓄电池组高压风险控制

由于新能源汽车具有高电压,会对人体产生严重的伤害,因此在进行生产作业或者维修保养前必须正确认识新能源汽车具有的高压风险,并正确执行高压工作区域的防护工作,严格按照操作流程进行规范操作,保证人员工作安全。

1. 新能源汽车的高电压存在形式

新能源汽车的高电压系统集中在车辆的驱动系统、空调与暖风系统,以及带有插电功能的充电系统中。

维修车辆时,需要根据高电压存在的形式来区别对待。例如,在纯电动汽车的动力蓄电池中会一直存在高电压,因此无论什么时候对动力蓄电池进行维修,都需要佩戴个人安全防护用品。但是,当执行了正确的高压中止程序以后,例如变换器、高压压缩机等系统就不再具有高电压了,此时,对这些部件的维修可以不用再预防被高压击伤的危险了。

根据高电压存在的时间进行分类,新能源汽车高电压系统的高电压主要有持续存在、运行期间存在以及充电期间存在三种存在形式,如图 4-1 所示。

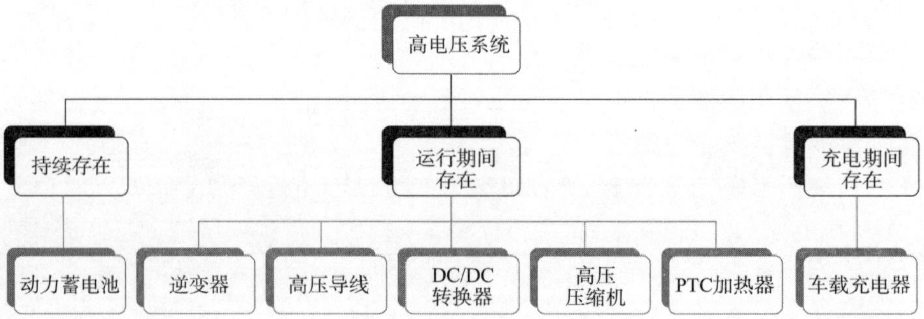

图 4-1　高电压存在形式

1)持续存在形式

新能源汽车的动力蓄电池持续存在高电压,即使当车辆停止运行期间,由于动力蓄电池始终存储有电能,因此,当满足动力蓄电池的放电条件后,会继续对外放电。

2)运行期间存在形式

运行期间,存在高电压的部件是指当点火开关处于 ON、RUN 或其他运行状态下,部件存在高电压。运行期间存在高电压的系统或部件有以下两种类型。

(1)只要点火开关处于 ON 或 RUN 状态下就会存在高电压,这类部件包括有逆变器、PDU(集成 DC/DC 转换器)和连接的高压导线。

(2)虽然点火开关处于 ON 位置,但是由于该系统所执行的功能没有被接通,此时相关的部件仍然不会接通有高电压。纯电动汽车中的高压涡卷压缩机和 PTC 加热器都属于这类部件。在驾驶人没有运行车辆的空调或暖风功能时，这些部件上面是不会有高电压的。

3）充电期间存在

充电期间存在高电压主要是在插电式混合动力和纯电动汽车中，此类车辆的车载充电机以及连接的导线只有在车辆连接外部220V电网的充电期间才具有高电压。

需要注意的是，有些车辆的车载充电机和动力蓄电池设计有独立的空调式冷却系统，在车辆充电期间，由于动力蓄电池可能产生很高的热量，因此车载空调会运行来降低动力蓄电池的温度，此时车辆的高压压缩机也会在充电期间运行，也存在高电压。

2. 新能源汽车的高电压控制

1）高压电新能源汽车的高压标识

为防止意外触及高压电造成危险，新能源汽车对高压部件均采用特殊的标识或颜色，对维修人员或车主给予警示。新能源汽车通常采用两种形式进行高压标识，包括高压警示标识和高压警示颜色（橙色），如图4-2、图4-3所示，其中，高压导线和插接器都采用橙色作为警示颜色。

图4-2 高压警示标识

2）动力蓄电池组（Pack）启动瞬间保护电路设计

针对高压动力蓄电池组在启动瞬间，产生的较大电流可能会损害用电设备，通常会在动力蓄电池组与总电源开关之间添加具有较大阻值的功率电阻构成预充电电路。

图4-3 高压警示颜色（橙色）

3）动力蓄电池组接插件及电缆线安全选择及设计

高压电池组若出现接触不良的情况，所产生的电弧有可能会导致整车发生火灾，因此，合理选择电池连接件及电缆线，保证其接触稳定性是保证动力蓄电池组安全使用的前提。

（1）根据动力蓄电池组输出电流、电压情况，确定符合条件的接插件，所选择接插件必须具备高压绝缘功能、容错结构，具备一定的IP等级需求，能满足一定的防水防尘工作要求，接触导电部分必须具备一定的防松动能力。

（2）在安装电池接插件时，保证接插件连接紧固牢靠。

（3）动力蓄电池电缆应选择适当，满足通电要求，确保稳固安全。

4)动力蓄电池组安全保护结构及电路设计

动力蓄电池组是高压产品,因此使用过程中务必确保系统的电流不会过大造成事故,通常情况下,在动力蓄电池组串联的主回路上,会设置保险电路。

5)接触器控制高电压

接触器由 ECU 控制,用于控制高压导线正负极导线之间的接通与断开。接触器通常被布置在动力蓄电池组总成内部或者是独立在一个配电箱中。当点火开关置于 ON 挡,同时高压系统自检没有存在漏电等故障时,ECU 控制接触器接通;当点火开关置于 OFF 挡,或者高压系统检测到存在安全事件发生时,ECU 控制接触器断开,整车仅动力蓄电池上会存在高电压,位于接触器下游的高电压系统部件将没有高电压。

系统自检到存在安全事件,主要是系统根据自身设定的检验程序,在以下情况中,会因异常情况自动切断高压,避免人员触电。

这些情况包括。

(1)高压系统自检到部件的互锁开关断开。

(2)高压系统自检到部件或高压电缆存在对车辆绝缘电阻过低现象。

(3)车辆发生过碰撞,且安全气囊已弹出。

(二)新能源汽车高压系统

新能源汽车高压一般在 200 ~ 750V 之间,整车带有高压电的零部件有:动力蓄电池、高压控制盒、驱动电机、驱动电机控制盒、电动空调压缩机、DC/DC 斩波器、OBC 车载充电机、PTC、高压线束等,北汽新能源汽车前舱高压部件布置图如图 4-4 所示。

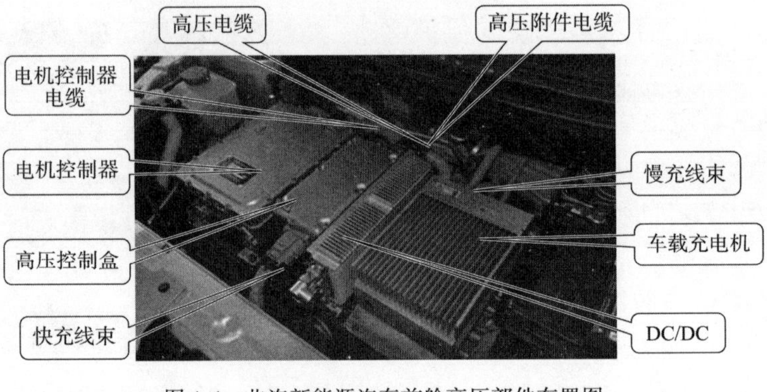

图 4-4　北汽新能源汽车前舱高压部件布置图

纯电动汽车高压系统连接图如图 4-5 所示。

1. 动力蓄电池包

动力蓄电池包一般安装在行李舱或者底盘下面(图 4-6),是由多个电池模块通过串、并联组成的,利用电池串并联达到足够的功率。动力蓄电池的电压一般为 200 ~ 600V 的高压,其输出电流能够达到 300A,现在的趋势是向 800V 高压发展。

动力蓄电池的容量大小直接影响到整车的续航里程,同时也直接影响到充电时间与充电效率。目前,锂离子动力蓄电池是主流,受目前技术的影响,当前绝大部分的新能源汽车均采用锂离子动力蓄电池。

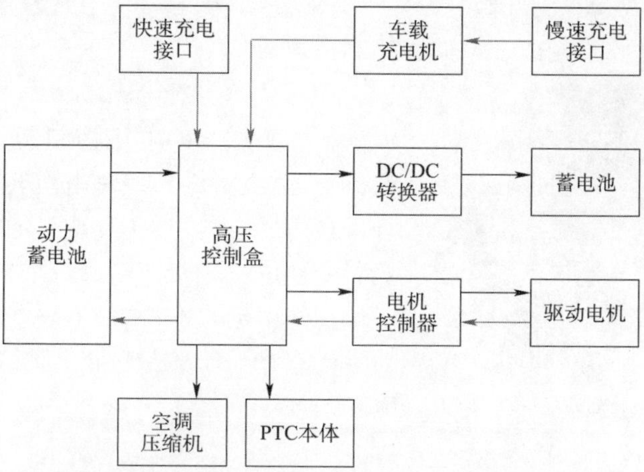

图 4-5 纯电动汽车高压系统连接图

图 4-6 新能源汽车动力蓄电池包

2. 驱动电机

新能源汽车的驱动电机都是永磁同步电机，如图 4-7 所示，但是不同汽车的安装位置有所差异：混合动力汽车一般安装在发动机和变速箱中间；纯电动汽车安装在差速器上，专门用来为汽车提供动力。

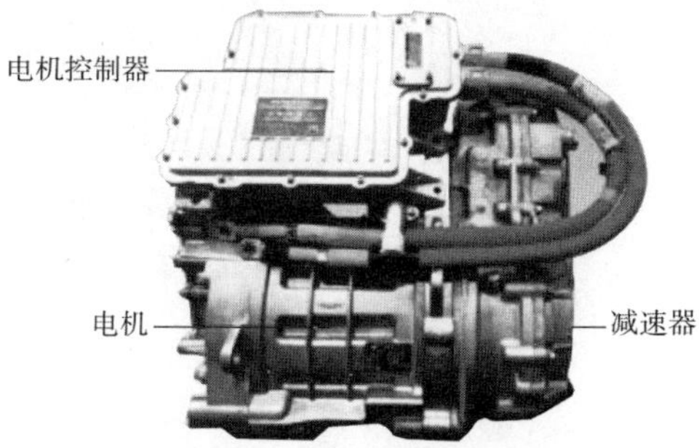

图 4-7 永磁同步电机及控制器

混合动力汽车将电机串联在发动机和变速箱中间，电机起到起动机作用的同时，还可以与发动机组成多种驱动模式，同时，这种安装方式也能有效提高空间利用率。

纯电动汽车没有发动机，且变速方式只有前进挡、倒挡、空挡以及驻车挡，所以电机工作的方式完全可以由电控单元以及差速器控制完成。

图 4-8　驱动电机控制器

3. 电机控制器(MCU)

新能源汽车的电机控制器(图 4-8)安装在驱动电机附近，主要用来控制电机转速和电机转动方向，将来自高压电池(动力蓄电池)的高压直流电经过逆变器变换成三相交流电，控制电机的正反转。

在纯电动汽车中，只有电机控制器，但是在混合动力汽车中，不仅有电机控制器，还有发动机控制电脑。

4. 高压配电盒(PCU)

高压配电盒的作用是将动力蓄电池的高压电进行分支，分别给电机控制器、驱动电机、电动空调压缩机、PTC 加热器、DC/DC 等设备提供高压电，同时将交流、直流充电接口的高压充电电流分配给动力蓄电池，以便为动力蓄电池充电。高压线路的保险都在高压配电盒中。

混合动力汽车高压电池盒一般集成在 AC/DC(逆变器)中；纯电动汽车高压电池盒一般是单独的配电盒。

从图 4-9 中可以看到，高压线路的保险都在高压配电盒中，还有一些支路的电流电压检测也在这里进行。

5. 电动空调压缩机

因为电动空调压缩机(图 4-10)是由电机驱动的，其转速可以灵活调节，而且即使是有发动机的混合动力汽车，采用电动空调压缩机后，在发动机停运时也能开空调，可以大幅节省燃料，降低排放，因此混合动力汽车和纯电动汽车中都会使用电动空调泵。电动空调压缩机的驱动电机采用高压电机，所用电压是由高压电池通过高压配电盒分配到电动空调泵中。

图 4-9　纯电动汽车高压配电盒

图 4-10　新能源汽车电动空调压缩机

6. 车载充电机(OBC)

车载充电机(图 4-11)是指固定安装在新能源汽车上的充电机，具有为新能源汽车动力蓄电池安全、自动充满电的能力，充电机依据动力蓄电池管理系统(BMS)提供的数据，能动态调节充电电流或电压参数，执行相应的操作，完成充电过程。

7. 充电接口

充电接口分为“快充”和“慢充”充电接口，如图 4-12 所示。慢充也被称为交流充电，是将家用 220V 的交流电利用车载充电枪从交流充电口接入，然后经过车载充电机整流变为直流电之后充入高压电池；快充也被称为直流充电，快充接口一般采用独立的充电桩(图 4-13)，将 220V/380V 的交流电转换为最高 750V 的直流电，直接通过充电口充入电池包。

图 4-11 新能源汽车车载充电机

图 4-12 新能源汽车交流、直流充电口

图 4-13 直流充电桩

8. DC/DC 转换器

因为在纯电动汽车上没有发动机和发电机，对于 12V 的辅助电池就要采用 DC/DC 转换器进行充电，如图 4-14 所示。动力蓄电池中的高压经过高压配电盒后，通过 DC/DC 转换器将高压转换成 14V 左右的低压，对 12V 蓄电池进行充电，同时也给低压用电器供电。

很多车型为了减少成本和空间占用，会将 DC/DC 转换器和 OBC 车载充电机集成在一起。

9. PTC 暖风辅助系统

由于纯电动汽车没有发动机，因此没有热源，所以需要安装 PTC 热敏电阻专门用来制热，如图 4-15 所示。PTC 是一种正温度系数热敏电阻，热敏电阻通电后会发热，可以加热空气，也能对水进行加热。鼓风机使车内空气循环并进行热量交换，这样空调吹出来的风就会很热。如空调暖风、玻璃除雾除霜、冬天电池包的加热等等，热量都来自 PTC 热敏电阻。

图 4-14 DC/DC 转换器

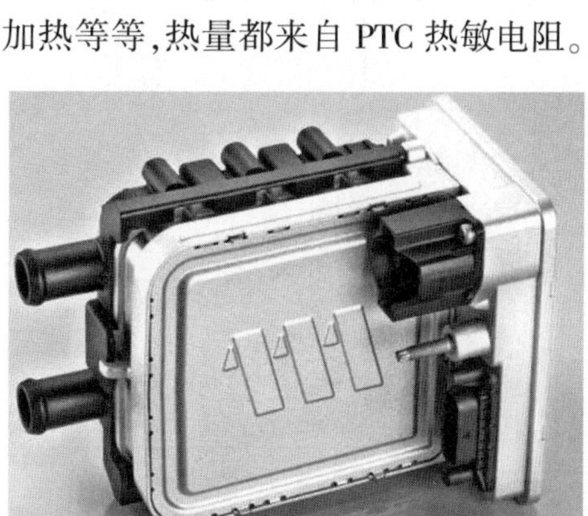
图 4-15 PTC 暖风辅助系统

10. 高压电缆

高压电缆是新能源汽车特有的专用电缆，它包括高压电缆和高压电缆专用接口，其功能是保证能传输大电流、大电压的同时又能满足电缆的散热性能、绝缘性能。高压电缆用橙色警告色标记，高电压部件的插接器也采用橙色设计，防止意外触及高压电缆造成事故。新能源汽车的高压电缆外形如图4-16所示。

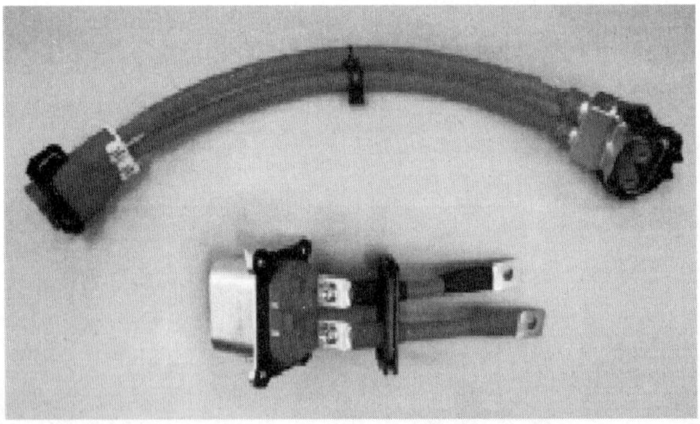

图4-16　新能源汽车高压电缆

二、任务实施

(一)实施要求

本任务主要学习新能源汽车高压系统的认知和检测。具体内容是新能源汽车高压系统组成部件及其安装位置的认知，能按照正确操作规范地进行高压线缆的插拔。

(二)实施准备

(1)防护装备：安全防护装备。

(2)车辆、台架、总成：比亚迪e5整车或动力蓄电池管理系统台架，或其他车型整车或台架。

(3)专用工具、设备：比亚迪故障诊断仪器。

(4)手工工具：无。

(5)辅助材料：警示标识和设备。

(三)实施步骤

(1)检查个人安全防护设备，确保绝缘手套等防护用品安全有效。

(2)检查车辆，确保实训车辆没有高压隐患。

(3)关闭点火开关，并移开钥匙至车外。再次起动车辆以确认车辆没有钥匙且无法起动。

(4)安装车外前格栅防护套、左右翼子板防护。

(5)断开 12V 蓄电池负极。

(6)标识车辆前机舱的高压部件、标识车辆行李舱内的高压部件、标识车辆底部的高压部件。

(7)总结新能源汽车高压部件的安装位置,填写任务工单。

三、任务工单

任务实训工作记录单

任务名称	新能源汽车高压系统的认知				
姓名		班级		分组	
教师		地点		日期	
具体内容	纯电动汽车高压系统组成部件及其安装位置的认知、动力蓄电池外观检查				
设备工具	比亚迪 e5 纯电动汽车 4 台、组合工具 4 套				
组员分工					
实训过程内容与流程记录					
实施内容	(见下)				

实施内容:

1. 纯电动汽车高压系统组成部件的认知。

指出比亚迪 e5 高压系统各组成部件及其安装位置。

部件名称	安装位置
动力蓄电池	
高压控制器	
驱动电机	
车载充电机	
电机控制器	
DC/DC 转换器	
空调压缩机	

2. 动力蓄电池外观检查。

(1)检查动力蓄电池箱体是否有变形、损坏,必要时更换。

(2)检查动力蓄电池是否进水,紧固螺栓有无锈蚀,紧固力矩是否足够。

实训任务回顾与总结	
任务收获与结果	
建议和改进措施	

任务2 新能源汽车维修作业安全规范与注意事项

任务描述

维修厂接到一辆比亚迪 e5 故障车,需要对高压系统进行中止与检验操作,请你根据所学知识,完成相关的操作。

一、知识准备

(一)新能源汽车维修作业安全规范

1. 新能源汽车维修作业流程

新能源汽车维修时必须严格按照流程进行,其维修的合理流程如图 4-17 所示。

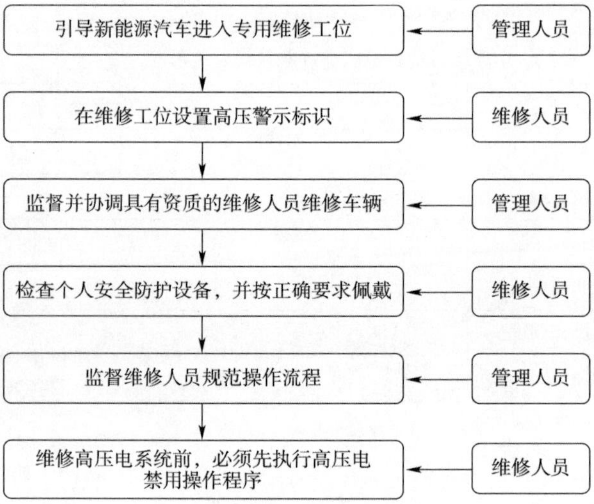

图 4-17 新能源汽车维修流程图

2. 高压安全防护用具

常用的高压安全防护用具有以下几种。

1)绝缘维修工具

绝缘维修工具是使用绝缘材料进行加工并适用于电气管理中的工具,包括常用的维修套筒、开口扳手、螺丝刀、钳子、电工刀等,这些工具与其他常用工具功能一样,但是在表面大面积覆盖了一层绝缘层,而且配以醒目的红黄警示色,如图 4-18 所示。

2)绝缘维修仪表

新能源汽车维修过程中需要仪表测试导通和中断,以确认高压是否断开,常用的绝缘维修仪表有数字式万用表和电子兆欧表,如图 4-19 所示。

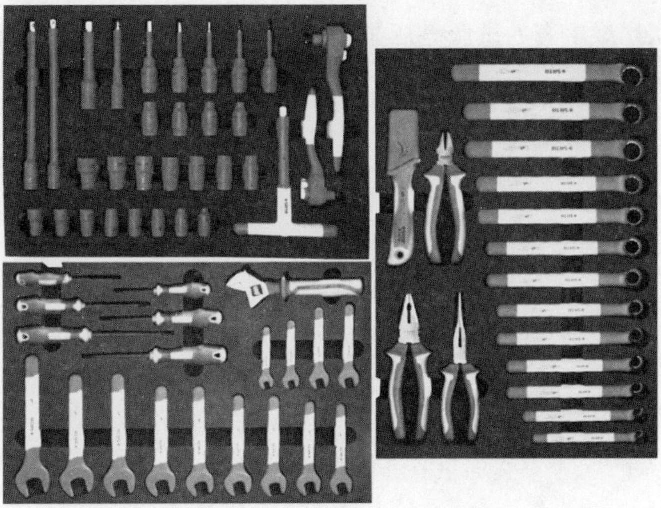

图 4-18 高压专用绝缘维修工具

新能源汽车高压
操作安全防护

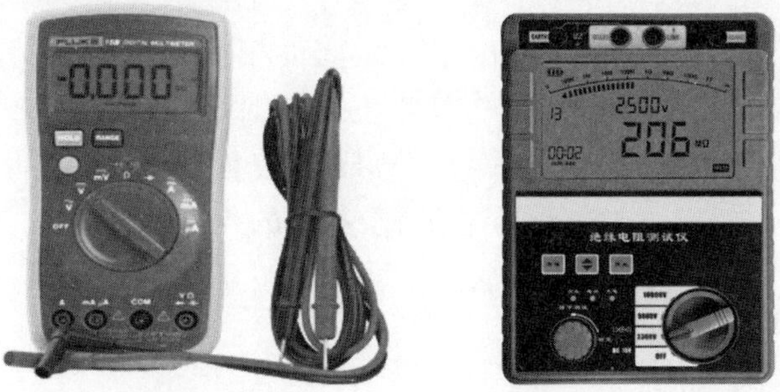

a) 数字式万用表　　b) 电子兆欧表

图 4-19 数字式万用表和电子兆欧表

3)个人防护用具

(1)绝缘手套。

绝缘手套是起电器绝缘作用的一种带电作业用手套,如图 4-20 所示,它可以使人的两手与带电体绝缘,防止人手触及同一电位带电体或同时触及不同电位带电体而导致触电。

图 4-20 绝缘手套

绝缘手套根据所用的原料可分为天然橡胶和合成橡胶绝缘手套两大类。

根据国标 GB/T 17622—2008 规定,绝缘手套的每只手套上必须有明显且持久的标记,内容包括:标记符号、使用电压等级或类别、制造单位或商标、规格型号、周期试验日期栏、检验合格印章、贴有经试验单位定期试验的合格证等信息。

使用绝缘手套有以下几点要求:

①使用经检验合格的绝缘手套。

绝缘手套的检验每6个月一次。

检验标准:高压绝缘手套的试验电压是9kV,泄漏电流9mA;低压绝缘手套试验电压是2.5kV,泄漏电流5mA。

②佩带前要对绝缘手套进行气密性检查。

具体方法:将手套从口部向上卷,稍用力将空气压至手掌及指头部分检查上述部位有无漏气,如有漏气则不能使用。

③使用时注意防止尖锐物体刺破手套。

④使用后注意存放在干燥处,不得接触油类及腐蚀性药品等。

⑤绝缘手套使用前应进行外观检查。如发现有发黏、裂纹、破口(漏气)、气泡、发脆等损坏时,应禁止使用。

⑥进行设备验电,放电操作,装拆接地线等工作时应戴绝缘手套。

⑦使用绝缘手套时应将上衣袖口套入手套筒口内。

(2)护目镜。

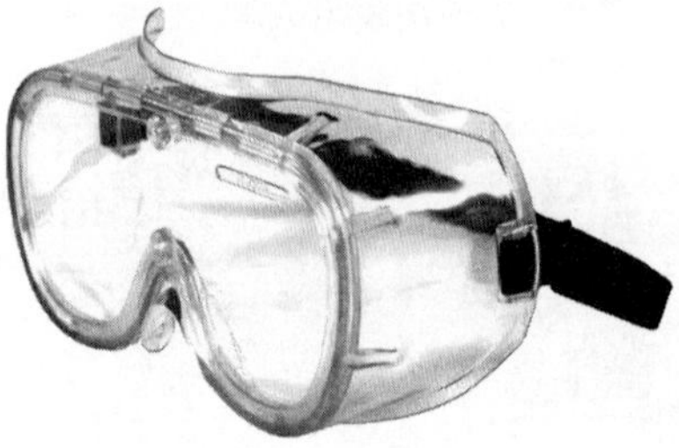

图4-21 护目镜

护目镜是新能源汽车维修工作中必不可少的一种防护工具,如图4-21所示。

由于高压部件相互接触时会发出电弧光,电弧光热度高、亮度大,会对眼睛造成伤害。电弧光照射到眼睛上时,会造成眼球表面细胞组织的损伤,使表皮细胞脱落,损害眼睛表层的保护膜,眼睛会感到像刀割一样的疼痛,进而会有流眼泪、睁不开眼、怕光的症状,特别是在晚上疼痛会更厉害。

佩戴护目镜时的注意事项如下。

①选择护目镜应根据脸型判断规格大小。

②护目镜可调节头带调整与面部的合适程度。

③选用的护目镜要经产品检验机构检验合格。

④镜片磨损粗糙、镜架损坏会影响操作人员的视力,应及时调换。

⑤护目镜要专人使用,防止传染眼疾。

⑥焊接护目镜的滤光片和保护片要按规定作业需要选用和更换。

⑦防止重摔重压,防止坚硬的物体摩擦镜片和面罩。

(3)安全帽。

图4-22 安全帽

安全帽作为一种头部防护用品,如图4-22所示,能有效地防止和减轻操作人员在生产作业中遭受坠落物体或自己坠落时对人体头部的伤害,但如果佩戴和使用不正确,会导致安全帽在受到冲击时起不到防护作用。

安全帽佩戴规范如下。

①戴安全帽前,应将帽后调整带按自己的头型调整到适合的位置,然后将帽内弹性带系牢。

②缓冲衬垫的松紧由带子调节,人的头顶和帽体内顶部的空间垂直距离一般在25~50mm之间,至少不要小于32mm为好。

③不要把安全帽歪戴,也不要把帽檐戴在脑后方。

④安全帽的下领带必须扣在颌下并系牢,松紧要适度。

⑤在现场作业中,不得将安全帽脱下搁置一旁,或当坐垫使用。

⑥平时使用安全帽时,应保持整洁,不能接触火源,不要任意涂刷油漆。

(4)维修工服。

维修工服不仅是维修技师所穿的衣服,而且它在给新能源汽车操作人员提供安全保障的同时,还能反映员工的精神风貌,体现企业的文化内涵,提升企业形象。常见的维修工服如图4-23所示。

图4-23 维修工服

维修工服的选择有以下要求。

①面料选择。应当选择防静电、耐摩擦的面料。

②款式要求。工服要求是收口的,下摆、袖口、裤腿都是可以扣起来的,这样能有效减少衣服卡入车辆缝隙中的概率,提高作业安全性。

③颜色选择。工服的颜色应以深色为宜。

图4-24 绝缘鞋

(5)绝缘鞋。

绝缘鞋(靴)的作用是使人体与地面绝缘,防止电流通过人体与大地之间构成通路,对人体造成电击伤害;它还可以防止试验电压范围内的跨步电压对人体造成的危害。常用绝缘鞋如图4-24所示。

根据耐压范围,有20kV、6kV和5kV几种绝缘鞋,使用时需根据作业范围进行选择。

绝缘鞋使用注意事项如下。

①主要技术参数。实验电压6kV、泄漏电流不大于1.8mA,时间要求1min不击穿。

②产品为6kV的牛革面绝缘鞋,适用于1kV以下的工作环境使用。

③穿用绝缘鞋时,其工作环境应保持鞋面干燥。

④绝缘鞋应严禁与锐器、高温、酸、碱类或其他腐蚀性物品接触,凡帮底有腐蚀、破损之处,均不能再使用。

⑤应存放在干燥通风的仓库内,防止霉变,堆放在离开地面、墙壁0.2m以上的位置。

⑥储存期超过24个月的绝缘鞋需进行预防性电性能检验。

3.高压系统的中止与检验

在维修带有高电压的新能源汽车前,必须执行高压系统的中止和检验操作,避免因意外高压触电。

高压系统的中止与检验操作步骤主要分为以下 2 个部分。

1)高电压的中止

高电压中止主要是通过正确的操作步骤来关闭车辆的高压系统。正常情况下,执行高电压中止后,车辆除了动力蓄电池外,其他部件应该都不具有高电压。高电压中止的基本步骤如下。

(1)关闭点火开关。关闭点火开关后,将钥匙放到一个安全的区域,通常应该远离汽车。

注意:如果是使用按钮起动的车辆,应把钥匙拿到离车至少 5m 远的地方,防止汽车意外起动。

(2)移除车辆上所有外部电源,包括 12V 蓄电池充电器。

(3)佩戴个人安全防护用具(绝缘手套、绝缘鞋等),拔出充电枪(仅针对插电式混合动力汽车或纯电动汽车)。

(4)断开辅助电池负极端子。找到 12V 辅助电池,断开电池的负极,并固定接地线,以防止接地线碰到电池负极端子。

(5)拆除手动维修开关。找到维修开关并断开。将拆下的维修开关放在口袋中以防止其他人将它安装回车上去,并用绝缘胶布将裸露的维修开关槽封住,如图 4-25 所示。

注意:当处理橙色高压组件和线路时,应确保佩戴绝缘橡胶手套。

(6)等待 5min。拆下维修开关后,必须要等待 5min,使得高电压部件中的电容器进行放电,才可以继续对车辆进行高压检验操作。

(7)拆卸高压连接器,开始下一步的电压验证。

2)高电压的检验

高电压检验是利用数字万用表再次确认高电压中止以后,确保具体维修的部件上已不再有高电压。该步骤符合高电压的检验操作标准。

如图 4-26 所示,使用万用表测量高电压部件连接器的各个高电压端子,在执行高电压中止以后,每个端子对车身的电压应该低于 3V,且端子正负极之间的电压也应该低于 3V。

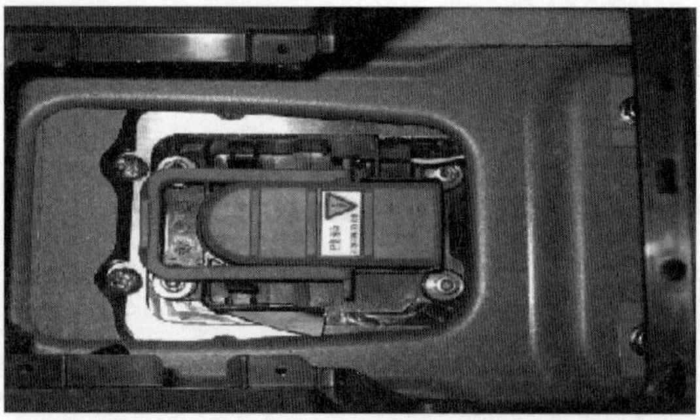

图 4-25 断开手动维修开关

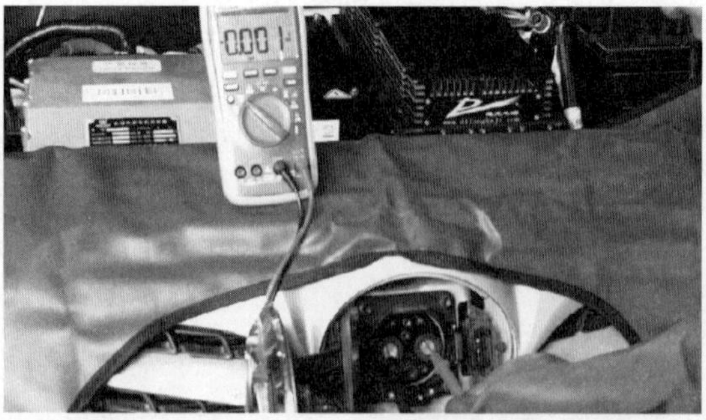

图 4-26 高电压的检验

如果任一被测量的电压超过 3V,说明系统内部存在高电压粘接的情况,需要有经过特殊培训的工程师来进行处理。

注意：在检验高电压端子期间，必须佩戴好个人安全防护设备。

（二）新能源汽车维修作业注意事项

新能源汽车对维修人员有特殊的安全操作要求，包括如图 4-27 所示的四个方面。

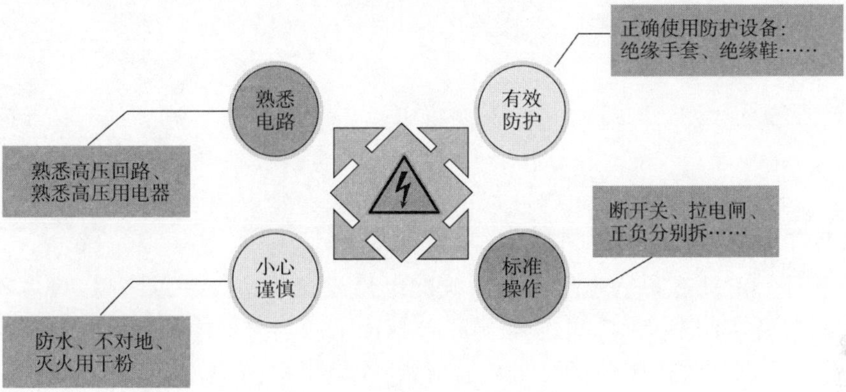

图 4-27　高压维修安全操作要求

具体要求和注意事项如下。

（1）高电压蓄电池单元修理工位必须洁净（无油脂、无污物、无碎屑）、干燥（无溢出液体）且无飞溅火花（不靠近车身维修区域）。因此，必须避免紧靠车辆清洗场所（清洗车间）或车身修理工位，如有可能，应使用活动隔板进行隔离。

（2）未经高压安全培训并取得许可证的维修人员，不允许对高压部件进行维修操作。要布置防止未经授权的人员进入工位的隔离带。离开工作区域时建议设置黄色发光警告标识。

（3）高电压部件的修理与维护过程中，禁止维修人员将手表、金属笔等金属物品随身携带。

（4）车辆在充电过程中不允许对高压部件进行拆装、维修等工作。

（5）进行每项工作步骤之时、之前和之后，应对作业组件进行仔细的直观检查。例如：拆卸某一组件时，应检查由此松开的其他组件是否损坏。

（6）在进行高电压蓄电池单元检修作业前，必须使固定在电池之间的高电压导线与接口侧断开，从而中断串联连接；拆卸盖板前，应清除高电压蓄电池单元盖板区域内的残留水分和杂物；打开壳体端盖后，应直观检查其是否存在机械损伤。

（7）拔下和插上蓄能器管理电子装置 SME 的绝缘监控导线时必须特别小心，因为在较细导线上存在高电压，拔下插头时必须注意，不要拉动导线。

（8）将绝缘监控导线插在蓄能器管理电子装置 SME 上时，必须注意是否正确锁止，如果插头未完全锁止，可能会无法识别出绝缘故障。

（9）工作中断时，应盖上拆下的壳体端盖，并通过拧入几个螺栓防止无意间打开。对于车辆维修过程中的高压配件必须立即标识明显的高压勿动警示（图 4-28），并禁

图 4-28　高压勿动警示

止将带有高压电的部件放置在无人看管的环境下。

(10)在高电压组件、连接件上或在其附近，不要使用带有尖锐刃口或边缘的工具或物体。例如，螺钉旋具、侧面切刀等，允许使用装配楔（“鱼骨”）。在12V车载网络导线束上，允许使用侧面切刀打开导线扎带。

二、任务实施

(一)实施要求

本任务主要学习新能源汽车高电压系统的维修安全规范与注意事项，具体实训车辆可根据实训中心现有车辆来操作。本任务主要包括以下两项操作内容。

(1)根据对应车型维修手册或参考信息，执行车辆高电压中止。

(2)根据对应车型维修手册或参考信息，执行车辆高电压中止检验。

(二)实施准备

(1)防护装备：安全防护装备。

(2)车辆、台架、总成：比亚迪 e5 整车或动力蓄电池管理系统台架，或其他车型整车或台架。

(3)专用工具、设备：比亚迪故障诊断仪器。

(4)手工工具：无。

(5)辅助材料：警示标识和设备。

(三)实施步骤

(1)检查个人安全防护设备，确保绝缘手套等防护用品安全有效。

(2)检查车辆，确保实训车辆没有高压隐患。

(3)关闭点火开关，并移开钥匙至车外。再次起动车辆以确认车辆没有钥匙且无法起动。

(4)安装车外前格栅防护套、左右翼子板防护。

(5)断开 12V 蓄电池负极。

(6)拆除维修开关，并保存在自己口袋中。

(7)拆除维修开关后，等待大约 10min，以便让高压电容放电。

(8)高压电检验：断开高压蓄电池的高压电缆，并把测量适配器连接到高压蓄电池，进行测量。

(9)检查高压线束外观以及绝缘性能。

(10)检查高压元件的绝缘性能。
(11)填写任务工单。

三、任务工单

任务实训工作记录单

任务名称	新能源汽车高电压系统的维修作业及安全规范与注意事项				
姓名		班级		分组	
教师		地点		日期	
具体内容	根据对应车型维修手册或参考信息,执行车辆高电压中止; 根据对应车型维修手册或参考信息,执行车辆高电压中止检验				
设备工具	比亚迪 e5 纯电动汽车 4 台、组合工具 4 套				
组员分工					
实训过程内容与流程记录					
实施内容	(1)请写出车辆高电压中止流程。 (2)请你对车辆高电压中止进行检验,并记录下来。				
实训任务回顾与总结					
任务收获与结果					
建议和改进措施					

任务3 新能源汽车高压安全防护措施

任务描述

新能源汽车具有高电压,在制造、维护新能源汽车时具有高电压触电的风险。从业人员必须熟悉新能源汽车高压安全保护措施，当发生突发触电事故后，应熟练运用高压安全事故应急处理办法开展正确急救。请你根据所学知识，开展高压事故急救操作模拟。

一、知识准备

（一）预防式高压安全保护措施

新能源汽车针对功能失效、高压安全等方面所做的预防式高压安全保护措施主要有高压互锁、碰撞保护、开盖检测、主动泄放、被动泄放、电源极性反接保护等。新能源汽车高压安全保护措施如图 4-29 所示。

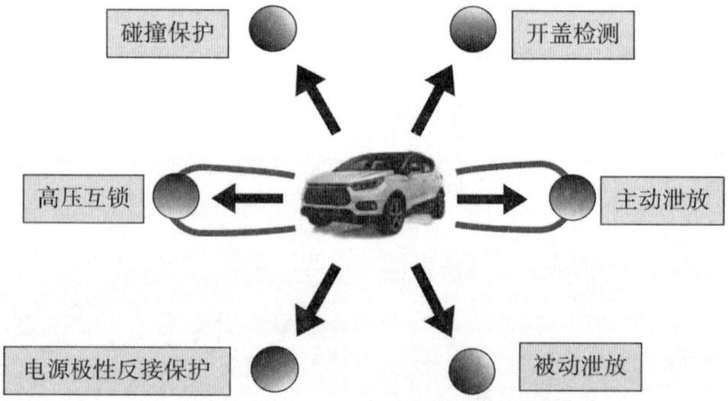

图 4-29　新能源汽车高压安全保护措施

1. 高压互锁

新能源汽车高压互锁（High Voltage Inter Lock，HVIL），是指通过 12V 低压电气回路来检查车辆的高压器件、线路、连接器及保护盖的机械和电气完整性，若识别出回路异常断开或者保护盖被非法打开等情况，则会瞬时断开高压电源，保证人员和车辆安全。

1）高压互锁回路设计的目的

（1）整车在高压上电前确保整个高压系统的完整性，使高压处于一个封闭的环境下工作，从而提高安全性。

（2）在整车的运行过程中，高压系统回路断开或者完整性受到破坏时，需要启动安全防护。

（3）防止带电插拔高压连接器，造成高压端子的拉弧损坏以及对人员的伤害。

2）高压互锁的组成

（1）互锁信号回路。

高压互锁信号回路包括两部分，一部分用于监测高压供电回路的完整性；一部分用来监测所有高压部件保护盖是否非法开启，高压互锁回路示意图如图 4-30 所示。

高压互锁信号线与高压电源线并行，将所有的连接串接起来组成一个完整的回路，高压部件保护盖与盒盖开关联动，盒盖开关串联在高压互锁信号回路中。

若高压回路内某一部位未连接到位，则互锁信号会被送入整车控制器内，整车控制器就会禁止动力蓄电池对外供电。

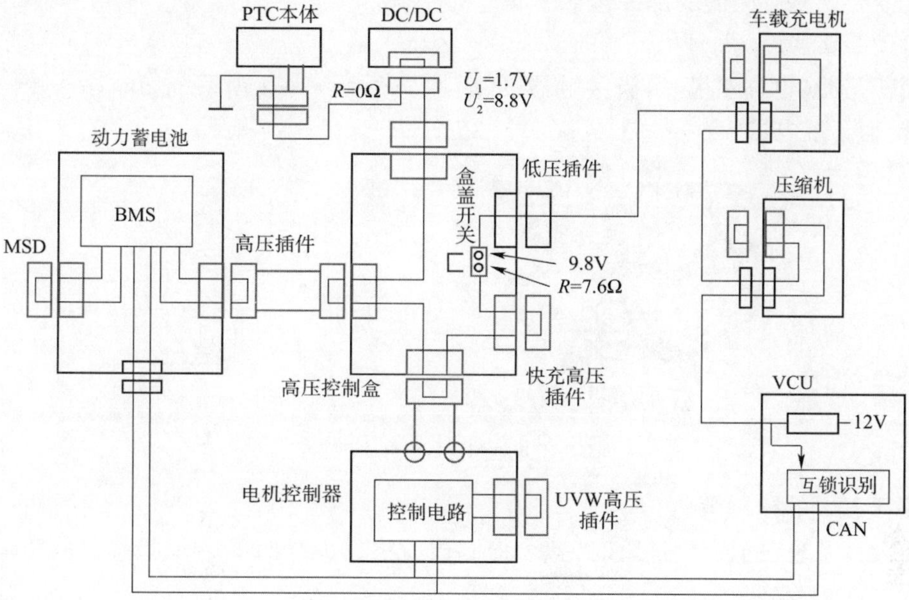

图 4-30　高压互锁回路示意图

(2)互锁监测器。

互锁监测器分为两类,一种用于监测高压连接器连接是否完好,如图 4-31 所示;另外一种用于监测高压部件的保护盖是否开启,如图 4-32 所示。

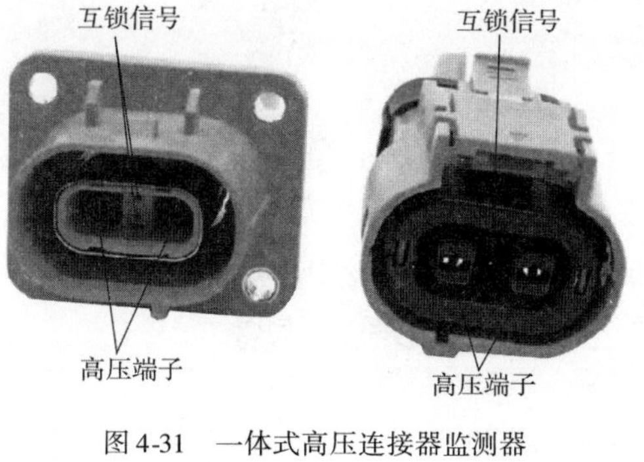

图 4-31　一体式高压连接器监测器

图 4-32　高压部件开盖监测器

①高压连接器监测器。

以 EV160 车型动力蓄电池高压母线互锁监测器为例来解释高压连接器监测器的工作原理。在动力母线拔出时,监测器也会随之断开,HVIL 高压互锁回路就会触发高压断电信号,保障用户的操作安全。

②高压部件开盖监测器。

高压部件开盖监测器的结构类似于连接器,一端安装于高压部件保护盖上,另外一端安装于高压部件主体内部，当保护盖开启时连接器也断开，HVIL 信号中断。

通常需要设置监测器的部件包括驱动电机控制器、高压控制盒等。

③自动断路器。

自动断路器（也称正极、负极接触器，如图 4-33 所示）为互锁系统切断高压源的执行部件，形式类似于继电器。

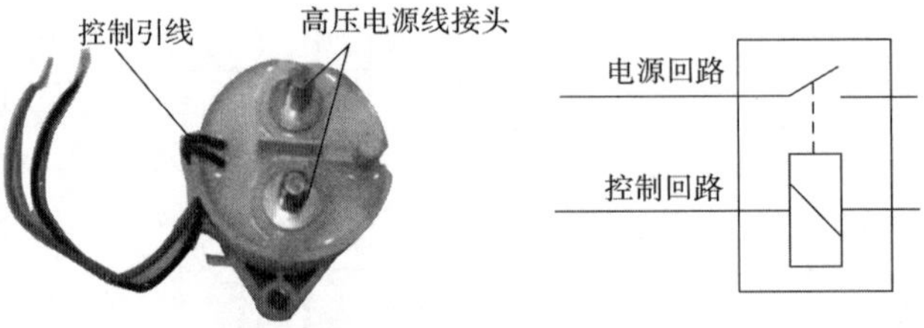

a) 自动断路器实物图　　b) 内部原理图

图 4-33　电池包正负极自动断路器

3）高压互锁的控制策略

高压互锁系统在识别到危险时，整个控制器应根据危险时的行车状态及故障危险程度运用合理的安全策略。

（1）故障报警。

无论何时何地，只要 BMS 检测到高压互锁系统有危险时，就会对危险情况做出报警提示，这时将以声光报警的形式提醒驾驶员注意车辆的异常情况，及时进行处理，避免发生安全事故。

（2）切断高压源。

如果新能源汽车没有行驶或者低速行驶时，在识别到高压系统有严重危险时，除了进行故障报警外，BMS 还会断开自动断路器，彻底切断高压源，防止发生高压电击危险，确保财产和人身安全。

（3）降功率运行。

如果在新能源汽车高速行驶时，BMS 识别到高压系统有危险，为了行驶安全，不能立即切断电源，而是首先会发出警报提示驾驶员，然后控制系统降低电源的输出功率，把车辆速度降下来，以便减小整车高压系统的负荷，尽量降低发生高压危险的可能性，同时也允许驾驶员将车辆低速行驶到安全地方，类似于传统燃油车的“跛行模式”。

2. 碰撞保护

碰撞保护指当车辆发生碰撞时，BMS 检测到碰撞保护信号大于一定值时，会切断高压系统主回路的电气连接，同时通知驱动电机控制器激活主动泄放，从而可使发生碰撞时的短路危险、人员电击危险降到最低。

3. 开盖检测

开盖检测指的是新能源汽车的重要高压电控元件具有开盖检测的功能，当发现这些元件的盖子在整车高压回路连通的情况下打开时，会立即进行报警，并断开高压主回路的电气连接，同时激活主动泄放。

4. 主动泄放

主动泄放指的是驱动电机控制器中含有主动泄放回路，当检测到车辆发生较大碰撞，或高压回路中某处插接器存在拔开状态，或含有高压的高压电控元件存在开盖的情况时，控制器可在5s内将高压回路直流母线电压主动泄放到60V以下，迅速释放危险电能，最大限度保证人员安全。

5. 被动泄放

被动泄放指在含有主动泄放的同时，驱动电机控制器、空调驱动控制器等内部含有高压的电控产品同时设计有被动泄放回路，可在2min内将高压回路直流母线电压泄放到60V以下，被动泄放作为主动泄放失效的二重保护。总结来说，被动泄放的功能就是为了保证即使在已把部件拆卸下来的情况下，也可以把残余电压消除掉。

6. 电源极性反接保护

电源极性反接保护是指防止将电源极性接反的保护措施，意外接错电源正负极时，系统将自动切断高压。比如在直流电源接入端串一个二极管，电源正负极接反时就不会连通，保护后面的电路不会因电源接反而被烧坏。如果接个整流桥堆，则不论直流电源正反，还是交流电源接反，都可以获得正确的电源极性。

7. 过电流保护

新能源汽车高压系统的每一个高压回路均有熔丝作为过电流保护。动力蓄电池总成内部增加了一定数量的熔丝对继电器进行保护，即使发生碰撞短路，也可保证动力蓄电池等高压元器件及线束不会发生短路损坏或起火，动力蓄电池内部的熔丝分布如图4-34所示。

8. 漏电传感器保护

新能源汽车的高压系统中还设有动力蓄电池漏电传感器，如图4-35所示。漏电传感器用于对新能源汽车直流动力电源母线与其外壳、车身底盘之间的绝缘阻抗检测，通常检测与动力蓄电池输出端相连接的负极母线与车身底盘之间的绝缘电阻，来判断动力蓄电池的漏电程度。当动力蓄电池漏电时，传感器发出一个信号给BMS，BMS接到漏电信号后，启动相关保护操作并发出警报，防止动力蓄电池的高压电外泄，造成人或者物品的伤害和损失。

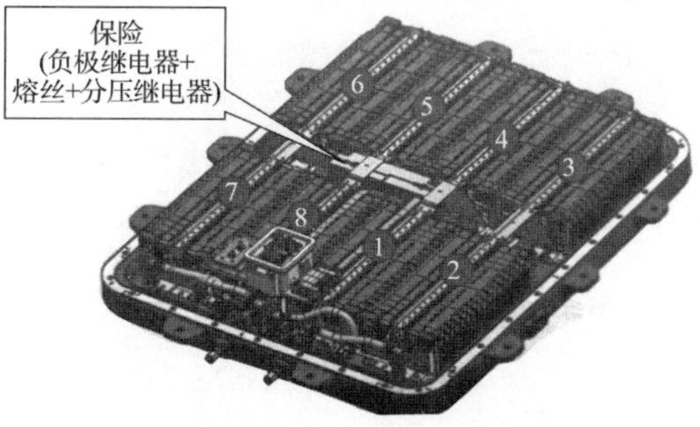

图4-34 动力蓄电池内部熔丝盒

图4-35 漏电传感器

负极与车身搭铁时，若20kΩ < 绝缘阻值 ≤ 100kΩ，则为一般漏电；若绝缘阻值 ≤ 20kΩ，则为严重漏电。

(二)高压安全事故应急处理

如果不幸发生了人员触电事故,援救触电事故中受伤人员时,救援人员自身的安全是第一位的,绝对不要去触碰仍然与电压有接触的人员,如果可能,应立即将电气系统断电,或用不导电的物体(如木板、塑料棒等)把事故受害者或导电体与电压分离。

触电急救基本流程如图4-36所示。

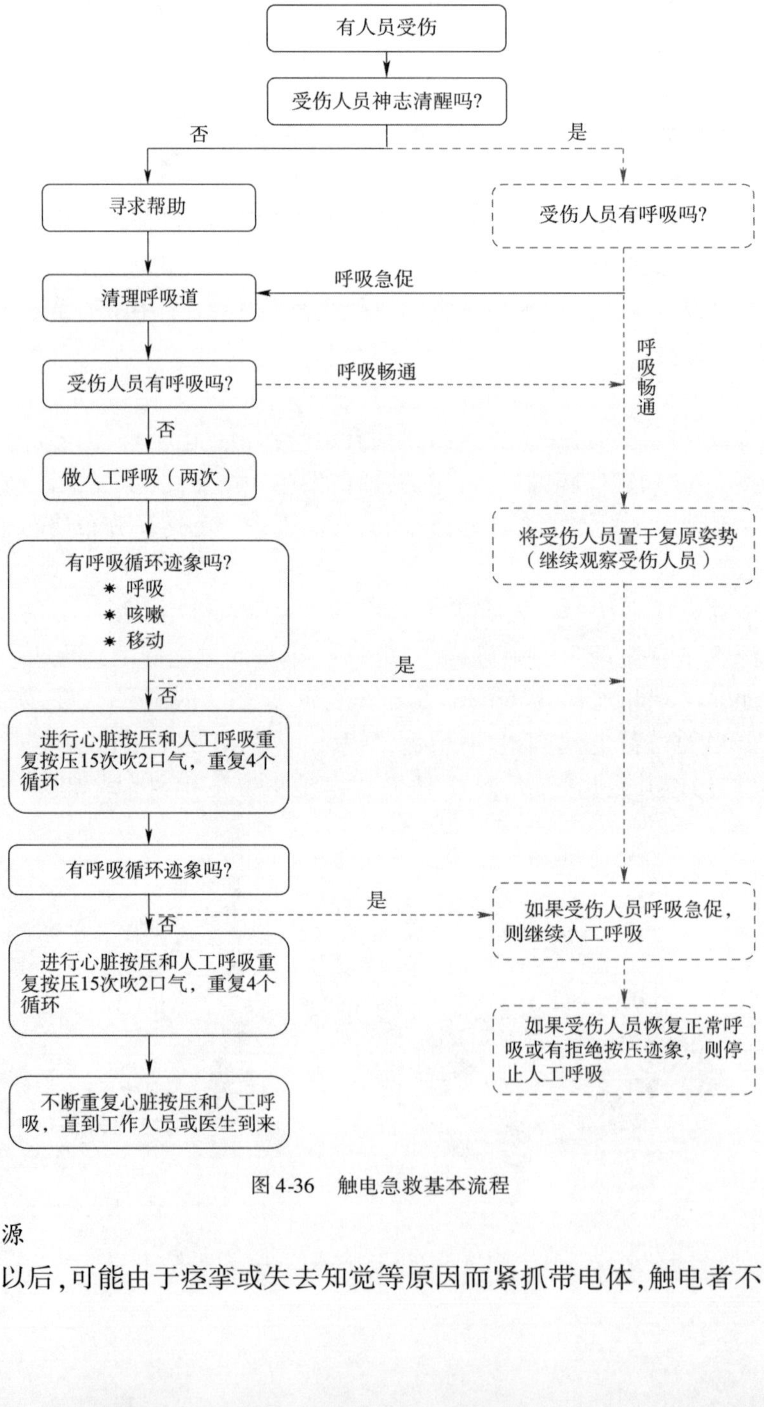

图4-36 触电急救基本流程

1.脱离电源

人体触电以后,可能由于痉挛或失去知觉等原因而紧抓带电体,触电者不能自行摆脱电源。抢救触电者的首要步骤就是使触电者尽快脱离电源。在新能源汽车触电施救过程中，脱离电源的方法是带上绝缘手套将触电人员脱开或切断高压电源。总之，要因地制宜，灵活运用各种方法，快速切断电源，防止事故扩大。

施救时，应立即拨打120急救电话，获取专业的救援。

2. 触电急救方法

当触电者脱离电源后，应根据触电者的具体情况迅速对症救护，力争在触电后1min内进行救治。资料表明，触电后在1min内进救治的，90%以上有良好的效果，而超过12min再开始救治的，基本无救活的可能性。现场急救的主要方法是心肺复苏急救法，心肺复苏术简称CPR，是针对骤停的心脏和呼吸采取的急救方法，目的是为了恢复患者自主呼吸和自主循环。心肺复苏术是非常重要的，关键时刻能够抢救因突发情况导致的心脏骤停。其具体步骤如下(图4-37)。

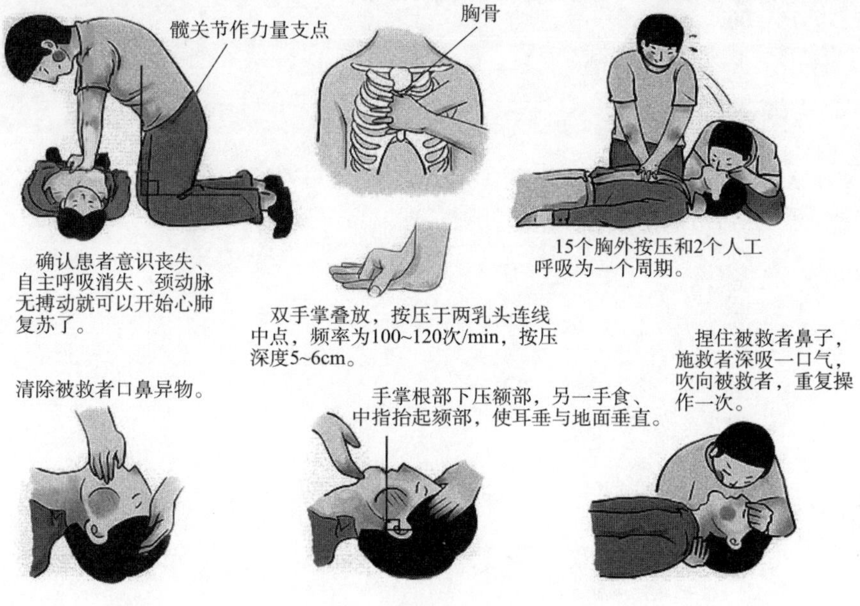

图4-37 心肺复苏术流程示意图

(1)平躺并清理口中异物。

首先将患者置于硬板床或者平地，头颈躯干平直无弯曲或置于同一轴线，清理口中异物，如假牙、食物、痰液等，将患者双手放于躯干两侧，松解衣服、裤带。

(2)进行胸外心脏按压。

进行胸外心脏按压，按压的位置为剑突上两横指或两乳头连线中点，中指对准乳头。双手重叠，手指交叉翘起，不要脱离胸壁，双臂绷直，双肩处于患者胸骨上方正中。按压时双肘伸直，垂直用力，频率大于100次/min，按压深度为5cm左右。

(3)进行人工呼吸。

盖上纱布，用压额的手的拇指和食指捏紧患者鼻翼两侧，另一手托起下颏，将患者口唇张开，吸一口气后将双唇包绕密封患者口周，均匀吹气，时间为1秒，吹气后观察胸廓起伏，松开鼻翼，吹气两次。

(4)每按压15次，口对口吹气2次，然后重新定位，再按压15次，如此反复进行。

(5)观察患者状态。

心肺复苏开始1min,或者连续操作四个循环后,检查一次呼吸和脉搏、瞳孔变化,之后每进行4~5min检查一次,每次不超过5s。要观察颈动脉是否有搏动,瞳孔是否已经由大变小,面色是否逐渐恢复红润。

抢救必须连续进行。经过长时间的抢救以后,触电者的面色开始好转,心跳和呼吸恢复后.才能停止抢救。

需要特别注意的是,人触电后往往出现心跳停止、呼吸中断、昏迷不醒等死亡现象,但这些很可能是假死,救护者切记不要轻易放弃抢救机会,应该果断地以最快的速度和正确的方法就地进行抢救。

二、任务实施

(一)实施要求

本任务主要学习新能源汽车高压安全措施。具体实训内容为练习在触电后突发事故的情况下,如何正确执行心脏复苏术进行急救。

(二)实施准备

(1)防护装备:常规实训着装。

(2)车辆、台架、总成:无。

(3)专用工具、设备:塑料模特。

(4)手工工具:无。

(5)辅助材料:无。

(三)实施步骤

1.胸外按压

只要判断心脏骤停,应立即进行胸外按压,以维持重要脏器的功能。

(1)体位。患者仰卧于硬质平面上。患者头、颈、躯干平直无扭曲。

(2)按压部位。胸骨中下1/3交界处或双乳头与前正中线交界处。

(3)按压方法。按压时上半身前倾,双肩正对患者胸骨上方,一只手的掌跟放在患者胸骨中下部,然后两手重叠,手指离开胸壁,双臂绷直,以髋关节为轴,借助上半身的重力垂直向下按压。每次抬起时掌根不要离开胸壁,并应随时注意有无肋骨或胸骨骨折。

操作中应注意,一手的掌根部放在按压区,另一手掌根重叠放于手背上,使第一只手的手指脱离胸壁,以掌跟向下按压。按压频率至少100次/min。按压幅度至少为5cm或者胸廓前后径的1/3,压下与松开的时间基本相等,压下后应让胸廓充分回弹。

(4)按压职责更换。每2min更换按压者,每次更换尽量在5s内完成。

2.开放气道与人工呼吸

(1)去除气道内异物。开放气道应先去除气道内异物。如无颈部创伤,清除口腔中的异物和呕吐物时，可一手按压开下颌，另一手用食指将固体异物勾出，或用指套或手指缠纱布清除口腔中的液体分泌物，如图4-38a）所示。

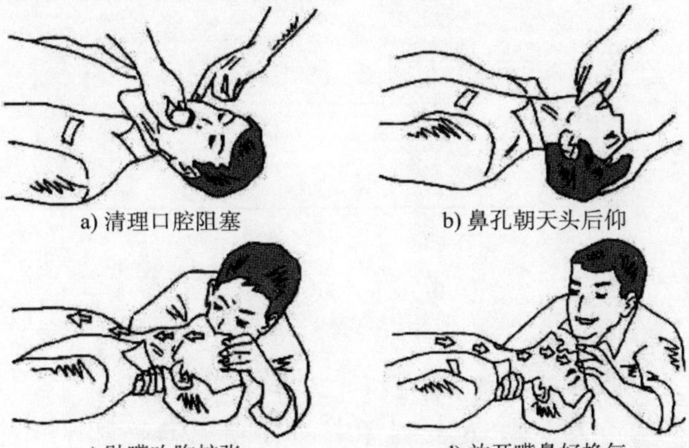

a）清理口腔阻塞　b）鼻孔朝天头后仰

c）贴嘴吹胸扩张　d）放开嘴鼻好换气

图4-38　人工呼吸

（2）仰头抬颌法。用一只手按压伤病者的前额，使头部后仰，同时另一只手的食指及中指置于下颌骨骨性部分，向上抬颌，使下颌尖、耳垂连线与地面垂直。然后进行人工呼吸。

（3）双下颌上提法（颈椎损伤时）。将肘部支撑在患者所处的平面上，双手放置在患者头部两侧并握紧下颌角，同时用力向上托起下颌。如果需要进行人工呼吸，则将下颌持续上托，用拇指把口唇分开，用面颊贴紧患者的鼻孔进行口对口呼吸。

三、任务工单

任务实训工作记录单

任务名称	新能源汽车高压安全措施				
姓名		班级		分组	
教师		地点		日期	
具体内容	心肺复苏触电急救培训——胸外按压； 心肺复苏触电急救培训——开发气道与人工呼吸。				
设备工具	塑料模特				
组员分工					
实训过程内容与流程记录					
实施内容	（1）心肺复苏触电急救培训——胸外按压。 （2）心肺复苏触电急救培训——开发气道与人工呼吸。				

续上表

实训任务回顾与总结	
任务收获与结果	
建议和改进措施	

习题

一、判断题

1. 用于连接高压部件之间的导线也属于高电压部件。 ( )
2. 大多数电动汽车动力蓄电池、逆变器等都布置在乘客舱内部。 ( )
3. 新能源汽车充电系统部件仅在车辆充电期间存在高电压。 ( )
4. 当电动机运行时,高压电缆、插头,以及电动机定子绕组上均会存在直流高电压。 ( )
5. 充电桩和充电接口,在车辆未充电时,系统内部都会自动断开电路循环。 ( )
6. 新能源汽车的动力蓄电池持续存在高电压。 ( )
7. 逆变器在运行期间就会存在高电压。 ( )
8. 点火开关ON时,高压压缩机会存在高电压。 ( )
9. 手动开关被断开,动力蓄电池内的电池及其连接电路仍然在串联的位置且具有高压。 ( )
10. 拆下维修开关后,就可以继续对车辆进行高压检验操作。 ( )
11. 拆下维修开关后,必需要等待5min,使得高电压部件中的电容器进行放电,才可以继续对车辆进行高压检验操作。 ( )
12. 在高压中止操作步骤中不需要断开低压辅助蓄电池的负极。 ( )
13. 在拆除手动维修开关时,不需要戴绝缘手套。 ( )
14. 防止触电的个人安全防护设备主要是绝缘手套、护目镜、绝缘鞋,以及非化纤材质的衣服。 ( )
15. 绝缘手套需要定期检验,不需要每次使用前进行泄漏检查。检查的方法是向手套内吹入一定的空气,观察手套是否有漏气的风险。 ( )
16. 绝缘鞋的作用是使人体与地面绝缘,防止电流通过人体与大地之间构成通路,对人体造成电击伤害。 ( )

二、单项选择题

1. 高压压缩机和PTC高电压具有的特点是( )。

A. 一直持续有高电压　　B. 关闭点火开关后高压消失

C. 高压仅有25V左右　　D. PTC加热器位于蒸发箱内不易碰到

2. 手动维修开关用于( )。

A. 切断动力蓄电池中连接回路　　B. 维修车辆底盘

C. 切断驱动电机电源　　D. 手动维修充电器

三、多项选择题

1. 高压新能源汽车高压部件主要有(　　)。

A. 动力蓄电池　　B. 驱动电机及控制器

C. 高压附属部件　　D. 车窗电动机

2. 动力蓄电池的高电压具有的特点是(　　)。

A. 一直持续有高电压　　B. 关闭点火开关后高压消失

C. 高压仅有 25V 左右　　D. 内部存在直流和交流高压

3. 驱动电机或控制器高电压具有的特点是(　　)。

A. 一直持续有高电压　　B. 关闭点火开关后高压消失

C. 高压仅有 25V 左右　　D. 内部存在直流和交流高压

4. 充电器高电压具有的特点是(　　)。

A. 一直持续有高电压　　B. 插入外部充电器期间具有高压

C. 高压仅有 25V 左右　　D. 内部存在直流和交流高压

5. 新能源汽车高电压存在的形式有(　　)。

A. 一直存在　　B. 点火开关打开时存在

C. 充电期间存在　　D. 一直不存在

6. 新能源汽车高电压存在的主要类型有(　　)。

A. 直流高压　　B. 交流高压　　C. 变频高压　　D. 以上都不对

7. 对高电压系统部件维修前,需要执行(　　)。

A. 高电压中止与检验　　B. 关闭点火开关

C. 断开蓄电池负极　　D. 检验被维修部件

四、简答题

1. 举例说明纯电动汽车中高压系统的主要部件。

2. 在新能源汽车哪些位置能够看到相关防护措施或标识?

3. 如何进行各种安全用具的检查?

项目五

动力蓄电池检修

知识目标

(1)能够描述新能源汽车动力蓄电池故障诊断的基本思路。

(2)能够描述动力蓄电池的故障的解决方法与故障排查流程。

(3)能够描述动力蓄电池组的拆装方法。

技能目标

(1)能够掌握高压系统下电及验电方法。

(2)能够正确选择仪器并对动力蓄电池组进行参数测量。

(3)能够使用合适的工具对动力蓄电池进行检修。

(4)能够正确进行动力蓄电池组的更换。

(5)作业结束后能够正确收集、清洁和整理工具,对工位进行7S操作。

素养目标

(1)能够制订工作计划,独立完成工作学习任务。

(2)养成良好的操作习惯,培养学生的安全质量意识。

(3)遵规守矩,培养良好工作责任心及职业道德。

(4)发扬一丝不苟、精益求精的工匠精神。

任务1　动力蓄电池模组检测

任务描述

纯电动汽车的动力蓄电池包基本都安装在车辆底部,在不平的路面行驶时易发生托底事故,损坏电池包。动力蓄电池的损坏会造成纯电动汽车无法运行,这时需要分解动力蓄电池组总成,进行单体检测、模组检测与电池模组均衡。请你根据所学知识,完成动力蓄电池模组检测。

一、知识准备

(一)电池组的检查与维护

为保证新能源汽车能长时间正常使用,需要定期地对动力蓄电池组进行检测维护。电池组的检查与维护不仅仅是对单体电池或电池模组的电压、电流或者温度进行检测,还应考虑整体情况,判断整个电池组的性能状态。

1. 高压系统下电及验电

高压系统下电及验电的示意图如图 5-1 所示。

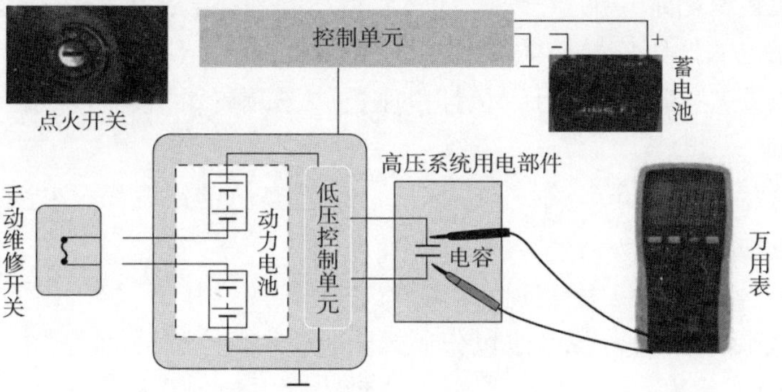

图 5-1 高压系统下电及验电

(1)高压下电的基本步骤。

①关闭点火开关。关闭点火开关后,将钥匙放到一个铁质的专用钥匙盒,并将钥匙盒的钥匙随身携带。

注意:如果使用按钮起动,把钥匙拿到离车至少 5m 远的地方,防止汽车意外被起动。

②按照高压检测操作规程,穿戴好绝缘手套、绝缘鞋、防护眼镜、安全帽等防护用品。

③打开前机舱盖,断开 12V 辅助蓄电池负极连接线,将电工绝缘胶布缠绕到 12V 蓄电池的负极桩上进行绝缘。

④找到手动维修开关(如果有的话),将拇指按住维修开关把手卡扣,其余手指按住把手,当把手由水平位置转到垂直位置时,向上垂直拔出维修开关插头,全程必须佩戴绝缘手套,如图 5-2 所示。

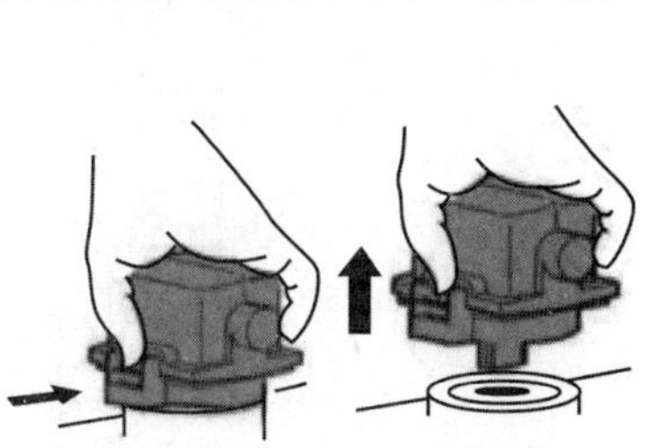

图 5-2 拔出手动维修开关

⑤使用电工绝缘胶布封住插接器母端,防止异物落入维修插座,造成维修开关短路。

⑥将拆下的维修开关放在随身衣袋中以防止其他人将它安装回车上去,并将裸露的维修开关槽使用绝缘胶布封住。

⑦等待15min。拆下维修开关后,需等待15min,使得高电压部件中的电容器放电完毕,才可以继续对车辆进行高压检验操作。

(2)高压验电。

高压验电首先利用数字万用表再次确认高压下电以后,对具体维修的部件确认已不再有高压。该步骤必须符合高压的检验操作标准。

使用万用表测量高电压部件插接器的各个高压端子,在执行高压下电以后,每个端子对车身的电压应该小于3V,且端子正负极之间的电压也应该小于3V。如果任一被测量的电压超过3V,说明系统内部存在高压黏结情况,需要有经过特殊培训的工作人员来处理。

注意:*在检验高电压端子期间,必须佩戴好个人安全防护用品。*

2.动力蓄电池检查保养

1)拆卸动力蓄电池包

(1)支撑车辆,准备举升车辆至合适高度。

(2)拔掉电池包进出水口的快拔接插件,放掉冷却液,然后用堵头堵上水管及接头。

(3)拔掉电池包的低压信号接插件。

(4)佩戴绝缘手套,松开直流母线接插件上的锁紧装置,将直流母线接插件拔出,再将车载小线接插件拔掉。

(5)推入动力蓄电池举升车,举升到合适高度,调整电池举升车,使之托住动力蓄电池底部,拆卸动力蓄电池。

(6)利用扳手松开电池包所有的固定螺丝,注意按照操作规程来,不要一次性拆掉,避免损坏螺孔。然后缓慢放下动力蓄电池包(通过电池举升机控制手柄来进行控制)。

图5-3 动力蓄电池外观

2)动力蓄电池外观检查

动力蓄电池外观如图5-3所示。检查动力蓄电池箱体是否有变形、损坏,必要时需要进行更换。壳体损坏不仅会导致酸液流出,还会导致动力蓄电池密封出现问题,造成动力蓄电池进水,严重影响整车安全。除检查外观外,还需检查动力蓄电池是否进水,紧固螺栓有无锈蚀,紧固力矩是否足够。

3)动力蓄电池高压线缆及高低压接插器的检查

关闭所有用电器,关闭起动开关,拆卸手动维修开关,断开蓄电池负极接线柱后再检查高压线束。

检查动力蓄电池连接高压线束插头是否松动;检查动力蓄电池连接高压线束外表绝缘胶有无与车身或其他零部件发生摩擦;检查动力蓄电池连接高压线束外表绝缘胶有无老化。确保动力蓄电池线缆没有破损、挤压、漏电。

高压插接器是动力蓄电池的总正、负端子,低压插接器是动力蓄电池管理系统(BMS)与整车控制器(VCU)连接的控制电路端子,如图5-4所示。

拔下插接器,检查两端针脚有无锈蚀、退针、弯曲、烧蚀等情况,确保高、低压插接器连接可靠。检查插接器内侧的橡胶密封胶垫是否完好,检查插接器中间位置是否有水迹。若检查无异常，则在插接器内表面喷涂 WD40，以保证插接器顺利装复，保证接触良好，防止水气进入插接器内部。

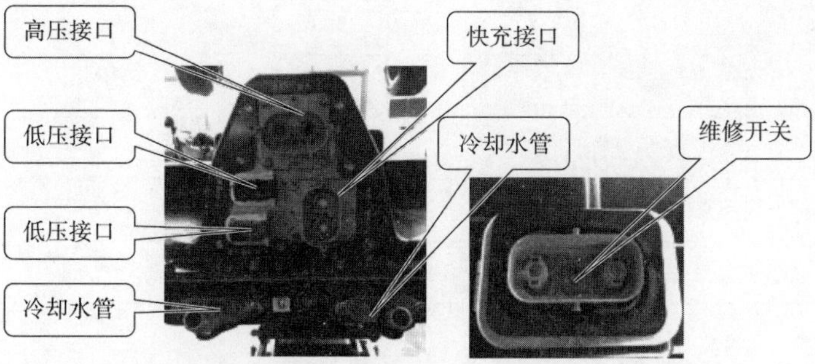

图 5-4　动力蓄电池高、低压插接器接口

4）动力蓄电池单体电池电压检查

以比亚迪 e2 为例介绍动力蓄电池单体电池电压均衡的检查流程。连接新能源汽车诊断仪，读取 BMS 数据流，见表 5-1，即可获取单体电池最高、最低电压以及相应的电池编号。

动力蓄电池单体电池电压均衡检查　　表 5-1

数据项	当前	范围	单位	符号	
高压互锁 1	未锁止	—	—		
高压系统状态	正常	—	—		
最低电压电池编号	39	1/152	—		
最低单节电池电压	3.618	0/5	V		
最高电压电池编号	29	1/152	—		
最高单节电池电压	3.623	0/5	V		
最低温度号	18	1/152	—		
最低温度	35	-40/160	℃		

5）动力蓄电池工作温度检查

连接新能源汽车诊断仪，读取 BMS 数据流，见表 5-2，即可获得动力蓄电池工作温度。另外，还可以用温度测量设备（图 5-5）测量动力蓄电池的工作温度。

动力蓄电池工作温度检查　　表 5-2

数据项	当前	范围	单位	符号	
最高温度号	3	1/152	—		
最高温度	36	-40/160	℃		
电池组平均温度	35	-40/160	℃		

续上表

数据项	当前	范围	单位	符号	
向上均衡出发次数	0	—	—		
向下均衡出发次数	0	—	—		
均衡状态	无效数据/预留	—	—		
直流充电正极接触器状态	无效数据/预留	—	—		
直流充电负极接触器状态	无效数据/预留	—	—		

a) 非接触式测温仪　　b) 热成像仪

图 5-5　动力蓄电池温度测量设备

6)动力蓄电池绝缘电阻检查

2019 款吉利帝豪 EV350、EV450、EV500 动力蓄电池绝缘检查电路简图如图 5-6 所示。

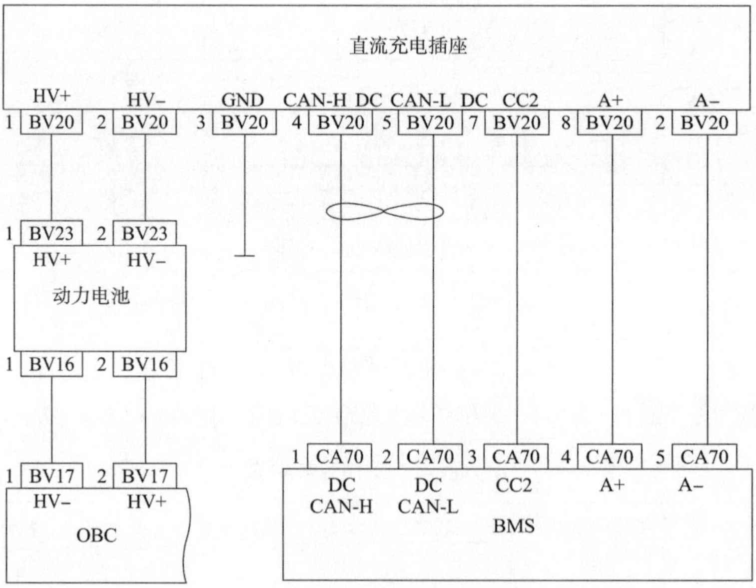

图 5-6　动力蓄电池绝缘检查电路简图

相应的绝缘电阻检查步骤如下。

(1)确认高压回路切断。

①操作起动开关使电源模式至 OFF 状态,断开直流母线,断开车载充电机线束插接器 BV17,等待 5min。

②用万用表检测 BV17 端子 1 与端子 2 之间的电压。

注意:端子 1 与端子 2 距离较近,严禁万用表针头短接或触碰任何非目标测量金属部件,并要佩戴绝缘手套。电压低于 5V 后才可以进行后面的步骤。

(2)检测动力蓄电池供电绝缘阻值。

①操作起动开关使电源模式至 OFF 状态,断开蓄电池负极电缆,断开车载充电机线束插接器 BV17。

②将高压绝缘检测仪的挡位调至 1000V。

③用高压绝缘检测仪测量车载充电机线束插接器 BV17 的 1 号端子与车身搭铁之间的绝缘电阻,正常应不小于 20MΩ。

④用高压绝缘检测仪测量车载充电机线束插接器 BV17 的 2 号端子与车身搭铁之间的绝缘电阻,正常应不小于 20MΩ。

(3)检测动力蓄电池充电线路绝缘阻值。

①操作起动开关使电源模式至 OFF 状态,断开蓄电池负极电缆。

②断开直流母线,拆卸直流充电接口线束插接器 BV20。

③将高压绝缘检测仪的挡位调至 1000V。

④用高压绝缘检测仪测量直流充电接口线束插接器 BV20 的 1 号端子与车身搭铁之间的绝缘电阻,正常应不小于 20MΩ。

⑤用高压绝缘检测仪测量直流充电接口线束插接器 BV20 的 2 号端子与车身搭铁之间的绝缘电阻,正常应不小于 20MΩ。

(二)电池组均衡

所谓新能源汽车电池组均衡,就是要保证每个电池组中单体电池容量的一致性。每个单体电池的性能不可能完全相同。当多个电池串联在一起形成一个电池组时,这种差异将导致电池组寿命严重缩短。因此,有必要对串联或并联的动力蓄电池组进行充放电均衡管理,以提高整个电池组的性能和使用寿命,同时可以防止电池过充过放。

图 5-7 动力蓄电池均衡仪

1. 电池组均衡

电池组的均衡可分为充电均衡、放电均衡、双向采用三种模式。涉及到的仪器为动力蓄电池均衡仪,如图 5-7 所示。充电均衡指的是在充电末端,有部分电池已达到饱和状态,但其他电池未充满,此时采用耗电或者能量转移的方式使已经充满的电池不至于过充,而其他电池可继续充电直至所有电池都达到饱和状态;放电均衡是指在给电池进行充电之前,先对剩余电量较多的电池进行放电,直至电池组每个电池的电量都相一致时,再对其进行充电；双向方式则是在充电和放电过程都引入均衡控制的过程。

2. 电池重新配组

当电池组内有某一组或者单个电池与其他电池一致性相差较远时，通过均衡的方法耗费时间长，而且效果较差。此时采用单独给这一组或者单体进行充电，保证电池组一致性在正常水平内。

3. 电池更换及重新配组

当电池组内有电池已经受损无法使用时，则需将电池组拆下，对问题电池进行更换，同时重新对所有电池进行单独充电，保证电池一致性。

4. 在线均衡操作规程及注意事项

(1)操作者必须具有初级电工以上资质，有一定的计算机应用基本知识。在操作中应格外注意人员、设备的安全。

(2)动力蓄电池均衡仪周围不得存在易燃易爆物品，并且要确保空气中不含易燃易爆气体。

(3)动力蓄电池均衡仪属于电力测试设备，在使用过程中应轻拿轻放，切勿乱扔乱摔，否则会导致轻者外壳变形，重者内部元件出现故障，影响正常使用，造成人身或设备事故。

(4)避免喷溅液体进入动力蓄电池均衡仪表面及内部，以免进入内部发生短路故障，造成使用时发生人身或设备事故。

(5)正常判断条件和例外限制条件中，各项限制都是或的关系。当设置多项正常判断条件时，只要满足其中一个条件就跳转执行下一步。类似的，当设置多项例外限制条件时，只要其中一个条件得到满足则整个充放电过程都会停止。

(6)充放电均衡操作时，应正确地连接好被充电池与充放电仪的连接线，按照使用程序设置完毕后，即可启动均衡设备对电池进行充放电均衡。

(7)充电或者放电是根据实际被测电池电压和设定的电压决定的，设备支持充电均衡和放电均衡，设置的电压如果高于被测试的电池电压，即充电均衡；反之，如果设置的电压低于被测试的电池电压，即放电均衡。

(8)设定充电电流参数时，应根据自己的需求，在量程范围内设置。设置恒压充电电压大小时，一般设置为电池的满充电压。例如磷酸铁锂 3.65V，最大不能超过 3.9V。

(9)设备在进行充电的过程中分为 CC(恒流)和 CV(恒压)两个过程。在充电伊始保持充电电流为设定的恒定值，当电池电压达到设置的电压值时，保持电压值不变而电流值不断地减小，形成一个涓流充电的过程。整个过程中 CC 占据大约 70% 的时间，CV 的过程大约占 30% 的时间。

(三)动力蓄电池的性能检测

为了进一步做好电池的维护，必须采用一定的手段来检测电池特性。常用的动力蓄电池性能指标的检测方法，包括荷电状态(SOC)、内阻、容量、循环寿命、一致性等检测方法。

1. 荷电状态检测

电池的 SOC 被用来反映电池的剩余容量状况，这是目前国内外比较统一的认识，其数值上定义为电池剩余容量占电池容量的比值。

SOC 是动力蓄电池重要的技术参数，只有准确地知道电池的 SOC，才能更好地使用电池。因为电池组的 SOC 和很多因素相关且具有很强的非线性，从而给 SOC 实时在线估算带来很大的困难，因此还没有一种方法能十分准确地测量电池的 SOC。目前主要的测量方法有：开路电压法、电流积分法、内阻法等。

1）开路电压法

利用电池的开路电压与电池的 SOC 的对应关系，通过测量电池的开路电压来估计 SOC，开路电压法比较简单，但是开路电压法适用于测试稳定状态下的电池 SOC，不能用于动态的电池 SOC 估算。

2）电流积分法

电流积分法是通过负载电流的积分估算 SOC，该方法实时测量充入电池和从电池放出的电量，从而能够给出电池任意时刻的剩余电量。该方法实现起来较简单，受电池本身情况的限制小，易于发挥实时监测的优点，简单易用、算法稳定，是目前新能源汽车上使用最多的 SOC 估算方法，电流积分法常规估算模型如图 5-8 所示。

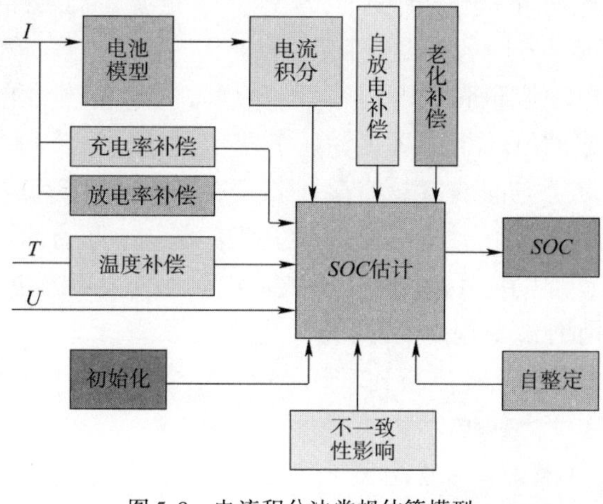

图 5-8 电流积分法常规估算模型

3）内阻法

电池的 SOC 与电池的内阻有一定的联系，可以利用电池内阻与 SOC 的关系来预测电池的荷电状态。电池内阻测试仪如图 5-9 所示。

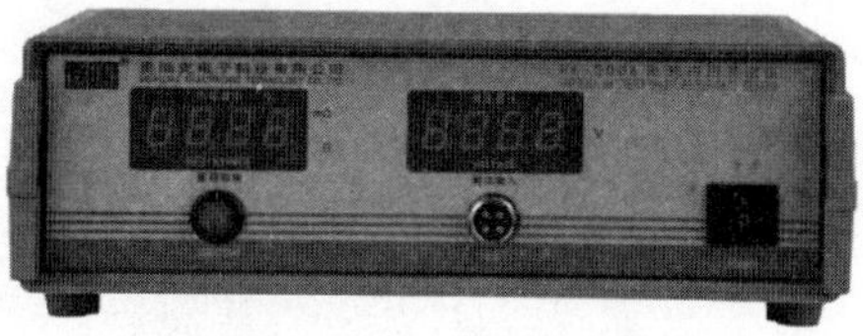

图 5-9 电池内阻测试仪

2. 内阻检测

内阻是电池最为重要的特性参数之一，电池的容量越大，内阻就越小，因此可以根据内阻的大小粗略判断电池的容量。电池老化和失效后突出的表现就是内阻增大，因此通过测试内阻的大小可以快速判断出电池的老化程度。通常电池的内阻阻值很小，一般用毫欧（mΩ）来度量它。不同电池的内阻不同，型号相同的电池由于电池内部的电化学性能不一致，所以内阻也会不同。

测量电池的内阻可以采用直流放电测量，也可以采用交流阻抗测量的方式。

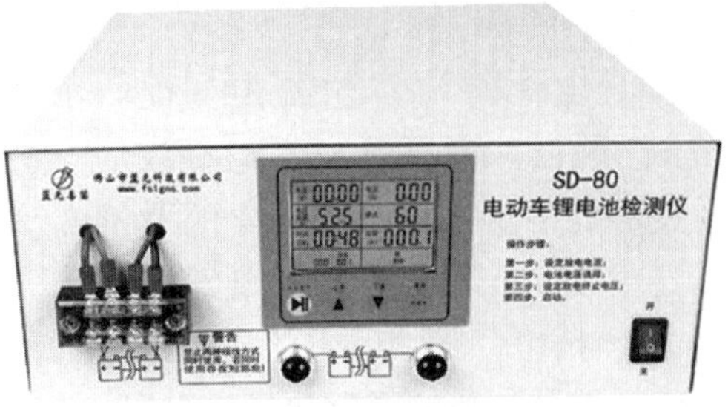

图 5-10　直流放电测试仪

1)直流放电法

直流放电法是对蓄电池进行瞬间大电流放电(一般为几十到上百安培),然后测量电池两端的瞬间压降,再通过欧姆定律计算出电池内阻。采用直流测量时,由于电流很大,电极容易极化产生极化电阻,故直流测量无法测出其真实值。直流放电测试仪如图 5-10 所示。

2)交流阻抗法

交流阻抗法是一种以小幅值的正弦波电流或者电压信号作为激励源,注入蓄电池,通过测定其响应信号来推算电池内阻。该方法的优点在于测量时间较短,不会因大电流放电对电池本身造成太大的损害,测量值的精度可达毫欧级。动力蓄电池的实际测量中,常采用交流测量的方法。

3. 容量检测

电池容量是指在一定条件下(包括放电率、环境温度、终止电压等),供给电池或者电池放出的电量,即电池存储电量的大小,是电池另一个重要的性能指标。容量通常以安时(Ah)或者瓦时(Wh)表示。安时容量是国内外标准中,通用的容量表示方法。

电池容量分为单元电池容量和电池组容量,在现有的动力蓄电池技术水平下,新能源汽车必须使用多块电池构成的电池组来满足使用需求。由于同一类型、同一规格、同一型号电池在开路电压、内阻、容量等方面的参数值存在差别,即电池性能存在不一致性,使动力蓄电池组在新能源汽车上使用时,性能指标往往达不到单体电池原有水平,导致使用寿命缩短,严重影响其在新能源汽车上的应用,因此有必要对电池组的一致性进行测试与评价。

电池组容量检测,是通过对电池系统充放电容量进行检测,与出厂时标称容量进行比较,判断电池组容量衰退情况,这种方法必须为电池系统提供一个深充放电的设备及时间,因此一般会选择在电池系统定期保养的过程中进行。根据所测试容量大小,判断电池系统衰退的情况,并根据不同等级,对电池系统实现不同级别的维护措施。电池容量测试仪如图 5-11 所示。

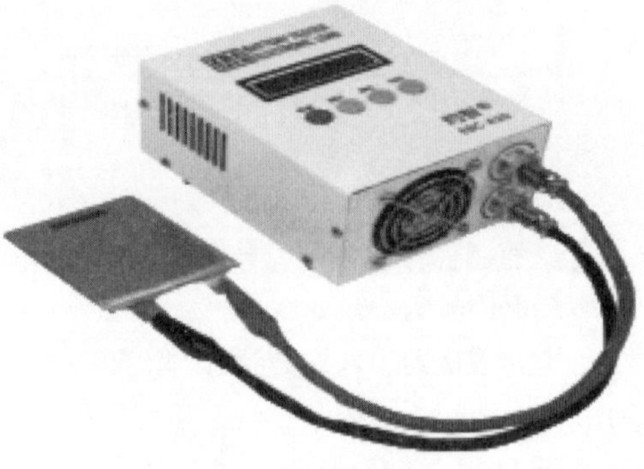

图 5-11　电池容量测试仪

电池容量测试的标准流程为:放电阶段→搁置阶段→充电阶段→搁置阶段→放电阶段。具体说来,是用专用的电池充放电设备,在特定温度条件下,蓄电池以设定好的电流进行放电,直至电池电压达到技术规范或产品说明书中规定的放电终止电压时停止放电,静置一段时间,然后再进行充电。

充电一般分为两个阶段,先以固定电流恒流充电,至蓄电池电压达到技术规范或产品说明书中规定的充电终止电压时转恒压充电,此时充电电流逐渐减小,直至充电电流降至某一值时停止充电,充电后也需静置一段时间。

在充电完成后,在设定好的环境下以固定的电流进行放电,直至达到放电终止电压为止，用电流值对放电时间进行积分计算出容量（Ah）。

4.寿命检测

电池在使用过程中的容量会逐渐损失。导致锂离子电池容量损失的原因有很多，有材料方面的原因，也有生产工艺方面的因素。一般认为，当旧的蓄电池只能充满原有电容量80%的时候，就不再适合继续在新能源汽车上使用，但可以进行梯次利用、回收、拆解和再生。

电池的寿命有循环寿命和日历寿命之分，其中应用最多的是循环寿命。

常规的循环寿命测试方法基本上就是容量测试充放电过程的循环：典型的方法是将蓄电池充满电，在特定温度和电流下放电，直到放电容量达到某一预先设定的数值，如此连续重复若干次。再将电池充满电，将电池放电到放电截止电压后，检查其容量。如果蓄电池容量小于额定容量的80%，则终止试验，充放电循环在规定条件下重复的次数为循环寿命。

上述这种静态测试方法可以检测出同批次或不同批次动力蓄电池的性能，却无法反映动力蓄电池应用于新能源汽车时的性能表现及使用时间。随着不同种类新能源汽车动力系统构型、车辆行驶工况和所处气候条件的差异，导致在实际使用过程中动力蓄电池的性能有显著差别。

5.一致性检测

1）电池组电压一致性检测

通过检测电池组的实时电压，比较单体电池之间的电压差，判断电池组电压整体的偏差情况，进而做出一致性好坏的判断。为保证各个电池状态相接近，这种方法一般选择在电池极柱温度与外界温度相接近的情况下进行检测，可以认为在该阶段下，电池电压接近其平衡电动势，其一致性描述比较有意义。但是，在电动汽车的使用过程时，由于电流变化较大，其电池电压也会发生较大的变化，此时通过电压描述一致性会发生一定的偏差，较难准确地描述电池组性能。

2）电池组内阻一致性检测

这种方式可以从本质上描述电池性能，是通过判断单体电池内阻之间的差别，进而获得电池组一致性的一种方法。不过这种方式由于需要预留电池组一定的静止时间，因此无法在整车使用过程中进行实时检测。但是可以将整车电池组一致性的判断与整车维护相结合，因此，可以选择在充电结束后静置一段时间后或在做电动汽车定期保养时进行。

6.电池组温度分布特性检测

电池组的温度分布特性检测主要是验证电池组在使用过程中的性能和安全状态。若电动汽车上有局部电池或电池组温度高于其他部分，则说明该部分可能出现电路故障或者存在一定的热源隐患，应立即进行问题排查。温度方面的检测一般要求将电动汽车放置于一个温度较为恒定的系统中，并对动力蓄电池进行不同倍率的充放电测试，进而采集电池系统各个位置下温度的变化，来确定动力蓄电池在不同的位置下的温度特性。由于该方式对环境温度以及电池系统温度采集点数量的要求比较高，所以目前能支持这种方式进行检测的动力蓄电池系统以及相关配套条件的场所还很少。

二、任务实施

比亚迪 e5
动力蓄电池检测 01

比亚迪 e5
动力蓄电池检测 02

比亚迪 e5
动力蓄电池检测 03

(一)实施要求

本任务主要学习新能源汽车动力蓄电池模组检测的相关知识。具体内容是进行动力蓄电池高压系统的下电和验电操作及对动力蓄电池的性能进行检测。

(二)实施准备

(1)防护装备:安全防护装备。

(2)车辆、台架、总成:比亚迪 e5 整车或动力蓄电池台架,或其他车型整车或台架。

(3)专用工具、设备:电压表,故障检测仪。

(4)手工工具:无。

(5)辅助材料:警示标识和设备,绝缘地胶,清洁剂。

(三)实施步骤

(1)安装车外前格栅防护套、左右翼子板防护。

(2)用扳手拧松蓄电池负极线固定螺栓,取下负极线,并对负极端子做好防护。

注意事项:

①拆卸蓄电池负极前,必须确保点火开关处于关闭状态,并将车钥匙放在口袋。

②必须等待 15min 后方可进行下一步操作。

(3)使用绝缘工具拆卸动力蓄电池电源线束接头固定螺栓,并取出线缆。

注意事项:

①拆卸前,必须先拆卸蓄电池负极,并等待 15min。

②拆卸高压零部件前,必须做好防护措施。

③拆卸高压零件时,必须使用绝缘工具。

(4)测量动力蓄电池电源线束电压。

①使用万用表直流电压挡测量,红色表接触笔接动力蓄电池电源线束正极(+),黑色表接触笔接动力蓄电池电源线束负极(-)。

②观察万用表的读数,确定电线组高压线束端口是否存在高电压。

③测量结束,关闭万用表。

(5)安装动力蓄电池母线线缆。

①安装线缆,并带上固定螺栓。

②使用绝缘工具紧固动力蓄电池电源线束接头固定螺栓,标准力矩为 10N·m。

(6)清除防护胶带。

(7)安装辅助蓄电池负极端子。

(8)进行 6S 操作。

(9)总结新能源汽车动力蓄电池高压系统下电和验电及性能检测要点及注意事项，认真填写工作任务单。

三、任务工单

任务实训工作记录单

<table>
<tr><td>任务名称</td><td colspan="6">新能源汽车动力蓄电池模组检测</td></tr>
<tr><td>姓名</td><td></td><td>班级</td><td></td><td>分组</td><td colspan="2"></td></tr>
<tr><td>教师</td><td></td><td>地点</td><td></td><td>日期</td><td colspan="2"></td></tr>
<tr><td>具体内容</td><td colspan="6">高压系统下电及验电操作；动力蓄电池的性能检测</td></tr>
<tr><td>设备工具</td><td colspan="6">比亚迪 e5 整车或动力蓄电池台架，或其他车型整车或台架；
电压表，故障检测仪</td></tr>
<tr><td>组员分工</td><td colspan="6"></td></tr>
<tr><td colspan="7">实训过程内容与流程记录</td></tr>
<tr><td>实施内容</td><td colspan="6">
(1)从外观结构上看，你能判断这个动力蓄电池模组是由多少个电池单体串联起来的吗？额定电压是多少？在测量操作前请做好安全防护并记录防护的内容。

(2)请写出高压系统下电及验电流程。

(3)测量并记录以下参数，并判断是否正常。
<table>
<tr><th>任务</th><th>标准值</th><th>实测值</th><th>判断</th></tr>
<tr><td>测量动力蓄电池模组上每个单体的电压</td><td></td><td></td><td>正常□　异常□</td></tr>
<tr><td>测量动力蓄电池模组的总电压</td><td></td><td></td><td>正常□　异常□</td></tr>
<tr><td>测量动力蓄电池模组总正端子与电池金属外壳之间的电压</td><td></td><td></td><td>正常□　异常□</td></tr>
<tr><td>测量动力蓄电池模组总负端子与电池金属外壳之间的电压</td><td></td><td></td><td>正常□　异常□</td></tr>
<tr><td>用电池内阻检测仪测量动力蓄电池模组上每个单体的内阻</td><td></td><td></td><td>正常□　异常□</td></tr>
<tr><td>测量动力蓄电池模组上温度传感器的阻值</td><td></td><td></td><td>正常□　异常□</td></tr>
</table>
(4)比较一下所有单体电压之和与电池模组的总电压相等吗？是否正常？
</td></tr>
</table>

续上表

实训任务回顾与总结	
任务收获与结果	
建议和改进措施	

任务2 动力蓄电池的常见故障检测

任务描述

对于任何新能源汽车电池组的故障分析和处理，前提是必须了解这些电池的性能和特征，以及各种常见故障的现象、原因和处理措施。请你根据所学知识，完成动力蓄电池常见故障的检测。

一、知识准备

(一)常见电池故障

1. 电池组容量降低

(1)现象。

电动汽车在使用过程中，出现续航里程短的现象，显示电池容量不足。

(2)原因分析。

出现上述现象，可能有以下原因。

①单体电池电压不一致，容量差异性大，单体电池过早保护。

②电池组处于寿命后期，容量下降。

③电池组出现温度保护。

④外围电路存在高能耗负载。

⑤电池(Ni—MH)长期浅充、浅放，存在记忆效应。

⑥放电平台过低达不到要求而过早失效。

⑦电池组放电环境温度低。

⑧长期在超出电池组能力的情况下使用，衰减加快。

(3)故障原因确定与处理措施。

首先确定充电是否正常，每次充电的充电量是否偏低，由于充电量偏低而导致放电容量下降，需要从充电方面去查找故障原因。其次，检查放电环境温度记录，温度低放电容量会明显下降。

故障处理与故障原因的确定是紧密相联的。有些故障往往在查找故障原因的过程中就得到了修复,比如记忆效应、环境原因等;而有些故障原因需要在维修过程中才能完全确定。对于电源系统研究者来说,故障的处理并不是主要的,关键在于查找故障原因,避免同类问题再次发生才是主要的。

在新能源汽车车用动力电源系统中,一般单体电池出现故障,如内阻升高、漏液等,此时已经严重影响到电池的性能,建议更换电池,但应作好记录,更换的新电池在随后的应用中会比其他电池表现的性能好一些;对于排除外部因素的故障原因,若大部分电池内阻有明显升高,出现电池组容量降低的情况,此时电池组寿命已经到末期,已经没有维修意义,建议直接更换电池组;对于电压不一致,但各单体电压均在正常范围内的情况,通常为电池自放电不一致引起荷电量差别较大,可采用多次充电均衡的方法将电池调整一致。

2. 电池组充电异常

(1)现象。

在动力蓄电池管理系统(BMS)无故障的前提下,新能源汽车电源系统充电的过程中,显示充电电压高、充电时间短,或者根本充不进电。

(2)原因分析。

电池组充电电压过高,有可能是以下几种原因。

①电池或充电环境温度低。

②电池寿命后期,内阻增加。

③电池实际容量已下降,仍以原来的倍率进行充电,相对充电倍率大。

④电池之间连接松动,连接内阻大。

⑤电池组荷电量已经很高。

⑥充电机故障,充电电流大。

⑦电池组长期贮存,首次充电即以较大电流进行充电。

电池组充不进电有可能是以下几种原因。

①电池内阻增加,或连接松动。

②电池组内部出现断路。

③电池组内部出现微短路。

(3)故障原因确定与处理措施。

故障的确定和处理流程与上面的基本相同,首先应排查外部因素,如环境温度和充电机;其次从新能源汽车电源系统方面查找问题,分 BMS 和电池组,排除 BMS 问题,电池组再分为连接部件问题和单体电池问题,排除连接部件问题,最终排查单体电池的问题。

确定电池使用的环境温度,一般动力蓄电池的充电温度在 0 ~ 30℃,若低于 0℃,充电电压会明显升高,温度过低,电压可能会直接上升到保护电压值,导致根本充不进电。若充电环境温度过低,应将电池组放置于室温环境中,并搁置足够长的时间,对于大型电池组可以用小电流充电使其温度较快回升,在室温下进行充电检查,看是否能正常充电。

若在正常温度下进行充电,电压仍偏高,可以观察阶跃充电检查系统的直流内阻是否明显增大，同时看 BMS 检测单体的电压数据，若有某些电池电压偏大，其他电压正常，则可能是这些电池长期过充、过放，造成内阻增大甚至断路，这种情况应更换此部分电池。若电压均一性比较好，检查单体电池电压之和与总电压数据相比是否相差过大，若差别较大表明电池组内部线路连接松动，应进行维修。

若上述均正常，并且排除了充电机无故障，则可能是新能源汽车电池组实际容量已经偏低，但仍按原来容量的倍率进行充电，导致相对电流大，电压升高，此时应修改充电制度，改以较小电流进行充电。

对于车用动力电源系统，充电过程中应开启通风系统，否则会出现高温保护。

3. 电池组放电电压低

(1)现象。

输出功率能力下降，正常电流放电电压平台明显下降，荷电量低时不能启动。

(2)原因分析。

①新能源汽车电池内阻增大。

②内部发生微短路或有电池短路，串联数量减少。

③电池包内或环境温度低。

④连接松动。

⑤荷电量低。

⑥长期贮存未有效活化；

⑦部分类型的电池长期浅充浅放存在记忆效应。

(3)故障原因确定与处理措施。

一般放电电压低与充电电压高的原因是一致的，处理方式和处理措施一样。有两个原因不同，一是电池内部发生微短路，或者新能源汽车电池内部有电池短路，表现为串联电池数量减少，一般微短路的电池在充电后搁置，其电压会明显降低，或者充电时电压就已经很低，在充放电过程中进行监测便可查到这些问题；二是若电源系统本身发生漏电现象，也会出现放电低电压的现象，此时应检查电池组与车体的电压，找出漏电点，进行排除。对于电池包内部出现的内短路现象，大多是由于电池漏液等引起的，此时应拆开电池包进行检查，清理电池包内部，更换坏电池。

4. 电池的自放电

(1)现象。

车辆经较长时间的搁置（如晚上停车），能够较明显感觉新能源汽车电池电量有下降，或搁置前后系统 *SOC* 显示差别过大。

(2)原因分析。

①*SOC* 判断模型不准确。

②高温贮存时间较长。

③系统中有较大的漏电现象。

④电路中有较大的耗电设备。

⑤漏液。

漏液就是电解液泄漏到动力蓄电池外部的现象。电池漏液影响外观,也会造成电池短路,因此,控制漏液的技术往往成为检验碱锰电池质量和考验制造技术是否成熟的关键。

(3)故障原因确定与处理措施。

SOC 模型判断不准确,在台架检测时就应当能被发现,如停止应用后,搁置较短时间(1~2天),*SOC* 显示下降明显,但电池实际性能并没发生变化。

确定是否为高温贮存的问题,可以通过高温情况下,电池自放电加大的特性,检查电池组的储存环境,直接进行判断。

确定电池组中部分电池出现微短路的问题,可以通过将电池组放完电搁置一段时间后的电压变化情况来进行判断。有明显微短路的电池搁置一段时间(如2~7天),电压会明显下降甚至为0V。对于搁置后电压有下降,但仍较正常(如Ni—MH电池电压1.0V,其他电池电压1.2V,或者 $LiFePO_4$ 电池电压2.5V,其他3.0V以上等),这些一般不会影响到新能源汽车电池组的正常应用。充满电的电池进行搁置,电压变化会不明显,所以建议放电后进行搁置,有条件的可以高温搁置以缩短搁置时间。

漏电损失受到电池的使用和维护操作的影响。影响的主要因素是电池表面的清洁程度。电池泄露、外部空气带来的水分、灰尘等都会在电池表面形成回路,使电池发生漏电。由此引起的电池组自放电是不可预见的,但可以通过良好的维护予以预防。表面漏电往往只影响到电池组中的部分电池,但对整体的影响却非常恶劣,因为电池组的容量受电池中容量最低的单体电池的限制,并且部分漏电会引起电池组内部各单体电池荷电状态的不均衡。

新能源汽车电源系统的漏电(与车体之间)往往可以通过漏电保护装置来发现,但电池包内模块的漏电不容易发现,只有参考电池的充放电情况进行判断,拆包进行维护。

系统与车体的漏电点可以通过测量电源系统总正或总负相对车体的电压进行判断,例如总正对车体的电压为25V,采用的为Ni—MH电源系统,则可能的漏电点在25/2=12.5的位置,即从总正数第12或第13只电池。系统也有可能存在多个漏电点,此时要一个一个依次排查解决。首先应将系统断开,然后将高压系统分成几个低压系统,再分别进行排查。自放电故障维修流程如图5-12所示。

5. 电池组系统局部高温

(1)现象。

车辆在行驶过程中,新能源汽车电源系统某部位温度高出5℃以上,并且多次表现为同一部位。

(2)原因分析。

①冷却通道受阻或该位置的冷却风扇故障。

②局部连接片松动,连接电阻大。

③该部位电池内阻明显增大,产热大。

④设计缺陷,流场存在温度死角。

⑤外围局部环境影响。

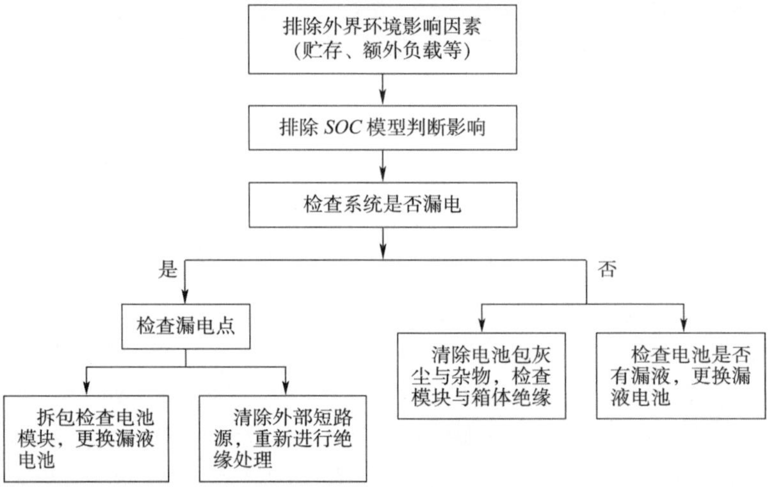

图 5-12　自放电故障维修流程

(3)故障原因确定及处理措施。

电池组局部高温，除了设计造成的流场死角问题外，冷却系统如风扇损坏、进出风口由于灰尘等堵塞是常见的因素，风机有故障需要进行更换，风道应定期清理。另外，若电池组在应用过程中，外围设备影响电池包局部位置，也可能会引起电池包内局部温度过高，如局部位置靠近发动机等。局部高温另一个主要因素是应用过程中局部产生了热源，热源主要是高电阻引起的，引起高电阻的原因一般有两个，一是新能源汽车电池本身内阻加大，充放电过程中产热高；另一方面是连接片或接线端子松动，电阻升高。如若一个连接片松动，产生 5mΩ 的电阻，平均应用电流按 50A 计算，则产热功率就会达到 12.5W，短时间内温度会急剧上升，因此对于主电流回路的线路连接，应定期进行检查，否则松动后很容易出现打弧烧坏接线柱的情况，并且容易影响到电池性能。

6. 电池组系统单体电压一致性较差

(1)现象。

新能源汽车电池组系统应用或搁置过程中，电压一致性明显偏大，经常出现单体电池放电保护或充电保护，而其他电池电压仍较正常。

(2)原因分析。

①长期搁置，电池自放电不一致。

②系统内部有微短路现象。

③有电池微短路。

④长期循环电池衰减不一致。

(3)故障原因确定与处理措施。

单体电池电压一致性差是电源系统应用中最常遇到的问题。一致性变差的主要原因是各电池的自放电不一致。在某些应用中，如混合动力电动汽车，电压略有差别并不影响系统的正常使用，只要在使用过程中单体电池的充放电电压达不到上下限值就可以符合使用要求。

7. 电池组系统结构件损坏

新能源汽车电池组系统结构件因跌落、碰撞、振动、冲击等环境因素而被损坏。故障主要分两种情况，一种是只限于结构件损坏并不影响电池本身和电池的充放电；另一种是不仅损坏结构件，而且对电池的性能有负面影响，如电池组与外界联系的回路断路、电池发生挤压等都会对电池性能有影响，严重的还可能会导致安全事故。

一般视损坏的程度和损坏的性质来决定电池组是否还有维修价值。外部结构件损坏原因很多，需要具体问题具体分析，确定是未合理使用造成的还是设计本身造成的，需要分别进行处理和修复。

在新能源汽车的应用中，电池出现故障或损坏有几方面的原因，一是电池自身的原因，如电池内部的短路、电池之间连接不可靠等，这样的故障一般是偶然出现的，而且也只是整套系统中某个或某些个电池出现问题；二是 BMS 出现问题，如管理策略有问题、判断方法不准确等，也会使电池出现故障，这种故障有可能会造成整组电池出现过充、过放，或者 *SOC* 经常超出控制的范围的问题。另外整车控制策略也会造成影响，同样，影响的是整个系统的而不仅是单体电池。所有这些原因最终都表现为电池故障，因此应从根本上分析解决问题。

8. 电池变形

电池变形一般指电池出现鼓胀，原因是电池内部产生大量气体，不能自身消除，泄气速度大大超过气体的复合速度，并且电池泄气阀没有打开或打开滞后。对于 Ni—MH 电池或锂离子电池，如果电池已经出现变形，则表明电池内部的电极已经发生了较大的变化，电解液损失（分解）较严重，已经不具有维修价值，需更换电池，这类电池一般内阻比较大。

9. 电池打弧击穿

采用金属壳体的电池，某些情况下可能会出现打弧击穿现象，这种现象与电池出现内部短路的情况不同，一个是电池外面因素引起的，从外面打弧使电池受损害；一个是由电池内部因素引起的，从电池内部开始出现短路，使电池受到破坏。两种情况通过对电池受损点的观察以及电池的解剖分析可以进行分辨。打弧一般由两方面的因素导致，一是电池组合设计不合理，相邻的导体之间有较高的电压差；另一方面是电源系统的绝缘设计不合理，在电池包内部受潮或者电池出现漏液的情况下，引起系统漏电，出现打弧现象。出现此问题需要对电源系统的设计进行改进。

(二)动力蓄电池管理系统故障诊断

1. 动力蓄电池故障征兆

新能源汽车的动力蓄电池系统发生故障时，会导致高电压系统内接触器不能工作，使车辆失去动力而不能行驶，同时位于仪表板的动力系统故障指示灯点亮。关于动力蓄电池的故障，仪表盘上一般显示动力蓄电池过热故障指示灯、动力蓄电池故障指示灯，如图 5-13 所示。部分车型还增加了动力蓄电池绝缘故障、动力蓄电池系统断开故障指示灯等，常见故障指示灯见表 5-3。

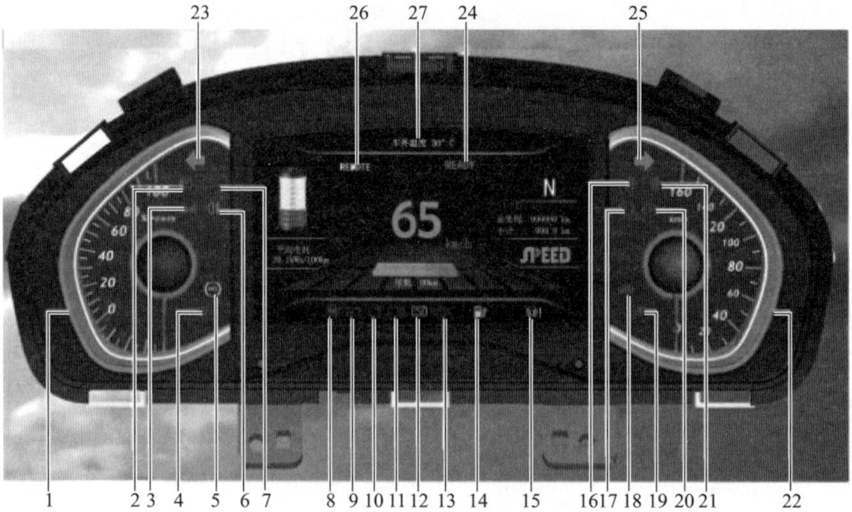

图 5-13　比亚迪 e5 仪表盘故障指示灯

动力蓄电池故障指示灯列表　　　　表 5-3

故障类型	故障灯	故障含义
动力蓄电池故障	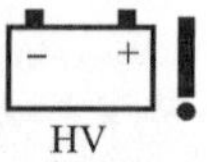	灯亮起时，代表着动力蓄电池可能存在故障，要慢速行驶，并及时进行维修，如果感觉到明显的故障，最好不要再继续行车，应及时申请救援
动力蓄电池过热故障	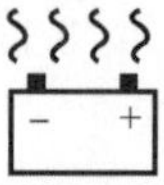	灯亮起时，说明动力蓄电池过热，此时最好不要继续行驶，应该靠边停车，等待动力蓄电池冷却，故障灯熄灭后再行驶
动力蓄电池绝缘故障		灯亮起时，说明动力蓄电池绝缘性能降低，可能是由长时间淋雨造成的，静放几天等车辆干燥后再查看故障是否还存在，若存在，需及时进行维修
动力蓄电池系统断开故障	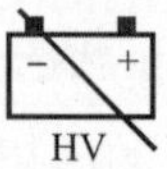	灯亮起时，表示动力蓄电池不能提供动力来源，电池动力已切断，需及时进行维修

2. 动力蓄电池系统故障码读取与清除

动力蓄电池系统故障码读取与清除步骤为：连接诊断仪→选择车型→选择诊断项目→选择控制单元→选择动力模块→选择动力蓄电池管理系统→（功能菜单里）选择读取故障码→选择清除故障码。

3. 动力蓄电池系统数据流读取

动力蓄电池系统数据流读取步骤为：连接诊断仪→选择车型→选择诊断项目→选择控制单元→选择动力模块→选择动力蓄电池管理系统→（功能菜单里）选择读取数据流。

4. 车辆不能上电故障诊断

以比亚迪秦不能上电故障为例进行介绍。

（1）故障现象。

一辆比亚迪秦按下起动按钮，仪表点亮，但 OK 灯不亮。

(2)原因分析。

①比亚迪秦高压配电系统。

比亚迪秦高压配电系统主要由动力蓄电池、接触器、电容、压缩机、PTC、逆变器、驱动电机组成。比亚迪秦高压配电系统连接电路图如图 5-14 所示。

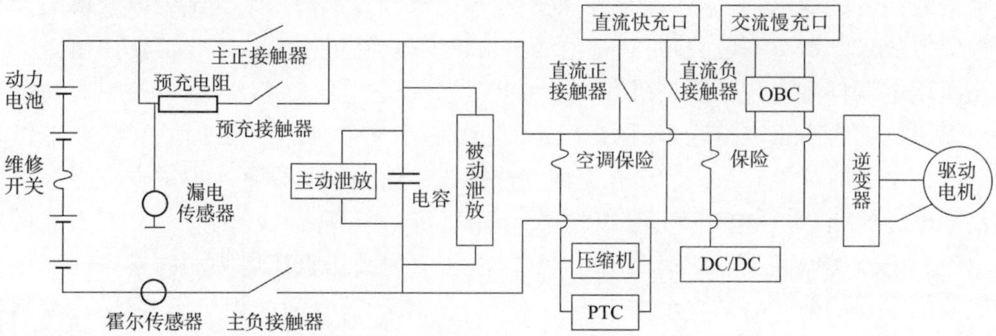

图 5-14 比亚迪秦高压配电系统连接电路图

动力蓄电池主要采用磷酸铁锂正极材料,动力蓄电池系统由动力蓄电池模组、动力蓄电池信息采集器、动力蓄电池托盘、动力蓄电池包密封盖、动力蓄电池采样线组成,额定电压为 389.6V,总电量为 40.6kWh。动力蓄电池系统主要由 BMS 进行内部电池信息采集计算并通过 CAN 总线与外部电脑模块进行通讯。

BMS 用于监测电压数据、监测电流数据、监测电池温度数据、监测碰撞与漏电数据。比亚迪秦电池 BMS 在上电过程中主要负责检测动力蓄电池的互锁信息,单体电池的电压、温度及放电电流信息无误的情况下,并且得到外界的上电命令后,控制预充、主正、主负等接触器吸合完成高压上电。当出现以下情况时:单节电池电压过低或过高报警;放电或充电过流时出现过流报警;电池组过热严重报警;出现碰撞与漏电。系统会采取以下相应措施:行车中,仪表灯亮,立即断开主接触器;停车中,禁止上电,仪表灯亮,报动力系统故障;充电中,断开交流电接触器,仪表灯亮,报动力系统故障;大功率设备(主电机、空调压缩机和 PTC)停止放电,延迟 10s 切断主接触器,断开负极接触器,仪表灯亮,仪表显示报警信息。

接触器主要用于控制高压导线正极和负极的接通与断开。接触器一般布置在动力蓄电池组总成内部,但比亚迪秦将接触器布置在充配点总成内部。接触器主要由主负接触器、主正接触器和预充接触器组成。接触器的断开和闭合是通过 BMS 控制的,当内部接触器断开时,整车仅动力蓄电池上会存在高电压,位于接触器下游的高压系统部件不再有高压电。为防止接触器在闭合和断开瞬间出现电弧,在主电路中会设置预充电阻,接触器的闭合存在先后顺序,一般是先闭合主负接触器,再闭合预充接触器,最后闭合主正接触器。

薄膜电容并联在动力蓄电池中,主要用于保持动力蓄电池高电压的稳定性,起到滤波作用,防止高压用电器在瞬间高压下,特别是驱动电机会产生巨大的感应电动势烧坏高压用电器。薄膜电容一般安装在电机控制器内部,但比亚迪秦安装在充配电总成内部。在高压下电过程中,由于电路中存在电容,部分高压线束中依然存在高压电。主动泄放电路就是在高压电断电时强制对电容放电,可在 5s 内将高压回路直流母线电压泄放到 60V 以下。被动泄放回路做为主动泄放失效的二重保护,一般安装在各高压用电器中,关闭高压系统时,组件内的电容通过该回路可在2分钟内将高压回路直流母线电压泄放到60V以下。

漏电传感器主要用来检测高压线束与车身接地之间的绝缘电阻,漏电传感器作为一个电脑模块安装在充配电总成内部并可通过CAN总线与外界进行通讯。漏电传感器在低压电上电完成后,每隔一定时间会向高压线上与接地之间发送500V的高压脉冲,检测高压线与接地线之间的绝缘电阻。绝缘故障根据电池包内部和外部高压线的绝缘电阻值的大小分为一般漏电故障和严重漏电故障等,在绝缘电阻较低时,接触器无法闭合,高压不能上电。

高压用电器件主要包括压缩机、PTC、DC/DC、车载充电器(OBC)、电机控制器和驱动电机。压缩机内部含有带IGBT模块的电机,在空调制冷时作为制冷剂的动力源,在工作时需要用到高压电同时耗电较大。PTC在空调制热过程中作为加热循环水的部件在工作时需要用到高压电,功率较大耗电快。DC/DC主要作用是将高压直流电转化为14V左右的低压电为蓄电池充电。OBC主要功能是将220V交流电转变为高压直流电为动力蓄电池充电。电机控制器的主要功能是将来自动力蓄电池的高压直流电转变为三相交流电,同时控制电机的转动,并能进行能量回收为动力蓄电池充电。驱动电机一般为永磁同步电机,作为车辆驱动的动力源,需要使用三相交流电驱动车辆。

②比亚迪秦高压上电逻辑。

当用户按动点火开关并踩下刹车,点火开关将点火信号传送给车身控制模块(BCM),刹车开关将刹车信号传送给BCM。BCM通过启动子网请求智能钥匙模块,钥匙模块收到指令后通过车内天线发出低频信号寻找智能钥匙。智能钥匙在车内时将收到来自天线的低频信号认证通过后同时发出高频信号到钥匙模块I-KEY内的高频接收器,智能钥匙模块在收到来自智能钥匙的高频信号后进行认证识别。智能钥匙模块判断钥匙身份后通过启动子网发送上低压电请求,BCM同时判断点火开关信号、刹车信号和钥匙信号,信息正确后,BCM通过硬线发出控制信号控制继电器的吸合,完成低压电供电。

在BCM为各个模块供上低压电后,BCM通过动力CAN线向整车控制器(VCU)发送请求高压上电要求,VCU通过动力CAN线与BCM询问钥匙是否在车上,BCM与智能钥匙模块完成钥匙查询后,VCU与充配电总成、电机控制器、漏电传感器和BMS通讯正常后,VCU向BMS发送上电指令。当BMS接收到启动信号以后,通过CAN线与电池信息采集器通信,检测电池包内单节电池电压、温度及容量等参数是否正常,并通过高压互锁线检测高压线束是否连接正常。如果以上参数正常,BMS开始控制充配电总成内部预充接触器与负极接触器吸合,在主负接触器和预充接触器闭合后动力蓄电池对薄膜电容进行预充电,电容充电达到动力蓄电池的70%时,完成预充电,充配电总成通过CAN线告知BMS预充完成,BMS即断开预充接触器,吸合正极接触器,整车高压上电,如果BMS在10s之内仍未检测到预充完成信号,则断开预充回路,预充失败,高压不上电。比亚迪秦高压上电逻辑如图5-15所示。

③比亚迪秦电池BMS不能上电故障原因。

主要有以下几个原因:

BMS的电源;

BMS的接地;

BMS的CAN线;

BMS 的自身故障；
电池高压互锁故障；
电池信息采集系统的故障；
单体电池故障(欠压、过压、漏电)；
主正接触器、主负接触器、预充接触器故障。

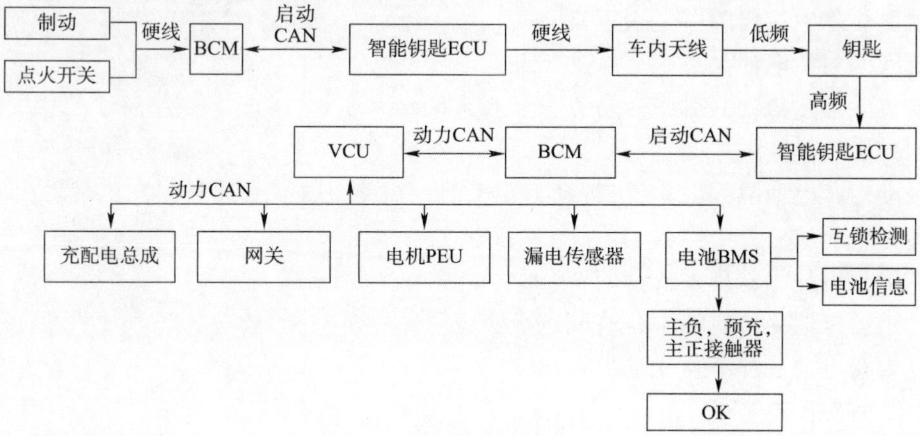

图 5-15 比亚迪秦高压上电逻辑

(3)维修过程。
①首先用诊断仪读取动力蓄电池管理系统的故障码。
②检测 BMS 的电源是否正常。
③检测 BMS 的接地是否正常。
④检测 BMS 的 CAN 线是否正常。
⑤检测 BMS 的自身是否正常。
⑥检测电池高压互锁是否正常。
⑦检测主正接触器、主负接触器、预充接触器是否正常。
⑧单体电池电压是否正常。
⑨电池信息采集是否正常。

5. 充电功率为 0 故障诊断

以比亚迪宋 Pro DM 为例。
(1)故障现象。
一辆比亚迪宋 Pro DM 在充电时仪表板上没有显示充电功率与充电时间。
(2)原因分析。
①车载充电器故障。
②BMS 故障。
③线路故障。
④霍尔电流传感器故障等。
(3)维修过程。
①首先用诊断仪读取动力蓄电池管理系统的故障码。

②检测车载充电器是否正常。

③检测 BMS 的电源是否正常。

④检测 BMS 的接地是否正常。

⑤检测 BMS 的 CAN 线是否正常。

⑥检测 BMS 的自身是否正常。检测电池高压互锁是否正常。

⑦检测霍尔电流传感器是否正常。

⑧更换动力蓄电池。

6. 动力蓄电池组过热引发的动力蓄电池系统故障诊断

(1)故障现象。

导致动力蓄电池隔膜融化,出现动力蓄电池内短路,从而引起热失控,出现着火、爆炸。

(2)原因分析。

①动力蓄电池热管理系统有问题。

②动力蓄电池单体电池本身有问题。

③动力蓄电池装配节点松动。

(3)处理措施。

停止充电、加热、行车,等温度自然降低,如果重新上电车辆恢复正常,则不需要进行维修;如果重新上电车辆不能恢复正常,或者较短时间内温度仍迅速上升,则需要按照"建议的维修措施"进行检查维修。

(4)建议的维修措施。

①采集动力蓄电池温度数据,检查温度传感器与实际温度差异。

②检测动力蓄电池热管理系统。

③检查动力蓄电池单体电池状态。

④检查动力蓄电池系统装配问题。

7. 动力蓄电池漏电故障诊断

以比亚迪 e5 为例进行介绍。

(1)故障现象。

动力蓄电池漏电分两种情况:一般漏电和严重漏电。动力蓄电池出现漏电时,仪表板上会显示动力蓄电池漏电故障,出现严重漏电时,车辆会限速至最高 60km/h。

(2)原因分析。

用 VDS2000 读取数据(漏电故障)。

戴上绝缘手套,穿上绝缘鞋,在确保安全的情况下用万用表测量动力蓄电池的数据:正极对车身电压 V_1,负极对地电压 V_2,总电压为 V。

若 $V_1 > V_2$,正极并联电阻 R(最好选 100kΩ 或 110kΩ)后测量对搭铁电压 V_3。R 绝缘 $= (V_1 - V_3)/V_3 \times R$。

若 $V_1 < V_2$,负极并联电阻 R(最好选 100kΩ 或 110kΩ)后测量对地电压 V_4。R 绝缘 $= (V_2 - V_4)/V_4 \times R$。

若 R 绝缘 $< 500\Omega/V$,动力蓄电池漏电。

(3)处理措施。

将动力蓄电池拆卸后交付给专业人员进行专业检修。

8. 容量标定错误

(1)故障现象。

由外界人为因素对动力蓄电池容量大小、当前 *SOC* 未进行标定匹配引起的错误。容量标定错误将会导致车辆的续航里程与当前 *SOC* 值不匹配,严重情况下会出现续航里程跳变或驾驶人误判续航里程导致车辆抛锚。

(2)处理措施。

①条件允许的情况下,通过充电柜对车辆放电至车辆自动切断动力,然后给车辆充电至 *SOC* 为 100%,在 *SOC* 为 90%左右时,通过前舱动力网 CAN 口连接上位机,打开 BMS 监控系统,采集到车辆充电到 *SOC* 为 100%时的充电容量,将此充电容量重新标入 BMS 中,恢复车辆上电,车辆恢复正常。

②如果不能通过充电柜对车辆进行放电,则需要 *SOC* 尽量小的情况下将车辆停放在充电位上,开启 PTC 制热将车辆电量放电至动力自动切断,然后给车辆充电至 *SOC* 为 100%,在 *SOC* 为 90%左右时,通过前舱动力网 CAN 口连接上位机,打开 BMS 监控系统,采集到车辆充电到 *SOC* 为 100%时的充电容量,将此充电容量重新标入 BMS 中,恢复车辆上电,车辆恢复正常。

③新能源汽车的 BMS 自带修复功能,如果上述两种情况均无法操作,车辆在多次充放电后会将车辆容量修正为接近实际容量。但是此方法可能会让驾驶人误判续航里程导致车辆抛锚。

二、任务实施

(一)实施要求

本任务主要学习新能源汽车动力蓄电池的常见故障。具体内容是对新能源汽车动力蓄电池的常见故障进行检测。

(二)实施准备

(1)防护装备:安全防护装备。

(2)车辆、台架、总成:比亚迪 e5 整车或动力蓄电池管理系统台架,或其他车型整车或台架。

(3)专用工具、设备:比亚迪故障诊断仪器。

(4)手工工具:无。

(5)辅助材料:警示标识和设备。

(三)实施步骤

(1)连接诊断仪(不选择自动识别车型模式,选择手动连接模式与车辆建立通讯)。

(2)读取动力蓄电池故障码,并记录工作过程及结果。

(3)读取动力蓄电池数据流,并记录工作过程及结果。

(4)动力蓄电池的常见故障检测。

(5)进行6S操作。

(6)总结新能源汽车动力蓄电池常见故障检测方法,认真填写工作任务单。

三、任务工单

任务实训工作记录单

<table>
<tr><td>任务名称</td><td colspan="6">新能源汽车动力蓄电池的常见故障</td></tr>
<tr><td>姓名</td><td></td><td>班级</td><td></td><td>分组</td><td colspan="2"></td></tr>
<tr><td>教师</td><td></td><td>地点</td><td></td><td>日期</td><td colspan="2"></td></tr>
<tr><td>具体内容</td><td colspan="6">动力蓄电池常见故障检测</td></tr>
<tr><td>设备工具</td><td colspan="6">比亚迪e5整车或其他车型整车4辆,检测工具4套</td></tr>
<tr><td>组员分工</td><td colspan="6"></td></tr>
<tr><td colspan="7">实训过程内容与流程记录</td></tr>
<tr><td>实施内容</td><td colspan="6">
(1)车辆及诊断仪信息记录。
<table>
<tr><td>诊断仪的型号</td><td></td><td>诊断仪剩余电量</td><td></td></tr>
<tr><td>动力蓄电池控制单元全称</td><td></td><td>诊断座安装位置</td><td></td></tr>
<tr><td>车辆识别信息</td><td colspan="3"></td></tr>
</table>
(2)读取动力蓄电池系统数据流。
<table>
<tr><td>故障代码</td><td colspan="2"></td></tr>
<tr><td>参数名称</td><td>静止工况数据</td><td>判定</td></tr>
<tr><td>电池组当前总电压</td><td></td><td>正常□ 异常□</td></tr>
<tr><td>电池组当前总电流</td><td></td><td>正常□ 异常□</td></tr>
<tr><td>动力蓄电池单体电芯的电压</td><td></td><td>正常□ 异常□</td></tr>
<tr><td>动力蓄电池控制单元中电池荷电状态的数据流</td><td></td><td>正常□ 异常□</td></tr>
<tr><td>动力蓄电池控制单元中的温度数据流</td><td></td><td>正常□ 异常□</td></tr>
</table>
(3)通过读取电池信息,判断电池整体是否正常?

(4)控制单元识别:你是选择自动扫描识别控制单元,还是手动识别控制单元?这两种方法有什么区别?你的诊断仪识别到了多少个车辆控制单元?哪些控制单元存在故障?
</td></tr>
</table>

续上表

实训任务回顾与总结	
任务收获与结果	
建议和改进措施	

任务3 动力蓄电池的更换

比亚迪 e5 电池组拆装

任务描述

维修厂接到一辆比亚迪 e5 故障车，经检测发现需要更换动力蓄电池，请你根据所学知识完成动力蓄电池的更换。

一、知识准备

(一)动力蓄电池包的拆装

由于动力蓄电池的重量可以达到 300kg 以上，这给动力蓄电池的维护和更换带来了很大的困难。因此，更换动力蓄电池至少需要两个人来完成。动力蓄电池组举升台应缓慢、均匀地升降，以防止因惯性而损坏动力蓄电池组。下面以吉利 EV300 纯电动汽车为例，介绍动力蓄电池的更换方法。

1. 动力蓄电池更换前的工作准备

作业前应设置安全隔离、安全警示标志，佩戴个人安全防护用品。由于是带电作业，作业人员需要持证上岗。作业前应检查调整设备、仪表和绝缘工具，测试绝缘垫对地绝缘性能，做好车辆防护，检查动力蓄电池举升台的工作状态是否正常。需要注意的是，在日常工作中，新能源汽车维修工具为耐高压的绝缘工具，要经常维护，确保绝缘性能正常，移动电动工具要接漏电保护开关，以防止触电。漏电的工具需维修合格后方可使用。

动力蓄电池的举升台如图 5-16 所示，在使用之前应当检查其液压升降性能。具体操作方法为：接通设备的电源，按压设备的起动按键将举升台升起到一定的高度，注意不要满负荷升到极限高度，然后再泄压将举升台降下。

(400×400)

图 5-16 动力蓄电池举升台

将车辆移至双柱举升机并检查,以确保车辆正确停放。连接故障诊断仪,起动车辆,确认车辆处于空挡状态,读取是否有故障码。如有其他故障,应先排除。确认为动力蓄电池故障后,关闭点火开关,将钥匙放在口袋里安全保存,然后开始更换动力蓄电池。

2.动力蓄电池拆卸流程

(1)打开前机舱盖,断开低压蓄电池负极电缆,拆卸维修开关并做好保持与防护。如图5-17所示,将车辆用举升机升起,置入平台车,使用平台车支撑动力蓄电池总成。

注意:举升时确保举升机的支撑点不要支撑在动力蓄电池上。

(2)拆卸动力蓄电池总成。断开动力蓄电池进出水管与动力蓄电池的连接;断开动力蓄电池出水管与热交换器的连接;断开动力蓄电池进水管与水泵(水冷)的连接;断开动力蓄电池进水管与电池冷却液膨胀罐加水软管的连接;取下动力蓄电池进出水管。

(3)如图5-18所示,断开动力蓄电池的2个线束插接器2,断开动力蓄电池与前机舱线束的2个线束插接器1;拆卸动力蓄电池搭铁线固定螺母,断开动力蓄电池搭铁线。

注意:搭铁线螺栓在安装时的拧紧力矩为10Nm。

图5-17　拆卸动力蓄电池

图5-18　断开动力蓄电池的线束插接器

现代新能源汽车的动力蓄电池大多采用了水冷系统,如果动力蓄电池带有水冷系统,拆卸水管时,应在下面放置冷却液回收装置,避免将冷却液洒到地上。

(4)拆卸动力蓄电池总成固定螺栓,缓慢下降平台车取出动力蓄电池总成。动力蓄电池下降过程中平台车缓慢向前移动,可以避免动力蓄电池与后悬架的干涉。在安装时固定螺栓拧紧力矩为78N·m。

3.动力蓄电池的安装流程

在安装动力蓄电池时,应当按照与拆卸步骤相反的顺序进行安装,按照维修手册的规范将所有的螺栓拧紧到规定的力矩。在连接线束的插头时必须牢靠,不能有虚接现象,搭铁线的安装必须牢固。

安装动力蓄电池前的检查要求如下。

(1)检查电源线、插头、延长线、保护器是否存在破裂或损坏的现象。

(2)检查是否有过热、冒烟、冒火花的迹象;检查是否有电池系统损坏(如破裂)、电池漏电的情况。

(3)检查动力蓄电池系统、电源线是否出现进水现象。

(4)检查按照操作说明进行操作时,是否有不正常运行现象。

(5)将动力蓄电池的负极装复,将诊断仪与车内诊断接口连接,打开电源,然后进入诊断系统进行测试,并清除故障码。

4. 电池更换与拆装安全注意事项

(1)操作人员在接触高压部件时,必须佩带必要的防护用品,如绝缘手套、绝缘胶鞋等,在车辆被举升的环境工作时应戴好安全帽。

(2)为防止维修动力蓄电池时电解液泄漏造成人身伤害,维修人员必须戴上酸碱手套和防护眼镜,防止电池电解液腐蚀皮肤和溅入眼睛。

(3)为了防止有人未经授权进入工作站,应使用隔离带。

(4)在拆下动力蓄电池单元盖之前,清除高压动力蓄电池单元盖区域中残留的水分和杂质。

(5)在每个工作步骤之前和之后,应仔细对工作部件进行目视检查。例如,在拆卸一个部件时,应同时检查未拆卸的有检测空间的其他部件是否有损坏。

(6)拆卸和插入 BMS 的绝缘监测导线时必须特别小心,因为较薄的导线上存在高压。拔下插头时必须小心,不要拔电线。另外,要注意插头是否锁好,如果未正确锁定,则可能无法识别绝缘故障。

(7)要使维修开关处于断开状态,解除高压危险,拔出维修开关后,维修开关端口需要进行阻塞。

(8)拔出维修开关只会切断从动力蓄电池到高压电气设备的电源,动力蓄电池需要修理时,裸露在外的高压部件必须用绝缘胶带包好,以免触电,如图 5-19 所示。

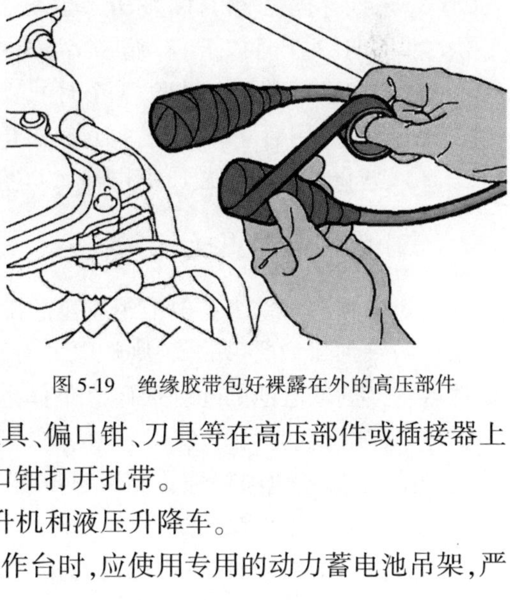

图 5-19 绝缘胶带包好裸露在外的高压部件

(9)不要使用有锐边或尖锐的工具,如螺钉旋具、偏口钳、刀具等在高压部件或插接器上工作。只有在 12V 车载网络线束上,可以使用偏口钳打开扎带。

(10)当需要拆卸动力蓄电池时,使用双柱举升机和液压升降车。

(11)当将动力蓄电池运送到专用电池维护工作台时,应使用专用的动力蓄电池吊架,严禁用手直接提起动力蓄电池。

(12)液压升降台的中心应支撑在动力蓄电池组的底部中心约 2/3 处,以防止电池掉落。

(13)拆卸或安装电池模块连接线只能由 1 人完成,禁止 2 人同时操作,但必须有人员监控。

(14)一定要将前部、后部连接线全部连接完毕后,再进行另外一侧连接线的安装。

(15)拆卸或安装电池模块紧固件时,先将前部、后部模块安装螺栓全部安装完毕后,再进行另一侧所有螺栓的安装。

(16)动力蓄电池箱用螺栓固定在车身底板下,螺栓拧紧力矩为 80 ~ 100N·m。在车辆维修过程中,要观察动力蓄电池箱的螺栓是否松动,动力蓄电池箱是否被严重损坏或变形,密封件是否完整,以保证动力蓄电池能正常工作。

(17)小心轻放,不要乱扔,防止造成电池系统损坏或人身意外伤害。

(18)当工作中断时,应盖住已拆下的壳体端盖,并通过拧入几个螺栓防止其意外打开。

(19)不允许切断高压导体上的电缆扎带,可以松开卡子或将高压线连同支架零件一起拆下来。

(20)拆卸或安装动力蓄电池模块时,必须注意不要松开螺栓并拆下动力蓄电池模块上的塑料盖,因为电池导电接触系统安装在下面。

(21)如果高压动力蓄电池组内部有杂质,应在查明原因后仔细清洗相关零件。

5. 动力蓄电池存储条件

(1)动力蓄电池的储存温度为 20 ~ 35℃,相对湿度≤75%(无水冷凝)。

(2)储存室应保持清洁、通风、干燥和凉爽,避免接触腐蚀性物体或气体。

(3)标记清晰,不应置于阳光下直射,远离火源和 60℃以上热源。

(4)确保电池箱防护罩安装牢固,避免表面被撞击、损坏。

(5)正、负端子需用绝缘胶带或其他绝缘材料绝缘,不得有金属外露。

(6)短期存储(1 个月内)*SOC*≥30%,电池电压≥2.5V。

(7)长期(3 个月以上)存储 *SOC*≥50%,电池电压≥3.0V。

(8)定期进行充放电试验(3 个月),严禁 *SOC* 低于 10% 的存储。

(9)建议使用后立即充储,每月充放电一次,并检查 BMS 功能。

(10)禁止在露天堆放废旧电池,以免造成废旧电池污染环境。

(二)单体电池更换

当新能源汽车动力蓄电池组发生故障或单体电池性能下降时,BMS 将检测到异常工作数据。如果判断为严重故障,则记录并存储故障码和故障电池。通过外部专用测试设备和软件可直接读取电池的地址代码。单体电池更换过程主要包括电池组装、动力蓄电池模块及损坏单体电池的拆卸、单体电池的更换、动力蓄电池模块装入箱内及线束连接、电池模块性能测试、动力蓄电池组性能测试等步骤。

1. 动力蓄电池内阻测试

动力蓄电池组装时,需挑选内阻相近的电池单元组成一组。电池维护过程中,需要测试各单体电池的内阻,把内阻偏大的单体电池挑出来进行更换,以保持电池内阻的一致性。

2. 电池配组

所谓新能源汽车电池配组,就是要保证每个电池组中单体电池容量的一致性。电池配组就是选择性能非常接近的单体电池一起使用,形成一个电池组,以实现更长的寿命。

1)电池匹配的工作流程

对于要更换的电池、通过电池性能测试系统获得电池的开路电压、容量、充放电曲线等信息,并输入到电池模型库中,该库存储所有预期更换电池的信息。

待匹配的电池模块通过电池模块性能检测系统,获取电池模块内所有电池的开路电压、容量、充放电曲线等信息,准确地挑出需要更换的“短板电池”。获取对电池组中其他电池的真实性能和容量的全面评估结果,以及需要匹配的电池的信息。

通过比较电池的开路电压、容量和充放电曲线,利用电池模型库找到匹配度较好的电池。如果测试通过,则完成更换过程。

2)电池匹配要求

(1)充放电电流要求。

容量≤10Ah,充放电电流1A;容量>10Ah,充放电电流10A。

(2)匹配前容量测试。

以恒流恒压方式对电池充电,直至电流降至0.02C并结束充电,然后放电至所需的电池端电压,记录各电池的平台容量和总容量。

(3)匹配前的充电要求。

匹配前对电池充电,标称电压为3.6V的动力蓄电池充电至3.850V;标称电压为3.2V的动力蓄电池充电至3.300V,然后恒压充电,直至电流充电至0.02C结束。

(4)老化储存过程中的压降和内阻变化的测量。

充电后让电池静置1h以上,然后用内阻表测量内阻(精确到0.1mΩ),再用直流挡测量电压(精确到0.001V)。

电池配组要求见表5-4。

电池配组要求 表5-4

自耗电	自耗电差	电压差	内阻差	容量差	平台容量比差
≤3mV/天	≤0.2mV/天	≤10mV	≤内阻平均值×10%	≤标称容量×2%	≤3%

3.拆卸动力蓄电池模块

下面以某新能源汽车为例,说明动力蓄电池模块拆卸过程。

(1)根据动力蓄电池诊断仪显示的故障电池采样点,利用相应的电池位置来确定故障电池的位置和需要拆卸的动力蓄电池模块。

(2)用斜嘴钳将连接动力蓄电池模块和大导线固定端的扎带剪断,放在指定位置。

(3)用专用扳手拧松大导线处的螺栓,将拆下的螺栓、平垫圈、弹簧垫圈、端盖等零件放在指定位置,以便安装时使用。最后,拆下用绝缘带保护的大电线。

4.更换单体电池

(1)安装电池的上下护套。电池上的护套如果有损坏,需要更换新的护套以便安装。安装后,电池应与护套紧密配合,不得有相对运动。

(2)将更换的电池安装到电池模块中,并将其正确放置。如果连接件、侧护套和其他零件损坏,则需要更换新零件进行安装。单体电池是通过焊接连接的,因此更换单体电池时,需要激光切割机切割和分离焊点。

(3)使用连接杆连接单体电池极柱。如果极柱表面有焊点,用砂纸将焊点打磨光滑,以确保连接排的下表面与极柱的上表面紧密接触。用扭力扳手将法兰螺母或铝螺栓固定在电池极柱上。法兰螺母的拧紧力矩设定为5.6N·m,铝螺栓的拧紧力矩设定为3N·m。当确定螺栓已拧紧时,在紧固件上添加螺纹紧固剂。

(4)采样线插接器用螺栓固定在连接排的安装孔上。在固定前,将导热硅胶注入指定位置，小心不要填满安装孔，最好注射到2/3。然后将温度采样管插入安装孔内，温度采样线的下端应与护套平行。最后，用热熔胶将线体固定在电芯的护套上。加热熔胶前，注意确保护套上表面没有灰尘。加热熔体的面积应大于导热硅脂的面积。

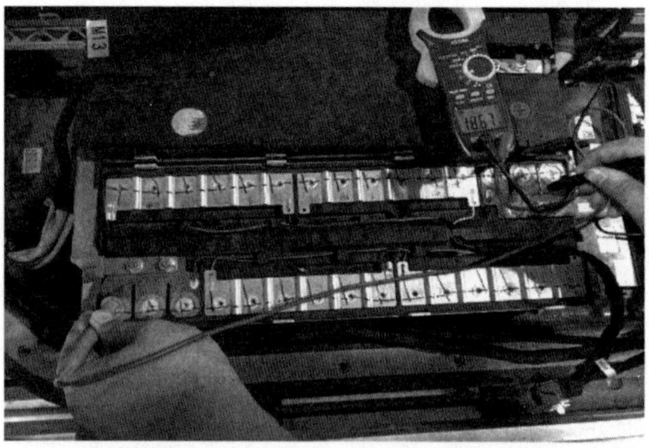

图5-20　测量动力蓄电池模块电压方法

5. 动力蓄电池模块入箱及线束连接

（1）安装电池模块盖。将电池模块安装到电池箱中。安装完成后应使用万用表测量模块的电压，如图5-20所示，以确认电池模块在更换单体电池后安装正常。

注意：如果在安装前要清洁电池箱，应确保电池箱内的绝缘层没有损坏。

（2）安装动力蓄电池模块压盘。用专用扳手将压盘压紧，确保螺栓弹簧垫平整，拧紧后不翘曲。

（3）安装动力蓄电池采集单元。确保收集单元的安装位置正确，端口方向正确。

（4）拆下临时固定线束的绝缘带，并根据标记将插头插入相应的断裂处。安装线束时，应注意插件的插入顺序。连接线束时，使用电缆扎带将线束固定到绑定开口上。

注意：端口处的线束必须留有一些余量。

（5）拆下大导线端部的绝缘保护，将大导线铜线固定在模块输出端，用内六角扳手紧固螺栓，拧紧至规定力矩值。最后，用扎带固定护套，护套必须完全覆盖连接点。

（6）作业结束后整理现场，剪断多余的扎带，放在指定的容器内。清点工具和附件，避免将其留在动力蓄电池箱中。最后，清洗箱内残留的灰尘和杂物。

二、任务实施

（一）实施要求

本任务主要学习新能源汽车动力蓄电池的更换。具体内容是掌握新能源汽车动力蓄电池的拆卸与安装操作。

（二）实施准备

（1）防护装备：安全防护装备。

（2）车辆、台架、总成：比亚迪 e5 整车或动力蓄电池管理系统台架，或其他车型整车或台架。

（3）专用工具、设备：比亚迪故障诊断仪器。

（4）手工工具：无。

（5）辅助材料：警示标识和设备。

(三)实施步骤

(1)实施拆卸动力蓄电池附件,对实训车辆实施高压断电,并在下方记录你的操作步骤、操作要领、注意事项等。

(2)实施拆卸动力蓄电池总成的作业,并在下方记录你的操作步骤、操作要领、注意事项等重要信息。

(3)实施安装动力蓄电池总成的作业,并在下方记录你的操作步骤、操作要领、注意事项、各固定点螺栓标准扭矩等重要信息。

(4)实施安装动力蓄电池附件的作业,并在下方记录你的操作步骤、操作要领、注意事项、各固定点螺栓标准扭矩等重要信息。

(5)进行6S操作。

(6)总结新能源汽车动力蓄电池更换要点及注意事项,认真填写工作任务单。

三、任务工单

任务实训工作记录单

任务名称	新能源汽车动力蓄电池更换				
姓名		班级		分组	
教师		地点		日期	
具体内容	动力蓄电池及各附件的拆卸与安装				
设备工具	比亚迪 e5 整车或其他车型整车 4 辆,检测工具 4 套				
组员分工					
实训过程内容与流程记录					
动力蓄电池的拆卸	(1)记录拆卸动力蓄电池附件的操作步骤。 (2)高低压线束插头的插拔方法。 (3)记录拆卸动力蓄电池总成的操作步骤。				

续上表

实训过程内容与流程记录	
动力蓄电池的安装	(1)记录安装动力蓄电池总成的操作步骤。 (2)记录安装动力蓄电池附件的操作步骤。 (3)高压系统重新启动的作业方法。
实训任务回顾与总结	
任务收获与结果	
建议和改进措施	

习题

一、判断题

1. 储能电池是动力蓄电池的一种,学习动力蓄电池的性能指标,首先要了解储能电池的性能指标。 ( )

2. 对于所有化学电源,即使在与外电路没有接触的条件下开路放置,容量也会自然衰减,这种现象称为自放电,也称荷电保持能力。 ( )

3. 新能源汽车动力蓄电池的主要性能指标包括电压、内阻、容量和比容量、能量以及效率等。 ( )

4. 动力蓄电池作为测试对象的形式有单体和电池组两种形式。单体是电池最基本的单元,又称单元电池,是构成新能源汽车动力蓄电池的基础。 ( )

5. 在基本性能的评价上,测试的是整个动力蓄电池的常规使用寿命,考虑的因素有充放电电流和工作的 *SOC* 范围。 ( )

6. 常用的动力蓄电池性能指标的检测方法包括:荷电状态(*SOC*)、内阻、容量、循环寿命、一致性等检测方法。 ( )

7. 打开前舱盖,需要安装防护三件套,对车辆的漆面进行保护。 ( )

8. 拆卸蓄电池负极前,点火开关可以在任意位置。 ( )

9. 测量动力蓄电池电源线束的电压,通常用万用表的交流电压挡测量。 ( )

10. 在安装动力蓄电池母线上的固定螺栓时，要使用绝缘工具进行安装。 ( )

11. 动力蓄电池作为测试对象的形式有单体和电池组两种形式。单体是电池最基本的单元，称单元电池，是构成车用动力蓄电池的基础。 ( )

12. 在基本性能的评价上，测试的是整个动力蓄电池的常规使用寿命，考虑的因素有充放电电流和工作的 *SOC* 范围。 ( )

13. 禁止未参加该车型高压系统知识培训的维修人员拆解新能源汽车的高压系统。 ( )

14. 当拆解或装配动力蓄电池时，不需要断开 12V 电源和动力蓄电池上的手动维修开关。 ( )

15. 在安装动力蓄电池母线上的固定螺栓时，要使用绝缘工具。 ( )

16. 动力蓄电池组主要由动力蓄电池模组、动力蓄电池管理系统、动力蓄电池箱及辅助元器件四部分组成。 ( )

二、单项选择题

1. 可逆电池是指外接电源电压( )电池装置电动势。

A. 大于　　B. 等于　　C. 小于　　D. 不等于

2. ( )不可作为新能源汽车的动力蓄电池。

A. 铅酸电池　　B. 锂离子电池　　C. 镍氢电池　　D. 锌银电池

3. 关于蓄电池的检测，下列说法正确的是( )。

A. 外观检查时，只检查蓄电池接线柱、电缆和托架固定架是否有腐蚀即可

B. 检查时，检查电周围有无漏液，壳体和桩柱无破损裂纹即可

C. 检测时，要在 12.6V 以上就一定可以用

D. 万用表检测的蓄电池端电压，只能作为检测的参考因素

4. ( )性能比较高，可以快速充电、高功率放电、能量密度高，且循环寿命长，但在高温下安全性能差。

A. 镍氢电池　　B. 锂离子电池　　C. 铅酸电池

5. 动力蓄电池包衰减诊断故障代码在下列( )情况下可能出现。

A. 电池组已经退化到需要进行更换

B. 电池容量已退化到只有原电池容量的 20% 左右

C. 车辆的动力蓄电池包电压为 0V

D. 这些诊断故障代码是根据汽车的行驶里程设定的

6. 动力蓄电池的能量储存与输出都需要模块来进行管理，即动力蓄电池能量管理模块，也称为动力蓄电池管理系统，或动力蓄电池能量管理系统，简称( )。

A. BBC　　B. ABS　　C. BMS　　D. EPS

7. 集中式动力蓄电池管理系统的特征是( )。

A. 电池管理系统与电池包分开　　B. 电池信息采集器与电池管理控制器分开

C. 电池信息采集器与电池模组分开　　D. 信息采集器和管理器集合在一起

8. 分布式动力蓄电池管理系统的特征是( )。

A. 电池管理系统与电池包分开　　B. 电池信息采集器与电池管理控制器分开
C. 电池信息采集器与电池模组分开　　D. 信息采集器和管理器集合在一起

9. 动力蓄电池的主要技术参数有(　　)。
A. 最大放电倍率、重量、充电倍率等
B. 总容量、总电压、最大放电倍率等
C. 总容量、总电压、最大放电倍率、重量等
D. 总容量、总电压、最大放电倍率、重量、充电倍率等

10. 动力蓄电池系统的额定电压为(　　)。
A. 单体电芯额定电压 × 单体电芯串联数
B. 单体电芯容量 × 单体电芯并联数量
C. 动力蓄电池系统的额定电压 × 动力蓄电池系统的容量
D. 动力蓄电池系统总能量密度 × 动力蓄电池系统重量

三、简答题

1. 请简述动力蓄电池发生故障的等级。
2. 纯电动汽车故障灯可以用哪几种颜色代表故障程度?
3. 仪表盘出现 *SOC* 过低报警或保护时,应该如何解决该问题?
4. 电池组拆卸与安装的安全操作及注意事项。
5. 动力蓄电池回收的基本方法。
6. 北汽 EV 系列车型 A 级保养的内容有哪些?
7. 动力蓄电池系统的保养维护内容主要有哪些?

参 考 文 献

[1] 杜慧起,李晶华. 新能源汽车动力蓄电池技术[M]. 北京:机械工业出版社,2021.

[2] 孔超. 纯电动汽车电池及管理系统拆装与检测[M]. 北京:机械工业出版社,2018.

[3] 谭婷,李健平. 新能源汽车电池及管理系统检修[M]. 北京:机械工业出版社,2018.

[4] 许云,赵良红. 新能源汽车动力蓄电池及充电系统检修[M]. 北京:机械工业出版社,2018.

[5] 魏莹. 动力蓄电池管理及维护技术[M]. 南京:江苏大学出版社,2019.

[6] 陈支,蒋瑞斌,熊少华,等. 比亚迪秦高压不上电故障分析与排除[J]. 内燃机与配件,2023(17):67-69.

[7] 李兴虎. 电动汽车概论[M]. 北京:北京理工大学出版社,2005.

[8] 崔胜民. 新能源汽车技术[M]. 2 版. 北京:北京大学出版社,2014.

[9] 王贵明,王金. 电动汽车及其性能优化[M]. 北京:机械工业出版社,2010.

[10] 朱盛镭. 新能源汽车产业[M]. 上海:上海科学技术文献出版社,2014.

[11] 张庆麟. 新能源产业[M]. 上海:上海科学技术文献出版社,2014.

[12] 吴兴敏,于运涛,刘映凯. 新能源汽车[M]. 北京:北京理工大学出版社,2015.

[13] 吴晓斌,刘海峰. 新能源汽车概论[M]. 北京:人民交通出版社股份有限公司,2015.

[14] 崔胜民. 新能源汽车概论[M]. 北京:北京大学出版社,2015.

[15] 麻友良,严运兵. 电动汽车概论[M]. 北京:机械工业出版社,2012.

[16] 彭英才,傅广生. 新概念太阳电池[M]. 北京:科学出版社,2014.

[17] 段春燕,李香芾,李震. 新能源汽车驱动电机与控制[M]. 天津:天津科学技术出版社,2016.

[18] 徐海明. 电动汽车充电站运行与维护技术[M]. 北京:中国电力出版社,2011.

[19] 李伟. 新能源汽车构造原理与故障检修[M]. 北京:化学工业出版社,2015.

[20] 邹正耀,王若平. 新能源汽车技术[M]. 北京:国防工业出版社,2014.